빅데이터가 밝혀내는
도시부동산 투자금융의 새로운 길

원제무

pnc
publishing and culture
피앤씨미디어

머리말

우리는 데이터의 홍수 속에서 살아간다. 매일 2.5퀀틸리언 바이트의 데이터가 생성되는 이 시대에, 도시는 거대한 데이터 생성 장치로 변모하였다. 스마트폰에서 발생하는 위치 정보, 교통카드로 기록되는 이동 패턴, 온라인 거래에서 남겨지는 디지털 발자취들이 모여 도시의 맥박을 형성한다. 그리고 이 모든 데이터의 교차점에 부동산이 있다. 그러나 부동산의 가치는 오랫동안 불확실성과 추측, 그리고 제한된 정보에 기대어 해석되어 왔다

전통적으로 부동산 투자는 경험과 직감, 제한된 정보에 의존해왔다. '좋은 입지'라는 모호한 개념과 '감'이라는 추상적 판단이 수십억, 수백억 원의 투자 결정을 좌우하는 일이 비일비재했다. 복잡하고 역동적인 유기체를 이해하기 위해 경험과 직관이라는 희미한 등불에 의지해야만 했다. 발 품을 팔아 얻은 국지적 정보, 소수의 전문가에게 집중된 지식, 그리고 과거 가격의 흐름을 보여주는 후행지표들은 안개 속에서 길을 찾는 나침반과 같았다. 정보의 비대칭성은 시장의 불확실성을 키웠고, 투자는 종종 용기가 필요한 결단이나 막연한 기대감의 영역에 머물러야 했다.

하지만 이제 패러다임이 바뀌고 있다. 빅데이터와 인공지능이 가져온 혁신의 물결이 부동산 투자의 전통적 방식을 근본부터 뒤흔들고 있다. 과거에는 불가능했던 실시간 시장 분석, 미래 가격 예측, 리스크 정량화가 현실로 다가왔다. 오늘날 우리는 그 벽을 넘어설 수 있는 새로운 열쇠를 손에 쥐고 있다. 바로 '빅데이터'이다. 방대한 데이터의 흐름 속에서 도시의 움직임은 더 이상 흐릿한 그림자가 아니라, 분석 가능한 패턴과 예측 가능한 궤적이 된다. 빅데이터는 과거의 거래와 현재의 흐름을 연결하고, 미래의 가능성을 수치 화하여 드러낸다. 이는 곧 도시부동산 투자금융의 전통적 패러다임을 근본적으로 바꾸어 놓는 혁명이라 할 수 있다.

이제 우리는 빅데이터라는 도시의 침묵의 언어를 해독하고 그 맥박을 측정할 새로운 방법을 손에 쥐게 되었다. 그것이 바로 빅데이터라는 이름의 거대한 프리즘이다. 도시 곳곳에서 실시간으로 생성되는 무수한 데이터의 흐름, 즉 사람들의 발걸음, 카드의 결제 기록, SNS의 속삭임, 그리고 인공위성이 내려다보는 도시의 표정 변화는 더 이상 의미 없는 파편이 아니다. 이들은 모여서 도시의 숨겨진 욕망을 드러내고, 미래 성장의 방향을 가리키는 거대한 화살표가 된다.

이 책은 그러한 변화의 최전선을 탐험하는 여정이다. 빅데이터가 어떻게 부동산 투자의 불확실성을 줄이고, AI가 어떻게 가치평가의 정확성을 높이며, 블록체인이 어떻게 부동산 투자의 민주화를 가능하게 하는지를 구체적 사례와 함께 살펴본다. 전통적인 감정평가에서 자동 가치평가 모델(AVM)로의 전환, 프로젝트 파이낸싱에서 데이터 기반 의사결정의 도입, 포트폴리오 최적화를 위한 빅데이터 활용까지, 부동산 투자금융의 모든 영역에서 일어나고 있는 디지털 혁신을 포괄적으로 다룬다. 이는 단순히 기존 방식을 보완하는 차원이 아니라, 부동산 금융의 언어 자체를 새롭게 쓰는 작업이라 할 수 있다.

물론 빅데이터는 만능의 해답이 아니다. 데이터는 언제나 불완전하고, 그 해석에는 한계와 위험이 따른다. 그러나 동시에 빅데이터는 기존에 보지 못했던 차원을 열어주고, 그 속에서 새로운 통찰을 가능하게 한다. 따라서 빅데이터 기반 도시부동산 투자금융은 단순한 기술적 도구가 아니라, 불확실한 미래를 읽어내기 위한 새로운 사고의 틀이다.

특히 이 책이 주목하는 것은 이론과 실무 사이의 간극을 메우는 것이다. 각 주제마다 제시되는 가상사례들은 복잡한 개념을 직관적으로 이해할 수 있도록 돕는다. 서울의 강남구 아파트 가격 예측부터 지방 상업용 부동산의 리스크 분석까지, 우리 주변에서 일어날 수 있는 현실적인 상황들을 통해 빅데이터 기술의 실제 적용 방법을 구체적으로 보여준다.

첫 번째 여정에서는 빅데이터가 전통적인 투자 패러다임을 어떻게 혁신하는지를 살펴본다. 두 번 째와 세 번째 여정에서는 도시부동산 투자금융과 프로젝트 파이낸싱(PF)이라는 복잡한 세계에 데이터가 어떻게 질서와 예측 가능성을 부여하는지를 탐험한다. 네 번째 여정에서는 금리 변동과 같은 거대한 파도 앞에서 데이터 기반의 리스크 관리 시스템이 어떻게 견고한 방파제가 되는지를 배우게 된다.

나아가 우리는 다섯 번 째와 여섯 번째 여정을 통해 '가격 흥정의 종말'을 고하는 자동 가치평가 모델(AVM)의 세계로 나아간다. 이곳에서는 학군, 조망권과 같은 비정형적 가치마저 숫자로 변환되어 객관적인 가치를 논하게 된다. 일곱 번째 여중에서는 개별 자산을 넘어 포트폴리오라는 함대를 지휘하여 위험을 분산하고 수익을 최적화하는 현명한 항해술을 익히게 될 것이다.

그리고 마지막 여정에서, 우리는 '벽돌에서 토큰으로' 이동하는 경이로운 전환을 목격하게 될 것이다. 블록체인 기술이 부동산의 소유권을 디지털 증권으로 변환하여, 누구나 안전하고 투명하게 도시의 가치를 공유하는 새로운 금융의 지평을 마주하게 된다.

이 책은 도시의 미래를 설계하고 만들어갈 도시계획, 부동산, 도시공학도들에게는 교과서가 알려주지 않는 살아있는 통찰을, 그리고 자신의 삶의 터전인 부동산의 가치를 이해하고 현명한 의사결정을 내리고자 하는 일반 시민들에게는 신뢰할 수 있는 길잡이가 되고자 한다. 가상 사례들을 통해 복잡한 개념을 쉽게 풀어내어, 전공자가 아니더라도 누구나 이 지적 탐험에 즐겁게 동참할 수 있도록 심혈을 기울였다.

빅데이터가 밝혀내는 도시부동산 투자금융의 새로운 길 위에서, 독자 여러분이 미래를 읽는 통찰과 기회를 발견하기를 진심으로 기원한다. 이제, 도시부동산의 심장부로 함께 떠나보자.

차 례

주제 6 가격 흥정의 종말: 빅데이터 자동 가치평가 모델(AVM)

주제 7 빅데이터 기반 도시부동산 포트폴리오 최적화 방안

주제 8 벽돌에서 토큰으로: 블록체인과 부동산 증권화

주제1
빅데이터가 바꾸는 부동산 투자의 패러다임

1. 전통적 부동산 투자분석과 빅데이터 기반 부동산 투자분석의 차이점과 가상사례

1.1. 새로운 시대의 나침반, 빅데이터

도시의 하늘을 수놓는 무수한 빌딩과 그 아래를 흐르는 역동적인 사람들의 움직임 속에서 부동산의 가치는 끊임없이 변화한다. 과거의 투자자들이 경험과 직관, 그리고 제한된 통계에 의존하여 보물섬을 찾아 나섰다면, 오늘날 우리는 빅데이터라는 새로운 시대의 나침반을 손에 쥐게 되었다. 전통적인 투자분석 방식이 마치 낡은 지도와 같다면, 빅데이터 기반의 분석은 실시간으로 변화하는 지형과 숨겨진 보물의 위치까지 알려주

올해 '서울시 건축상' 받은 아름다운 건물은? 통의동 브릭웰
[https://blog.naver.com/gangbuk_official]

는 위성항법장치(GPS)와 같은 것이다. 이 글에서는 두 분석 방식의 근본적인 차이점을 살펴보고, 가상 사례를 통해 빅데이터가 어떻게 도시부동산 투자의 패러다임을 바꾸고 있는지 생생하게 보여주고자 한다.

1.1.1. 전통적 부동산 투자분석: 과거의 그림자를 쫓는 방식

전통적 부동산 투자분석은 주로 과거의 정형화된 데이터를 기반으로 이루어진다. 국토교통부 실거래가, 공시지가, 인구통계, 금리 동향과 같은 거시경제지표 등이 주요 분석 대상이 된다. 이러한 데이터는 신뢰성이 높고 안정적이라는 장점이 있지만, 몇 가지 치명적인 한계를 내포한다.

첫째, 데이터의 '과거 지향성'이다. 전통적 데이터는 이미 일어난 사실에 대한 기록이다. 따라서 이를 기반으로 한 분석은 미래 시장의 동향을 예측하기보다는 과거의 패턴을 반복 해석하는 데 그칠 가능성이 크다. 예를 들어, 과거 10년간 특정 지역의 아파트 가격이 연평균 5% 상승했다는 데이터는 미래의 5% 상승을 보장하지 않는다.

둘째, '데이터의 '제한성'이다. 분석에 활용되는 데이터의 종류와 깊이가 제한적이다. 사람들의 실제 생활 패턴, 소비 성향, 관심사 변화와 같은 미시적이고 비 정형적인 데이터는 분석 모델에 거의 반영되지 않는다. 이는 마치 흑백 사진을 보고 도시의 다채로운 색상과 활기를 상상해야 하는 것과 같다.

셋째, '분석의 '정태성'이다. 전통적 분석은 특정 시점의 데이터를 기반으로 한 정적인 분석에 머무르는 경우가 많다. 시장은 살아있는 유기체처럼 끊임없이 변화하지만, 분석은 이러한 역동성을 실시간으로 담아내지 못하는 것이다.

구분	전통적 도시부동산 투자방식	빅데이터 기반 도시부동산 투자방식
의사결정 기반	과거 데이터, 전문가의 직관 및 경험, 소수의 정형 데이터(인구, 소득 등)에 의존한다.	실시간으로 축적되는 대규모의 정형 및 비정형 데이터를 종합적으로 분석하여 의사결정을 한다.
정보의 범위	특정 지역, 소수의 매물에 대한 제한적이고 단편적인 정보를 활용한다.	도시 전체의 유동인구, 상권 변화, 교통량, 소셜 데이터 등 거시적이고 다차원적인 정보를 활용한다.
시장 분석	시장의 거시적 흐름이나 평균적 경향을 파악하는 데 중점을 두며, 개별 부동산의 미시적 가치 변동 요인을 놓치기 쉽다.	미시적 단위(필지, 건물)의 가치 변화와 잠재력을 정밀하게 예측하고, 숨겨진 투자 기회를 발굴한다.
가치 평가	주로 거래사례비교법, 원가법, 수익환원법 등 전통적인 3방식에 의존하여 현재 가치를 평가한다.	다양한 변수를 활용한 머신 러닝, AI 알고리즘을 통해 미래 가치를 예측하고 잠재적 리스크를 계량적으로 분석한다.
투자 리스크	정보 비대칭성으로 인한 불확실성이 높고, 시장 변화에 대한 대응이 느려 투자 실패의 위험이 존재한다.	데이터 기반의 객관적이고 과학적인 분석을 통해 투자 리스크를 최소화하고, 안정적인 수익 창출 가능성을 높인다.
결론적 한계 및 필요성	한계: 급변하는 도시 환경과 부동산 시장의 복잡성을 반영하기 어려우며, 주관적 판단에 따른 오류 가능성이 내재한다.	필요성: 도시 공간 구조의 복잡화 및 부동산 시장의 불확실성 증대에 대응하기 위해, 데이터에 기반한 과학적이고 정밀한 투자 분석 및 예측 시스템 도입이 필수적으로 요구된다.

1.1.2. 빅데이터 기반 부동산 투자분석: 미래의 가능성을 읽는 방식

빅데이터 기반 부동산 투자분석은 전통적 방식의 한계를 뛰어넘어 새로운 차원의 통찰력을 제공한다. 분석의 대상이 되는 데이터의 범위가 상상을 초월할 정도로 방대하고 다양하기 때문이다.

첫째, 데이터의 '현재성과 미래 예측력'이다. 빅데이터 분석은 과거 데이터는 물론, SNS 언급량, 블로그 포스팅, 뉴스 기사, 카드 매출 데이터, 스마트폰 유동인구 데이터, 내비게이션 검색량 등 실시간으로 생성되는 방대한 양의 데이터를 활용한다. 이를 통해 현재 시장의 미세한 변화를 포착하고, 인공지능(AI)과 머신 러닝 알고리즘을 통해 미래 시장의 방향성을 높은 정확도로 예측하는 것이 가능하다.

둘째, '데이터의 '다차원성'이다. 정형 데이터 뿐만 아니라 텍스트, 이미지, 영상과 같은 비정형 데이터까지 분석에 포함시킨다. 예를 들어, 특정 지역에 대한 사람들의 긍정적, 부정적 감성 분석을 통해 수치만으로는 알 수 없는 잠재적 가치나 리스크를 발견할 수 있다. 이는 도시에 대한 입체적이고 총체적인 이해를 가능하게 한다.

셋째, 분석의 '동태성'이다. 시장의 변화를 실시간으로 추적하고 분석 모델에 즉각적으로 반영한다. 특정 지역에 새로운 맛집이 생겨 유동인구가 급증하거나, 새로운 지하철 노선 계획이 발표되어 사람들의 관심이 쏠리는 현상 등을 즉각적으로 포착하여 투자 의사결정에 활용할 수 있는 것이다.

1.1.3. 전통적 분석과 빅데이터 기반 분석의 목표, 분석방법 및 기술, 역할, 장단점, 도시부동산 활용예시

구분	전통적 부동산 투자분석	빅데이터 기반 부동산 투자분석
목표	과거 데이터와 거시지표를 기반으로 부동산의 현재 가치를 평가하고 안정적인 수익을 추구하는 것을 목표로 한다.	실시간으로 생성되는 정형·비정형 데이터를 융합 분석하여 미래가치를 예측하고, 잠재적 기회와 리스크를 발견하여 투자 수익을 극대화하는 것을 목표로 한다.
분석방법 및 기술	- 정량적 분석: DCF(현금흐름할인법), LTV(담보인정비율), DTI(총부채상환비율), ROI(자기자본수익률)등 재무 지표를 활용한다. - 정성적 분석: 입지 분석, 시장 동향, 전문가 인터뷰 및 경험적 판단에 의존한다. - 주요 기술: 스프레드시트(Excel), 통계 패키지(SPSS)등을 제한적으로 활용한다.	- 융합 분석: 소셜 데이터, 유동인구, 카드 매출 등 비정형 데이터와 공공데이터를 결합하여 다차원적으로 분석한다. - 예측 모델링: 머신 러닝, 딥러닝, 시계열 분석 등 AI 알고리즘을 통해 미래 가격, 공실률, 상권 변화 등을 예측한다. - 주요 기술: Python, R, Hadoop, AI 플랫폼, GIS(지리정보시스템)등을 적극적으로 활용한다.

역할	과거의 성과와 현재의 재무 상태를 평가하는 '과거 기록자' 또는 '현재 평가자'의 역할에 가깝다.	시장의 미세한 변화를 감지하고 미래의 가능성을 제시하는 '미래 예측가' 또는 '전략적 조언가'의 역할을 수행한다.
장점	- 분석 방법론이 정형화되어 있고 데이터의 신뢰성이 높아 안정적인 의사결정이 가능하다. - 오랜 기간 검증된 방식으로, 시장 참여자들의 이해도가 높다. - 데이터 수집 및 분석에 소요되는 비용과 시간이 비교적 적다.	- 데이터의 범위가 넓고 깊어 시장에 대한 입체적이고 총체적인 이해가 가능하다. - 미래 시장 변화에 대한 예측 정확도가 높아 선제적인 투자 전략 수립이 용이하다. - 정량적 수치로 설명하기 어려운 잠재가치나 리스크 요인을 발견할 수 있다.
단점	- 과거 데이터에 의존하여 급변하는 시장 트렌드나 미래 변화를 예측하는 데 한계가 있다. - 투자자의 직관이나 경험 등 주관적 요소가 개입될 여지가 크다. - 사람들의 실제 행동 패턴이나 심리 등 미시적인 변수를 반영하지 못한다.	- 방대한 데이터 수집, 정제, 분석을 위한 높은 수준의 기술력과 인프라 비용이 요구된다. - 데이터의 품질과 신뢰도에 따라 분석 결과의 편향(Bias)이 발생할 수 있다. - 복잡한 분석 모델은 결과 해석이 어려워 의사결정권자의 이해를 구하는 데 시간이 소요될 수 있다.
도시부동산 활용예시	(상업용 빌딩 투자) 해당 지역의 과거 5년간 공실률, 임대료 추이, 인근의 확정된 개발 계획(공공데이터)을 분석하여 향후 현금흐름을 추정하고 투자 가치를 산정한다.	(상업용 빌딩 투자) 통신사 유동인구 데이터로 잠재 고객층을 분석하고, SNS 키워드 분석으로 지역의 평판을 파악하며, 카드 매출 데이터로 주변 상권의 성장성을 예측하여 빌딩의 미래가치를 종합적으로 판단한다.

1.2. 가상사례: 'G-밸리' 오피스 빌딩 투자 결정

1) 현안 과제: 서울의 새로운 업무지구로 떠오르는 'G-밸리'. 이곳에 위치한 두 개의 유사한 오피스 빌딩 A와 B를 두고 투자 결정을 내려야 하는 상황을 가정해보자.

서울 'G밸리' 활력을 전국으로…10곳 선정해 집중 육성
[https://www.kukinews.com]

2) 투자분석 방법: [가상 수치 및 상황]

- 빌딩 A, B 공통점: G-밸리 역세권, 유사한 연면적 및 임대료 수준, 공실률 5%로 동일.
- 투자 분석 목표: 향후 5년간 공실률을 최소화하고 자산 가치 상승을 극대화할 수 있는 빌딩 선택.

(1) 전통적 투자분석의 접근

전통적 분석팀은 국토교통부 실거래가 데이터, G-밸리 지역의 과거 5년간 오피스 임대료 및 공실률 추이, 인근 지역 개발 계획(공공 데이터)등을 분석했다.

① 분석 결과:

◦G-밸리 지역의 오피스 수요는 지난 5년간 연평균 3%씩 꾸준히 증가했다.

◦정부의 'G-밸리 첨단산업단지 육성 계획'에 따라 향후 5년간 기업 입주가 지속될 것으로 예상된다.

◦빌딩 A와 B는 모든 정량적 지표에서 거의 동일한 평가를 받았다.

② **최종 결론:** "두 빌딩 모두 우량 투자처이며, 큰 차이가 없어 어떤 것을 선택해도 무방하다." 라는 결론을 내리게 된다. 이는 마치 두 학생의 시험 성적표만 보고 우열을 가릴 수 없다고 판단하는 것과 같다.

(2) 빅데이터 기반 투자분석의 접근

빅데이터 분석팀은 전통적 데이터는 기본으로 하되, 다음과 같은 비정형, 실시간 데이터를 추가로 수집하고 융합하여 분석했다.

① **소셜 데이터:** 최근 1년간 'G-밸리'와 연관된 SNS, 블로그의 키워드 분석(예: #워라밸 #맛집 #야근 #교통체증).

② **통신 데이터:** 빌딩 A, B 주변 반경 500m 내 주중/주말 유동인구의 연령대, 성별, 체류 시간 분석.

③ **카드 매출 데이터:** 주변 상권의 업종별(F&B, 리테일, 여가)매출액 및 시간대별 변화 추이 분석.

④ **채용 데이터:** 채용 사이트의 G-밸리 소재 기업들의 채용 공고 수, 직군(IT, 바이오, 금융 등)변화 분석.

3) 분석 결과:

(소셜 분석): 빌딩 A 주변 키워드는 '#맛집', '#카페', '#퇴근후한잔' 등 긍정적이고 소비 지향적인 단어가 많았다. 반면, 빌딩 B 주변은 '#야근', '#교통지옥', '#편의시설부족' 등 부정적 키워드가 상대적으로 많이 발견되었다.

(유동인구 분석): 빌딩 A 주변은 점심시간뿐만 아니라 저녁 시간에도 20~30대 젊은 직장인들의 유동인구가 활발한 것으로 나타났다. 하지만 빌딩 B 주변은 저녁 7시 이후 유동인구가 급격히 감소하는 패턴을 보였다.

(상권 분석): 빌딩 A 주변 상권은 트렌디한 F&B와 여가 시설 매출이 꾸준히 상승하는 반면, 빌딩 B 주변은 전형적인 오피스 상권의 모습을 보이며 성장세가 정체되어 있었다.

(채용 분석): G-밸리 전체적으로 IT 및 크리에이티브 직군 채용이 급증하고 있으며, 이들 기업은 직원들의 '워라밸'과 '사무실 주변 환경'을 중요한 입주 요건으로 고려하는 경향이 뚜렷하게 나타났다.

4) 결론 및 시사점: "단기적인 임대수익률은 비슷할 수 있으나, 중장기적으로 빌딩 A가 훨씬 매력적인 투자처이다. 빌딩 A 주변의 활성화된 상권과 긍정적인 소셜 평판은 향후 IT 및 젊은 인재들이 선호하는 기업들을 유치하는 데 강력한 무기가 될 것이다. 이는 공실률 하락과 임대료 상승, 나아가 자산 가치의 차별적인 상승으로 이어질 것이 확실하다." 라는 구체적이고 미래지향적인 결론을 도출하게 된다.

위의 가상사례는 빅데이터가 어떻게 보이지 않는 도시의 가치를 가시화하고, 미래의 잠재력을 측정 가능한 수치로 변환시키는지를 명확하게 보여준다. 전통적 분석이 땅 위에 드러난 건물의 가치를 평가한다면, 빅데이터 분석은 그 땅 아래 흐르는 수맥과 지층의 움직임까지 읽어내는 것과 같다. 이제 도시부동산 투자금융의 세계에서 성공은 단순히 좋은 물건을 알아보는 '안목'에만 달려있지 않다. 방대한 데이터의 홍수 속에서 의미 있는 정보를 길어 올리고, 이를 통해 미래를 예측하는 '데이터 리터러시(Data Literacy)' 역량이 투자의 성패를 가르는 핵심 경쟁력이 될 것이다. 빅데이터는 더 이상 선택이 아닌, 새로운 시대의 표준인 것이다.

2. 도시부동산 빅데이터의 유형 별 특징 및 활용 범위와 가상사례

2.1. 도시의 DNA를 해독하는 열쇠, 빅데이터

도시는 단순한 물리적 공간의 집합이 아니다. 그 안에는 수많은 사람들의 욕망과 삶, 그리고 역사가 흐르는 거대한 유기체이다. 과거에는 도시를 이해하기 위해 지도와 통계라는 청사진에 의존해야 했다.

하지만 오늘날 우리는 빅데이터라는 현미경을 통해 도시의 혈관을 흐르는 데이터의 흐름을 관찰하고, 그 유전 정보(DNA)까지 해독할 수 있는 시대에 살게 되었다. 도시부동산 투자금융의 관점에서 빅데이터는 도시의 숨겨진 가치를 발견하고 미래의 성장 가능성을 예측하는 가장 정교한 열쇠가 된다. 이 글에서는 도시를 구성하는 빅데이터의 유형별 특징을 살펴보고, 가상사례를 통해 이들이 어떻게 융합되어 새로운 투자 기회를 창출하는지 탐색하고자 한다.

2.1.1. 도시부동산 빅데이터의 유형과 특징

도시부동산 빅데이터는 크게 공공 데이터, 민간 데이터, 그리고 소셜 데이터 세 가지로 분류할 수 있다. 각각의 데이터는 고유한 특징과 활용 범위를 가지며, 이들이 서로 결합될 때 비로소 도시에 대한 총체적 인사이트(Insight)를 제공하게 된다.

구분	공공 데이터	민간 데이터	소셜 데이터
목표	부동산의 물리적, 제도적 현황을 정확히 파악하고, 거시적인 인구 및 경제 구조의 변화를 분석하는 것을 목표로 한다.	통신, 소비, 이동 패턴 등 실제 사람들의 활동 데이터를 기반으로 상권의 활성도와 성장성, 교통 편의성 등 미시적이고 역동적인 현상을 분석하는 것을 목표로 한다.	특정 지역이나 부동산에 대한 대중의 인식, 감성, 관심사를 파악하여 정량적 데이터로 측정하기 어려운 무형의 가치나 잠재적 리스크를 분석하는 것을 목표로 한다.

분석방법 및 기술	- 통계 분석: 과거 데이터의 시계열 분석, 회귀 분석 등을 통해 추세를 파악한다. - GIS(지리정보시스템): 공간 정보를 시각화하고 입지 계수를 분석한다. - 주요 기술: 정부 공개 데이터 포털(data.go.kr), 통계청 KOSIS, Excel 등을 활용한다.	- 시공간 분석: 시간대별, 요일별 유동인구 및 소비 패턴을 분석한다. - 클러스터링(군집분석): 유사한 소비 패턴을 보이는 지역이나 고객 그룹을 분류한다. - 주요 기술: Python/R을 활용한 데이터 분석, 통신사/카드사 가공 데이터, 내비게이션 API 등을 활용한다.	- 텍스트 마이닝: 특정 키워드의 출현 빈도를 분석한다. - 감성 분석(Sentiment Analysis): 긍정/부정/중립 등 텍스트에 담긴 감성을 수치 화한다. - 오피니언 마이닝: 특정 주제에 대한 사람들의 의견과 평판을 추출한다. - 주요 기술: 자연어 처리(NLP), 웹 크롤링(Crawling), 소셜 리스닝 툴 등을 활용한다.
역할	부동산 분석의 '기초 골격'을 제공하는 역할을 한다. 모든 분석의 기준점이 되는 신뢰성의 반석이 된다.	도시의 활력을 측정하는 '혈류' 또는 '맥박'의 역할을 한다. 보이지 않는 도시의 역동성을 데이터로 가시화한다.	도시의 평판과 이미지를 파악하는 '거울' 또는 '온도계'의 역할을 한다. 사람들의 주관적 인식을 객관적 데이터로 변환한다.
장점	- 데이터의 정확성과 공신력이 매우 높아 안정적인 분석 기반을 제공한다. - 데이터 접근성이 용이하고 대부분 무료로 활용할 수 있다.	- 데이터가 실시간에 가깝게 생성되어 시장의 최신 동향을 신속하게 파악할 수 있다. - 실제 사람들의 구체적인 행동 패턴을 기반으로 하므로 분석의 현실 설명력이 높다.	- 정량적 데이터로는 파악할 수 없는 지역의 고유한 분위기, 장점, 문제점 등을 발견할 수 있다. - 미래 트렌드 변화나 잠재적 사회 이슈를 조기에 포착하는 데 유리하다.
단점	- 데이터 생성 및 갱신 주기가 길어 시장의 급격한 변화를 반영하지 못한다. - 사람들의 미시적인 행동이나 선호도 변화를 파악하는 데 한계가 있다.	- 데이터를 구매하거나 가공하는 데 높은 비용이 발생한다. - 개인정보보호 이슈로 인해 원천 데이터(Raw Data)에 직접 접근하기 어렵다.	- 데이터에 허위 정보, 광고, 편향된 의견이 포함될 수 있어 정제 과정이 중요하다. - 특정 세대의 의견이 과대 대표될 수 있으며, 분석 및 해석에 주관이 개입될 여지가 있다.

도시부동산 활용예시	(재개발 사업 타당성 분석) 사업 대상지의 토지대장, 건축물대장을 통해 노후도를 평가하고, 인구주택총조사 데이터로 인구 구조 변화를 예측하여 사업의 기본 타당성을 검토한다.	(리테일 상가 입지 선정) 후보지의 시간대별 유동인구(통신)와 핵심 고객층의 소비 업종(카드)을 분석하여, 브랜드 컨셉과 가장 부합하는 최적의 입지를 최종적으로 선정한다.	(주거 단지 브랜딩 전략 수립) 온라인 커뮤니티와 SNS에서 특정 지역에 대해 언급되는 키워드(#공원뷰, #학군, #교통지옥 등)를 분석하여, 예비 입주자들이 중요하게 생각하는 가치를 파악하고 마케팅 전략에 반영한다.

2.1.2. 도시부동산 금융의 맥락에서 빅데이터의 분류

구분	공간 데이터	이동 데이터	소셜 데이터	소비 데이터
목표	특정 지역의 물리적, 객관적 상태 및 변화를 정량적으로 파악한다.	사람들의 실질적인 동선과 공간적 상호작용 패턴을 파악하여 도시의 역동성을 측정한다.	지역에 대한 대중의 인식, 감성, 트렌드 등 정성적 가치를 정량화하여 잠재력을 예측한다.	상권의 경제적 활력과 소비 계층의 특성을 직접적으로 측정하여 사업성을 검증한다.
분석방법 및 기술	이미지 프로세싱, 객체 탐지(Object Detection), GIS 공간 분석, 원격 탐사(Remote Sensing)기술을 활용한다.	기종점(Origin-Destination)분석, 네트워크 분석, 시공간 클러스터링(Spatio-temporal Clustering)기법을 적용한다.	자연어 처리(NLP), 감성 분석(Sentiment Analysis), 토픽 모델링(Topic Modeling), 텍스트 마이닝(Text Mining)기술을 이용한다.	시계열 분석, 코호트 분석(Cohort Analysis), 장바구니 분석(Market Basket Analysis), 이상치 탐지(Anomaly Detection) 기법을 사용한다.
역할	개발 현황, 환경 변화 등 거시적이고 객관적인 현황 정보를 제공하는 핵심 기반 데이터의 역할을 한다.	지역의 실질적인 활력도와 다른 지역과의 연계성을 측정하고 상권의 유효 영향권(Catchment Area)을 규명하는 역할을 수행한다.	대중의 관심과 인식을 포착하여 공식 통계에 나타나지 않는 지역 가치 변화의 선행지표(Leading Indicator)역할을 한다.	상권의 실제 성과와 안정성을 증명하는 가장 직접적인 증거자료로서, 금융기관의 리스크 관리 및 대출 심사의 객관적 근거가 된다.

장단점	장점: 객관성이 높고 광범위한 지역을 포괄하며, 시계열(Time-series)분석에 유리하다. 단점: 데이터 수집 및 처리의 초기 비용이 높고, 인간의 미시적 활동이나 인식 분석에는 한계를 가진다.	장점: 유동인구 및 상권 영향권 분석의 정확도가 높고, 도시의 동적인 정보를 실시간으로 제공한다. 단점: 개인정보 보호 이슈가 존재하며, 특정 통신사나 앱 사용자 위주로 데이터가 편향될 수 있다.	장점: 실시간 트렌드와 정성적 가치를 포착할 수 있으며, 조기 경보 및 기회 발견에 유용하다. 단점: 데이터에 노이즈가 많고 특정 집단의 여론으로 편향될 수 있으며, 의미 있는 정보 추출을 위해 고도의 분석 기술이 요구된다.	장점: 신뢰도가 높고 부동산 가치와 직접적인 연관성을 가지며, 업종별/시간대별 세부 분석이 가능하다. 단점: 데이터 접근이 제한적이고 비용이 발생하며, 카드 결제 내역에 한정되어 현금 거래 등을 반영하지 못한다.
도시부동산 활용 예시	위성 이미지를 통해 신규 개발 프로젝트의 공정률을 추적하거나, 야간 조도 데이터를 분석하여 상권의 야간 활성화 정도를 추정한다.	지하철 및 버스 이용 데이터를 분석하여 특정 상권을 지지하는 핵심 배후 주거지를 파악하거나, 내비게이션 데이터를 통해 신흥 핫플레이스 골목을 발굴한다.	블로그에서 '살기 좋다', '아이 키우기 좋다' 등 키워드를 분석하여 주거 만족도를 측정하거나, 인스타그램 해시태그 증감 추이를 추적하여 신흥 문화 거점을 식별한다.	리테일 개발 사업의 대출 승인 전, 해당 상권의 동종 업종 신용카드 매출 데이터를 분석하여 예상 매출의 안정성과 사업 타당성을 검증한다.

2.2. 가상사례: 라이프스타일 서점 '페이지(PAGE;)'의 최적 입지 선정

요즘 주목받는 '서울 이색 복합문화공간' | 서울시 [https://mediahub.seoul.go.kr]

1) **현안 과제:** 2030세대를 타겟으로 하는 복합문화공간(서점+카페+커뮤니티)브랜드 '페이지'가 서울에 1호점을 내려 한다. 후보지는 전통적 부촌인 '서초구 반포동'과 새로운 문화 중심지인 '성동구 성수동' 두 곳이다.

2) 분석: [가상 수치 및 상황]

(1) **분석 목표:** 향후 5년간 '페이지'의 핵심 타겟 고객을 가장 효과적으로 유치하고, 지속 가능한 성장을 이룰 수 있는 최적 입지 선정.

(2) **공공 데이터 분석:** 두 지역 모두 지하철역 인근이며, 배후 주거인구 밀도는 유사한 수준으로 나타났다. 3.3㎡당 토지 공시지가 역시 비슷한 범주에 있어 전통적 방식으로는 우열을 가리기 힘든 상황이다.

3) 빅데이터 융합 분석 결과

데이터 유형	서초구 반포동 분석 결과	성동구 성수동 분석 결과
통신 데이터 (유동인구)	- 주중/주말 모두 40~50대 가족 단위 유동인구가 다수를 차지한다. - 야간 시간대 유동인구는 급격히 감소하는 전형적인 주거지역 패턴을 보인다. - (가상수치) 주말 2030세대 평균 체류 시간: 35분	- 주중 저녁 및 주말에 20~30대 유동인구가 폭발적으로 증가한다. - 인근 직장인과 외부 방문객이 혼재하며, 야간까지 활성도가 유지된다. - (가상수치) 주말 2030세대 평균 체류 시간: 125분
소비·매출 데이터(카드사)	- 주된 소비 업종은 학원, 병원, 고급 레스토랑, 백화점 등에 집중된다. - 소비 건당 객단가는 높으나, 문화/여가 관련 소비 비중은 상대적으로 낮다. - (가상수치) 2030세대 문화/F&B 업종 월평균 소비액: 1,200억 원	- F&B 중에서도 특색 있는 카페, 다이닝바의 매출 비중이 압도적으로 높다. - 편집샵, 갤러리, 팝업스토어 등 체험형 공간에서의 소비가 활발하게 일어난다. - (가상수치) 2030세대 문화/F&B 업종 월평균 소비액: 2,500억 원
소셜 데이터 (SNS 키워드)	- 연관 키워드는 '#학군', '#재건축', '#조용한동네', '#가족나들이' 등이다. - 지역에 대한 관심사가 주로 부동산 가치와 교육 환경에 집중되어 있다.	- 연관 키워드는 '#성수동카페', '#팝업스토어', '#데이트코스', '#힙플레이스' 등이다. - 트렌드, 문화, 새로운 경험과 관련된 버즈(Buzz)량이 압도적으로 많다.

4) **결론 및 시사점:** 공공 데이터상으로는 유사해 보였던 두 지역의 실제 모습은 빅데이터 분석을 통해 극명한 차이를 드러낸다. 반포동은 안정적인 고급 주거지로서의 특성이 강한 반면, 성수동은 '페이지'의 핵심 타겟인 2030세대가 적극적으로 모이고, 문화를 소비하며, 새로운 경험을 추구하는 역동적인 공간임을 알 수 있다. 따라서 '페이지'의 1호점 최적 입지는 '성동구 성수동'이 된다. 빅데이터 분석은 단순한 인구수가 아닌, 해당 지역을 채우는 사람들의 '정체성'과 '문화적 DNA'를 분석하여 최적의 의사결정을 내리게 한 것이다.

3. 빅데이터 기반 AI를 활용한 도시부동산 가격 예측 방법과 가상사례

3.1. 미래를 보는 수정구슬, 인공지능(AI)

과거의 부동산 전문가들이 자신의 경험과 직관이라는 나침반에 의지해 미래의 가격을 점쳤다면, 오늘날 우리는 인공지능(AI)이라는 정교한 위성항법장치를 손에 쥐게 되었다. 빅데이터 기반의 AI 가격 예측 모델은 도시의 무수한 데이터를 흡수하고 학습하여, 인간의 뇌가 미처 인지하지 못하는 복잡한 패턴과 변수 간의 상호작용을 파악한다.

이는 마치 수백만 개의 흩어진 퍼즐 조각을 순식간에 맞추어 미래의 그림을 완성하는 것과 같다. 이 글에서는 AI가 어떻게 도시부동산의 가격을 예측하는지 그 원리를 살펴보고, 가상 사례를 통해 그 경이로운 과정을 생생하게 체험해보고자 한다.

3.1.1. AI 기반 가격 예측의 원리: 기계는 어떻게 학습하고 예측하는가?

AI 부동산 가격 예측은 머신 러닝(Machine Learning), 특히 지도학습

(Supervised Learning)기법에 뿌리를 두고 있다. 이는 마치 어린아이가 수많은 그림카드를 보며 '강아지'와 '고양이'를 구분하는 법을 배우는 것과 유사한 원리이다.

1) **데이터 학습**(Training): AI 모델에게 정답이 있는 방대한 양의 '학습 데이터'를 제공한다. 부동산에서는 과거 특정 시점의 '아파트 가격(정답)'과 그 가격에 영향을 미쳤을 수많은 '특성 데이터(문제)'를 함께 입력하는 것이다.

(1) **특성 데이터**(X): 아파트의 면적, 층수, 건축 연도, 지하철까지의 거리(공공 데이터), 주변 유동인구(민간 데이터), SNS 언급 량(소셜 데이터)등 가격에 영향을 미치는 수십, 수백 개의 변수가 여기에 해당한다.

(2) **레이블**(Y): 해당 시점의 실제 '매매가격'이 정답지가 된다.

2) **패턴 인식**(Pattern Recognition): AI 모델은 수백만 건의 데이터 속에서 각 특성 변수(X)와 가격(Y)사이의 복잡한 비선형적 관계와 패턴을 스스로 학습한다. 예를 들어, '지하철역까지의 거리가 100m 줄어들 때 가격은 얼마가 오르는가?', '주변에 스타벅스가 생겼을 때의 가격 상승 효과는 20대 유동인구가 많을수록 더 커지는가?'와 같은 복잡한 상호작용을 수학적 모델로 구축하는 것이다. 이때 랜덤 포레스트(Random Forest), 그래디언트 부스팅(Gradient Boosting), 신경망(Neural Networks)등 다양한 알고리즘이 활용된다.

3) **예측**(Prediction): 학습이 완료된 AI 모델에게 가격을 모르는 새로운 부동산의 '특성 데이터(X)'를 입력한다. 그러면 모델은 기존에 학습한 패턴을 기반으로 해당 부동산의 가장 가능성 높은 미래 '가격(Y)'을 예

측치로 내놓게 된다. 이는 마치 수능을 위해 기출문제를 모두 푼 학생이 새로운 문제를 보고 정답을 유추해내는 과정과 같은 것이다.

3.1.2. AI 기반 도시부동산 가격 예측 방법론 비교

구분	회귀분석 기반 모델	트리 기반 앙상블 모델	신경망(딥러닝)모델
목표	부동산 가격에 영향을 미치는 개별 변수(입지, 면적 등)들의 선형적 영향력을 통계적으로 명확하게 해석하고 설명하는 것을 목표로 한다.	다수의 의사결정나무를 결합하여 변수 간의 복잡한 비선형 관계와 상호작용을 학습하고, 이를 통해 높은 예측 정확도를 달성하는 것을 목표로 한다.	인간의 뇌신경망을 모방한 구조를 통해 데이터에 잠재된 매우 복잡하고 추상적인 패턴까지 스스로 학습하여, 최고 수준의 예측 성능을 구현하는 것을 목표로 한다.
분석방법 및 기술	- 다중 선형 회귀, 릿지/라쏘 회귀 등을 사용한다. - 각 변수가 가격에 미치는 영향력을 계수로 명확히 보여준다. - 주요 기술: 통계 패키지(SPSS, SAS), Python(Statsmodels, Scikit-learn)	- 랜덤 포레스트, 그래디언트 부스팅(XGBoost, LightGBM)등이 대표적이다. - 수백, 수천 개의 단순한 예측 나무를 생성하고 그 결과를 종합하여 최종 예측치를 도출한다. - 주요 기술: Python(Scikit-learn, XGBoost), R	- 심층 신경망(DNN), 순환 신경망(RNN), 합성곱 신경망(CNN)등을 활용한다. - 이미지(위성사진, 로드뷰)나 시계열 데이터 등 비정형 데이터 분석에 특히 강점을 보인다. - 주요 기술: Python(TensorFlow, PyTorch, Keras)
역할	가격 예측의 기본 원리를 제공하고, 각 변수의 중요도를 직관적으로 설명하는 '해석자(Interpreter)'의 역할을 수행한다.	정형 데이터 환경에서 가장 안정적이고 높은 예측력을 발휘하는 '해결사(Problem Solver)'의 역할을 한다.	인간의 분석 능력을 뛰어넘는 깊이 있는 통찰을 제공하고, 미래 예측의 정확도를 극한까지 끌어올리는 '예언자(Oracle)'의 역할을 지향한다.
장점	- 모델의 구조가 단순하여 결과를 해석하고 이해하기 매우 용이하다. - 계산 속도가 빠르며 상대적으로 적은 데이터로도 모델 구축이 가능하다.	- 비선형적 관계를 잘 포착하여 일반적으로 회귀 모델보다 예측 정확도가 월등히 높다. - 변수 간의 중요도를 평가할 수 있어 핵심 요인 파악이 용이하다.	- 정형·비정형 데이터를 가리지 않고 처리할 수 있으며, 데이터가 많을수록 성능이 기하급수적으로 향상된다. - 이미지, 텍스트 등 기존에 활용하기 어려웠던 데이터의 잠재가치를 활용할 수 있다.

단점	- 변수들이 서로 복잡하게 얽혀 있는 비선형 관계를 제대로 반영하지 못한다. - 예측 정확도 측면에서 다른 모델에 비해 성능이 낮은 경향을 보인다.	- 모델 내부의 작동 방식이 복잡하여(블랙박스) 예측 결과의 구체적인 이유를 설명하기 어렵다. - 회귀 모델보다 많은 계산 량을 필요로 한다.	- 수많은 데이터와 고성능 컴퓨팅 자원을 필요로 하며, 학습 시간이 매우 오래 걸린다. - 모델이 극도로 복잡하여 결과를 해석하는 것이 거의 불가능에 가깝다.
도시부동산 활용 예시	(특정 요인 영향력 분석) 다른 모든 조건이 동일할 때, '지하철역과의 거리가 100m 가까워지면 아파트 가격이 평균 얼마가 상승하는가?'를 통계적으로 분석한다.	(아파트 시세 예측 시스템) 면적, 층수, 학군, 교통, 편의시설 등 수십 개의 정형 데이터를 기반으로 특정 아파트의 현재 또는 단기 미래 가격을 높은 정확도로 예측하는 시스템을 구축한다.	(지역 잠재가치 분석) 위성사진과 로드뷰 이미지를 학습하여 녹지 비율, 건물 디자인, 거리의 활기 등 수치화하기 어려운 요소를 분석하고, 이를 통해 특정 지역의 미래 성장 잠재력을 예측한다.

3.2. 가상사례: 도시재생 프로젝트 '드림시티' 아파트 미래 가격 예측

서울의 심장이었던 '세운지구'... 이제는 세계에 '우뚝' 선다 [https://econmingle.com]

1) 현안 과제: 서울의 노후 공업 지역이었던 '세운지구'가 '드림시티'라는 이름의 첨단 스마트도시로 재탄생하는 도시재생 프로젝트를 진행한다고 가정해보자. 2년 후 입주가 시작될 '드림시티 퍼스트' 아파트의 미래 가격을 AI 모델로 예측하는 상황이다.

(1) **예측 대상:** '드림시티 퍼스트' 아파트 84㎡ 타입, 15층 세대의 2년 후 입주 시점 가격.

(2) **AI 모델:** 과거 서울 시내 모든 아파트의 거래 데이터와 150개의 특성 변수를 학습한 'G-Prop AI' 모델을 활용한다.

2) 'G-Prop AI' 모델에 입력된 주요 특성 데이터(가상 수치)

데이터 유형	특성 변수	'드림시티 퍼스트' 입력 값	AI 모델의 학습 기반 해석
공공 데이터	신설 지하철역까지의 거리	150m (드림시티역 신설 예정)	거리가 가까울수록 가격에 높은 가중치를 부여한다. 특히 신설 역세권은 기존 역세권보다 초기 가격 상승률이 더 높다는 패턴을 학습한 상태이다.
	대규모 공원까지의 거리	300m (센트럴파크 조성 예정)	공원 접근성은 삶의 질과 직결되어 가격에 긍정적 영향을 미친다. 특히 500m 이내에 위치할 경우 그 효과가 극대화된다는 것을 알고 있다.
민간 데이터	주변 상권의 F&B 매출액 증가율	연 12% 예상 (빅데이터 상권분석)	상권의 성장성은 배후 주거지의 가치 상승을 이끄는 핵심 동력이다. 연 10% 이상의 성장률은 매우 높은 가중치를 받게 된다.
	IT 기업 유입에 따른 유동인구 변화	일 5만 명 증가 예상 (통신 데이터 기반)	20~30대 고소득 직장인 유입은 지역의 구매력을 높여 부동산 가격 상승의 핵심 변수가 된다는 것을 학습했다.
소셜 데이터	'드림시티' 키워드 긍정/부정 비율	긍정 비율 92% (SNS 감성분석)	높은 긍정 비율은 해당 지역에 대한 강력한 시장의 기대감을 의미하며, 이는 초기 프리미엄 형성에 결정적인 영향을 미친다.
	온라인 커뮤니티 관심도 지수	1,520 포인트 (검색량, 언급량 기반)	유사한 다른 재개발 지역의 초기 관심도 지수(평균 800)대비 월등히 높은 수치이며, 이는 강력한 잠재 수요를 의미하는 것으로 해석된다.

3) **AI 모델의 예측 과정 및 결과:** 'G-Prop AI' 모델은 입력된 150개 변수들의 복합적인 상호작용을 종합적으로 분석한다. 단순히 '역세권이라서 좋다'는 1차원적 분석을 넘어, '신설 역세권'과 'IT 기업 유입', 그리

고 '높은 소셜 관심도'가 결합되었을 때 발생하는 '가격 상승의 시너지 효과'를 정량적으로 계산해낸다. 수백만 번의 연산 끝에 AI 모델은 다음과 같은 예측 결과를 도출한다.

> **"2년 후 '드림시티 퍼스트' 84㎡ 15층 세대의 예상 가격은 18억 5,000만 원이다.**(신뢰구간 95%, ± 5,000만 원)"

이는 주변의 유사 연식 아파트 시세(15억 원)보다 월등히 높은 가격이지만, AI는 눈에 보이지 않는 미래 가치와 잠재 수요, 성장 가능성을 모두 수치에 반영하여 이러한 결론을 내린 것이다.

4) 결론 및 시사점: 빅데이터 기반의 AI 가격 예측은 인간의 주관적 편향을 최소화하고, 데이터에 기반한 객관적이고 합리적인 의사결정을 가능하게 한다. AI가 던져주는 미래 가격 예측치는 단순한 숫자를 넘어, 우리가 미처 보지 못했던 도시의 잠재력과 기회에 대한 깊은 통찰을 담고 있다. 물론, AI의 예측이 항상 100% 정확할 수는 없으며 최종적인 투자 판단은 인간의 몫으로 남는다. 하지만 AI라는 강력한 조력자와 함께 라면, 우리는 불확실성이라는 안개 속에서 헤매지 않고 훨씬 더 명확한 시야를 가지고 미래의 부를 향한 항해를 시작할 수 있을 것이다. 인간과 AI의 협업, 새로운 투자의 지평을 열다.

4. 실시간 데이터 처리를 활용한 도시부동산 투자 의사결정 방법과 가상사례

4.1. 시간의 흐름을 지배하는 새로운 투자 패러다임

과거의 부동산 투자가 잘 차려진 정찬을 음미하듯 정적인 데이터를 분석하는 과정이었다면, 현대의 투자는 쉴 새 없이 쏟아지는 정보의 폭포수 속에서 가장 빛나는 기회를 낚아채는 역동적인 행위에 가깝다. 바로 실시간 데이터 처리(Real-time Data Processing)기술이 이러한 변화의 중심에 있다. 이 기술은 도시의 심장박동과 같은 생생한 데이터를 지연 없이 분석하여, '과거'가 아닌 바로 '현재'의 순간에 가장 최적화된 의사결정을 내리도록 돕는다.

이는 시장을 뒤따라가는 추격자가 아닌, 시장의 변화를 선도하는 선구자가 될 수 있음을 의미하는 것이다. 이 글에서는 실시간 데이터 처리가 어떻게 부동산 투자의 속도와 질을 바꾸고 있는지 그 원리를 탐구하고, 긴박한 가상 사례를 통해 그 진가를 확인하고자 한다.

4.1.1. 실시간 데이터 처리의 원리: 도시의 신경망에 접속하다

실시간 데이터 처리의 핵심은 데이터를 저장한 뒤 분석하는 전통적인 '배치(Batch)처리' 방식에서 벗어나, 데이터가 발생하는 즉시 수집, 분석, 시각 화하는 '스트림(Stream)처리' 기술에 있다. 이는 마치 강물을 댐에 가두었다가 한꺼번에 방류하는 것이 아니라, 흐르는 강물 위에서 곧바로 물고기를 잡는 것과 같은 원리이다.

1) **데이터 스트림**(Data Stream): 도시에서 발생하는 모든 사건은 데이터의 흐름, 즉 스트림을 만들어낸다. 지하철 개찰구를 통과하는 승객 정보, 특정 지역을 언급하는 SNS 게시물, 실시간 뉴스 속보, 도로를 달리는 자동차의 내비게이션 경로 등은 모두 끊임없이 흐르는 데이터 스트림이 된다.

2) **실시간 처리 엔진**(Real-time Processing Engine): '아파치 스톰(Apache Storm)', '스파크 스트리밍(Spark Streaming)'과 같은 기술이 이러한 데이터 스트림을 실시간으로 처리하는 엔진 역할을 한다. 이 엔

진은 미리 설정된 특정 조건이나 패턴(예: '강남역'과 '화재'라는 키워드가 동시에 1분 내 100회 이상 언급)이 감지되면 즉각적으로 경보를 보내거나 분석 결과를 도출한다.

3) 이상 징후 탐지(Anomaly Detection): 평소와 다른 이례적인 데이터 패턴을 즉각적으로 감지한다. 예를 들어, 특정 상권의 유동인구가 갑자기 평소의 3배 이상으로 급증하는 현상을 포착하여, 그 원인이 무엇인지 분석하고 투자 기회 또는 리스크로 연결시키는 것이다.

4.1.2. 실시간 데이터 처리 기반 투자 의사결정 방법론 비교

구분	실시간 이상 징후 탐지	스트림 데이터 분석	실시간 예측 및 추천 시스템
목표	평소와 다른 이례적인 데이터 패턴을 즉각적으로 포착하여, 시장의 중요한 변화나 사건 발생을 가장 먼저 인지하는 것을 목표로 한다.	끊임없이 발생하는 대규모 데이터 스트림을 실시간으로 처리하고, 상황의 전개 과정과 핵심 동인을 지속적으로 추적·분석하는 것을 목표로 한다.	감지되고 분석된 실시간 정보를 기반으로, 단기 미래를 예측하고 가장 최적화된 투자 행동(매수, 매도, 관망 등)을 추천하는 것을 목표로 한다.
분석방법 및 기술	- 통계적 기법: 이동평균, Z-score 등을 활용해 평소 범위를 벗어나는 데이터를 탐지한다. - 머신 러닝 기법: Isolation Forest, One-Class SVM 등을 통해 비정상적인 패턴을 학습하고 감지한다. - 주요 기술: 이벤트 감지 시스템, 실시간 경보(Alerting)시스템	- 분산 스트림 처리: 대용량 데이터를 여러 서버에서 병렬로 처리하여 분석 속도를 높인다. - 윈도우 분석(Windowing): 특정 시간 단위(예: 최근 1분)로 데이터를 묶어 통계를 집계하고 추세를 분석한다. - 주요 기술: Apache Storm, Spark Streaming, Flink	- 실시간 예측 모델: 학습된 AI 모델을 실시간 데이터에 적용하여 미래 가치를 예측한다. - 규칙 기반 엔진(Rule-based Engine): 'A 조건과 B 조건이 동시에 충족되면 C 행동을 추천하라'는 식의 규칙을 적용한다. - 주요 기술: 온라인 머신 러닝, 추천 알고리즘, 자동화된 투자 실행 시스템

역할	시장의 변화를 가장 먼저 알리는 '조기 경보 시스템(Early Warning System)'의 역할을 수행한다.	시시각각 변하는 시장 상황을 생중계하고 그 의미를 해석하는 '실시간 관제탑(Control Tower)'의 역할을 한다.	분석된 정보를 바탕으로 최적의 전략과 행동 방안을 제시하는 '전략적 조언가(Strategic Advisor)'의 역할을 한다.
장점	- 누구보다 빠르게 기회나 리스크를 인지하여 선제적으로 대응할 시간을 확보할 수 있다. - 자동화된 모니터링으로 인적 자원의 소모를 최소화한다.	- 단편적인 사건 감지를 넘어, 상황의 전체적인 맥락과 동적인 변화를 입체적으로 이해할 수 있다. - 지속적인 데이터 흐름 속에서 새로운 패턴이나 인사이트를 발견할 수 있다.	- 인간의 주관적 판단이나 감정적 편향을 배제하고 데이터에 기반한 합리적인 의사결정을 내릴 수 있다. - 의사결정의 속도를 극대화하여 '골든 타임'을 놓치지 않게 한다.
단점	- 이상 징후의 원인이나 그것이 시장에 미칠 영향까지는 상세히 알려주지 못한다. - 잘못된 경보(False Alarm)가 빈번할 경우 시스템에 대한 신뢰도가 저하될 수 있다.	- 대규모 스트림 데이터를 처리하기 위한 고성능의 컴퓨팅 인프라 구축 비용이 많이 든다. - 복잡한 분석 로직을 구현하기 위해서는 높은 수준의 기술 전문성이 요구된다.	- 예측 모델의 성능이 과거 데이터의 품질에 크게 의존하며, 예측은 언제나 불확실성을 내포한다. - 급변하는 시장에서는 자동화된 추천이 오히려 리스크를 증폭시킬 가능성도 존재한다.
도시부동산 활용예시	(개발 호재 조기 인지) 특정 지역의 SNS 언급량과 뉴스 키워드, 내비게이션 검색량이 평소 대비 500% 이상 폭증하는 이상 징후를 감지하여, 미발표 개발 계획에 대한 루머나 정보 유출 가능성을 가장 먼저 인지한다.	(상권 활성화 모니터링) 신규 쇼핑몰 개장 후, 주변 지역의 시간대별 유동인구(통신), 업종별 카드 매출액(소비), 교통량(내비)변화를 실시간으로 분석하여 상권의 활성화 정도와 파급 효과를 지속적으로 추적한다.	(자동화된 매물 추천) 특정 지역에 개발 호재가 발표되는 즉시, 해당 지역의 매물 중 아직 가격이 오르지 않았고, 투자 조건(면적, 용도 등)에 부합하는 최적의 매물을 자동으로 선별하여 투자 담당자에게 즉시 추천한다.

4.2. 가상사례: 'M-테크밸리' 발표 후 1시간, 골든타임을 잡아라

서울의 마지막 개발지 마곡 '엠·밸리(M·Valley)' 재탄생 [https://www.econovill.com]

1) 현안 과제: 2026년 8월 29일 금요일 오후 2시, 국토교통부가 서울 외곽의 낙후된 공업지대였던 '마곡 B지구'를 'M-테크밸리'로 지정하고, 글로벌 IT 기업 '퓨처테크'의 본사를 유치 한다는 내용을 긴급 속보로 발표했다고 가정해보자. 이 정보가 시장에 완전히 퍼지기 전, 단 몇 시간의 골든 타임 안에 인근 상업용지 매입을 결정해야 하는 긴박한 상황이다.

2) 2가지 방법으로 분석:

(1) **전통적 분석팀의 접근**(발표 후 1시간)

- 정보 인지: 언론 속보를 통해 오후 2시에 해당 사실을 처음 인지한다.
- 데이터 수집: 팀원들은 급히 국토교통부 사이트에 접속해 관련 보도자료를 다운로드하고, 포털사이트에서 과거 '마곡 A지구' 개발 당시의 지가 상승률 데이터를 검색하기 시작한다.
- 분석: 과거 유사 사례(판교 테크노 밸리 등)를 기준으로 예상 지가 상승률을 추정하고, 해당 지역의 토지이용계획확인원을 열람하며 매물로 나온 부지의 용적률과 건폐율을 계산한다. 모든 과정이 수작업으로 이루어져 시간이 지체된다.

- 의사결정(오후 5시경): 3시간에 걸친 분석 끝에 "투자가 유망해 보인다"는 잠정 결론을 내렸지만, 이미 시장에는 소문이 퍼져 매물 가격이 10% 이상 급등한 후이다.

(2) **실시간 데이터 분석 시스템 'G-Eye'의 접근**(발표 후 1시간)

부동산 투자사 '골든애셋'은 실시간 데이터 분석 시스템 'G-Eye'를 운영하고 있다.

- 오후 2:00(발표 직후): 'G-Eye' 시스템이 뉴스 사이트들을 실시간 크롤링(Crawling)하던 중, '마곡 B지구', 'M-테크밸리', '퓨처테크' 키워드가 포함된 속보를 발표 즉시(0.1초 내)감지하고 투자 담당자에게 최고 등급의 경보(Alert)를 발송한다.
- 오후 2:05(데이터 자동 분석): 경보와 동시에 'G-Eye'는 다음과 같은 데이터 스트림을 실시간으로 분석하여 대시보드에 시각화하기 시작한다.

데이터 유형	실시간 분석 내용(가상 수치)	시스템의 해석
소셜 데이터	- '마곡 B지구' 트위터, 블로그 언급량: 발표 전 시간당 10회 → 발표 후 5분간 1,800회 폭증 - 연관 키워드: '대박', '지금사야돼', '퓨처테크본사'	시장의 폭발적인 초기 관심도를 확인, 단기 가격 급등 가능성 매우 높다고 판단한다.
내비게이션 데이터	- '마곡 B지구' 목적지 설정 건수: 평시 대비 1,500% 급증	부동산 관계자 및 잠재 투자자들이 현장으로 이동하기 시작했음을 의미한다.
뉴스/증권 데이터	- '퓨처테크' 주가: 발표 직후 12% 급등 - 관련 뉴스 기사 댓글: 긍정적 반응 95%	해당 개발 계획에 대한 시장의 신뢰도가 매우 높음을 증명한다.
매물 데이터	- '마곡 B지구' 인근 온라인 부동산 매물: 3건 철회, 5건 보류 상태로 변경	매도자들이 상황을 인지하고 매물을 거두어들이기 시작했다는 명백한 신호이다.

• 오후 2:30(의사결정): 투자 담당자는 불과 30분 만에 시스템이 종합한 실시간 데이터를 기반으로 'M-테크밸리'의 파급력이 과거 판교의 사례를 능가할 것이라고 확신한다. 시스템은 매물 철회 현황을 분석하여 아직 가격이 오르지 않은 최적의 매물 3개를 자동으로 추천한다.

• 오후 3:00(투자 실행): 추천 매물 중 하나에 대해 즉시 매입 절차를 진행하여, 시장 가격이 본격적으로 급등하기 직전 '골든 타임' 안에 투자를 성공적으로 마무리한다.

3) **결과 및 시사점:** 위의 사례는 속도가 가치를 창출하는 시대에 외 있음을 실감하게 한다. 실시간 데이터 처리가 어떻게 정보의 비대칭성을 극복하고, 찰나의 순간을 포착하여 막대한 가치로 변환시키는지를 명확히 보여준다. 이제 도시부동산 투자의 성공은 누가 더 많은 데이터를 가졌는가에 싸움을 넘어, 누가 더 빠르게 데이터를 분석하고 행동하는 가의 '속도 전'으로 진화하고 있다. 도시의 디지털 신경망에 직접 접속하여 살아있는 정보를 손에 쥐는 실시간 데이터 분석 능력은, 불확실한 미래의 시장을 항해하는 가장 빠르고 강력한 엔진이 될 것이다.

5. 빅데이터 기반 부동산 투자에 따른 위험요소 분석방법과 가상사례

5.1. 데이터의 화려한 빛 속에 숨겨진 그림자

빅데이터는 마치 어두운 바다를 항해하는 투자자에게 길을 비추는 강력한 등대와 같다. 그러나 그 밝은 빛이 강할수록 등대 뒤편의 그림자는 더욱 짙어 지는 법이다. 데이터가 제시하는 장밋빛 미래에만 현혹된다면, 우리는 데이터의 편향성(Bias), 잘못된 인과관계 설정, 예측 모델의 과적합(Overfitting)과 같은 암초에 부딪혀 난파할 수 있다.

진정한 데이터 기반 투자의 고수는 데이터의 화려한 이면을 꿰뚫어 보고, 그 안에 숨겨진 위험요소까지 정밀하게 분석하고 관리하는 능력을 갖춘 사람이다. 이 글에서는 빅데이터라는 거울에 비친 허상을 구별하고, 잠재적 위험을 분석하는 구체적인 방법론을 가상사례를 통해 심도 있게 다루고자 한다.

5.1.1. 빅데이터의 위험요소와 분석 방법론

빅데이터 기반 투자 분석의 위험은 크게 '데이터 자체의 함정'과 '분석 모델의 함정' 두 가지로 나눌 수 있다.

1) 데이터 자체의 함정(Data Risk):

① **표본 편향**(Sampling Bias): 수집된 데이터가 전체 모집단을 대표하지 못하고 특정 집단에 치우치는 경우이다. 예를 들어, 최신 스마트폰 앱 사용자의 데이터만으로 상권의 특성을 분석한다면 고령층의 소비 패턴을 놓치게 된다.

② **생존 편향**(Survivorship Bias): 성공적으로 살아남은 데이터만 보고 실패한 데이터를 간과하는 오류이다. 성공한 상가들의 데이터만 학습한 모델은 신규 상가의 실패 가능성을 과소평가하게 된다.

③ **허위 상관관계**(Spurious Correlation): 인과관계가 없는 두 변수가 우연히 비슷한 패턴을 보이는 것을 실제 연관성이 있는 것으로 착각하는 경우이다. '아이스크림 판매량과 상어 공격 횟수'처럼, 두 변수 모두 '여름'이라는 숨은 요인에 의해 영향을 받을 뿐 직접적인 관련은 없는 것이다.

2) 분석 모델의 함정(Model Risk):

① **과적합**(Overfitting): AI 모델이 학습 데이터에만 지나치게 최적화되어, 새로운 실제 데이터에 대해서는 예측력이 떨어지는 현상이다. 이는 마치 특정 시험의 족보만 달달 외운 학생이 새로운 유형의 문제에 전혀 대응하지 못하는 것과 같다.

② **모델의 설명 불가능성**(Black Box Problem): 딥 러닝과 같은 복잡한 모델은 왜 그런 예측 결과를 내놓았는지 그 이유를 설명하기가 매우 어렵다. 이는 예측이 틀렸을 때 원인을 파악하고 개선하기 어렵게 만드는 요인이 된다.

이러한 위험을 분석하기 위해 민감도 분석(Sensitivity Analysis), 시나리오 분석(Scenario Analysis), 스트레스 테스트(Stress Test)등의 기법이 활용된다. 민감도 분석은 특정 변수(금리, 공실률 등)가 변할 때 결과가 얼마나 민감하게 변하는지 측정하는 것이고, 시나리오 분석은 미래에 발생 가능한 여러 상황(호황, 불황, 특정 산업의 성장/쇠퇴)을 가정하여 투자 결과를 시뮬레이션 하는 방법이다.

5.1.2. 빅데이터 기반 투자 위험요소 분석 방법론 비교

구분	데이터 편향성 검증	모델 위험성 분석	시나리오 분석 및 스트레스 테스트
목표	분석에 사용된 데이터가 특정 집단이나 상황에 치우치지 않았는지, 데이터 자체의 대표성과 신뢰성을 확보하는 것을 목표로 한다.	구축된 AI 예측 모델이 학습 데이터에만 과적합(Overfitting)되지는 않았는지, 모델의 일반화 성능과 안정성을 검증하는 것을 목표로 한다.	금리 급등, 정부 정책 변화, 경기 침체 등 미래에 발생 가능한 외부 충격에 대해 투자안이 얼마나 잘 견딜 수 있는지(Resilience)를 측정하는 것을 목표로 한다.

분석방법 및 기술	- 데이터 분포 분석: 연령, 소득, 지역 등 주요 변수의 분포를 시각 화하여 편중 여부를 확인한다. - 교차 검증(Cross-validation): 데이터를 여러 그룹으로 나누어 각 그룹의 통계적 특성이 유사한지 비교·분석한다. - 주요 기술: 데이터 시각화(Tableau, Power BI), 통계적 가설 검정, EDA(탐색적 데이터 분석)	- 홀드아웃 검증(Hold-out Validation): 데이터를 학습용과 검증용으로 분리하여, 학습에 사용되지 않은 데이터로 모델의 예측 정확도를 평가한다. - LIME, SHAP: 블랙박스 모델의 예측 결과를 설명 가능한 방식으로 해석하여 모델의 작동 방식을 검증한다. - 주요 기술: Python(Scikit-learn), SHAP 라이브러리, 모델 성능 평가지표(RMSE, MAPE)	- 민감도 분석: 특정 변수(예: 공실률)를 1%씩 변화시킬 때, 수익률이 얼마나 변하는지 민감도를 측정한다. - 몬테카를로 시뮬레이션: 무작위 변수를 이용해 수천, 수만 개의 가능한 미래 시나리오를 생성하고 결과의 확률 분포를 도출한다. - 주요 기술: 시뮬레이션 소프트웨어, Python을 활용한 프로그래밍
역할	모든 분석의 신뢰도를 결정하는 기초 공사'의 역할을 한다. 부실한 데이터 위에 세워진 분석은 사상누각이 된다.	예측 모델이 현실 세계에서 제대로 작동할지를 판별하는 '성능 시험관'의 역할을 한다. 이론과 현실의 간극을 점검한다.	미래의 불확실성이라는 파도에 맞서 투자의 안정성을 시험하는 '압력 테스트 장치'의 역할을 한다. 최악의 상황을 대비하게 한다.
장점	- 분석 초기 단계에서 오류를 발견하여 프로젝트 전체의 시간과 비용 낭비를 막을 수 있다. - 데이터에 대한 깊은 이해를 통해 새로운 인사이트를 얻는 계기가 되기도 한다.	- 예측 모델의 신뢰도를 객관적인 수치로 평가할 수 있다. - 모델의 잠재적인 오류나 문제점을 사전에 발견하고 개선할 기회를 제공한다.	- 잠재적 위험을 정량적으로 평가하고 이에 대한 구체적인 대응 전략(Contingency Plan)을 수립할 수 있다. - 투자 의사결정의 논리적 근거를 강화하고 설득력을 높여준다.
단점	- 검증해야 할 데이터의 종류와 양이 방대하여 많은 시간과 노력이 소요된다. - 눈에 보이지 않는 편향이나 데이터 수집 과정의 근본적인 오류는 발견하기 어렵다.	- 모델의 복잡성이 높을수록(예: 딥러닝)위험성을 완벽하게 검증하고 해석하는 데 한계가 있다. - 모델의 성능이 좋더라도, 이는 과거 데이터 기반이므로 미래를 완벽히 보장하지는 않는다.	- 미래에 대한 가정 자체가 주관적일 수 있으며, 어떤 시나리오를 포함할지에 따라 결과가 크게 달라질 수 있다. - 발생 확률이 낮지만 충격이 큰 '블랙 스완(Black Swan)' 이벤트는 예측하기 어렵다.

도시부동산 활용예시	(상권 분석 데이터 검증) 특정 상권의 카드 매출 데이터가 법인카드 사용이 잦은 일부 대기업 직장인에 의해 왜곡되었을 가능성을 검증하고, 개인카드 사용자 데이터와 비교하여 상권의 실제 소비 특성을 재평가한다.	(아파트 가격 예측 모델 검증) 과거 부동산 상승기의 데이터로만 학습된 AI 모델이 하락기나 침체기에도 유효한 예측을 하는지 검증하기 위해, 과거 외환위기나 금융위기 시점의 데이터로 모델의 성능을 테스트한다.	(물류센터 개발 투자 분석) 핵심 임차인인 A 이커머스 기업이 파산하는 최악의 시나리오를 가정하고, 그 경우 발생하는 공실률과 임대료 하락이 전체 프로젝트의 수익률(IRR)에 미치는 영향을 시뮬레이션 하여 위험을 계량화한다.

5.2. 가상사례: '영 시니어 타운' 투자 프로젝트의 숨겨진 위험

서울 근교 전원주택 지어볼까? [https://news.mt.co.kr]

1) **현안 과제:** 한 자산운용사가 빅데이터 분석을 통해 서울 근교 '그린힐' 지역에 새로운 주거단지 개발 기회를 포착했다고 가정해보자.

2) **빅데이터 분석:** [초기 빅데이터 분석 결과]

- 카드 매출 데이터: '그린힐' 지역 내 병원, 약국, 건강식품점 등 실버 산업 관련 매출이 최근 3년간 연평균 20%씩 급증했다.
- 통신 유동인구 데이터: 해당 지역의 주중 주간 상주인구 중 60대 이상 비율이 45%로 서울 평균(25%)을 크게 상회한다.
- 소셜 데이터 분석: '그린힐' 연관 키워드로 '#공기좋은', '#조용한',

'#은퇴' 등의 언급량이 많아, 평화로운 노후를 원하는 수요가 많다고 판단된다.

- 최종 결론: 이 데이터들을 근거로 "활동적이고 구매력 높은 60~70대(Active Senior)를 위한 고급 '영 시니어 타운'을 개발하면 성공 가능성이 매우 높다"는 투자 결론을 내린다.

3) 위험요소 심층 분석(스트레스 테스트 및 시나리오 분석 적용)

위험관리팀은 초기 분석의 결론에 의문을 품고, 데이터의 이면을 파고드는 심층 분석에 착수한다.

분석 대상	심층 분석 과정 및 발견된 사실 (가상 수치)	해석된 위험 요소 (Risk Factor)
카드 매출 데이터	- 매출 데이터를 결제자 연령대별로 재분석한 결과, 실버 산업 매출의 75%가 30~40대 자녀들이 부모를 위해 결제한 '대리효도' 소비로 밝혀졌다. - 실제 해당 지역 거주 노년층의 직접 소비는 서울 평균 이하였다.	[허위 상관관계] 지역 노년층의 높은 구매력이라는 초기 가설이 사실과 다를 수 있다. 실제 거주자의 지불 능력은 예상보다 낮을 가능성이 크다.
통신 유동인구 데이터	- 유동인구의 상세 체류 목적을 분석한 결과, 60대 이상 인구의 상당수가 인근 대형 종합병원 방문을 위한 '의료 목적' 유동인구임이 확인되었다. - 이들은 진료 후 바로 지역을 떠나, 상주인구라고 보다는 방문객에 가까웠다.	[표본 편향] 데이터를 해당 지역의 실제 거주 수요로 해석한 것은 명백한 오류이다. 의료 시설 접근성 때문에 나타난 착시 현상일 뿐이다.
미래 시나리오 분석	- (시나리오 1: 정부의 의료 정책 변경)5년 내 인근 종합병원이 정부 정책에 따라 도심으로 이전할 경우, '의료 목적' 유동인구는 90% 이상 감소할 것으로 예측된다. - (시나리오 2: 경쟁 실버타운 출현)3년 내 인근 신도시에 최신 시설을 갖춘 경쟁 실버타운이 들어설 경우, 잠재 수요의 40%가 이탈할 것으로 시뮬레이션 된다.	[예측 모델의 취약성] 현재 데이터만으로 구성된 예측 모델은 미래의 정책적, 경쟁적 환경 변화에 매우 취약한 구조이다.

4) 최종 재결론 및 시사점: 초기 빅데이터 분석은 화려한 빛(높은 실버 산업 매출, 많은 노년 유동인구)을 보여주었지만, 그 이면에는 '자녀의 대리 소비', '의료 목적의 방문객'이라는 그림자가 숨어 있었다. 이는 '영 시니어 타운' 프로젝트의 핵심 수요층에 대한 가설이 근본적으로 잘못되었음을 시사한다. 만약 심층적인 위험 분석 없이 투자를 강행했다면, 대규모 미분양 사태라는 재앙적 결과를 맞이했을 것이다. 투자 계획은 전면 재검토 또는 폐기되어야 한다는 최종 결론을 내리게 된다.

주제2
빅데이터와 도시부동산 투자금융의 만남

1. 기존 금융 분석방법과 데이터 기반 금융 분석방법의 차이 비교와 가상사례

1.1. 숫자의 이면을 읽는 새로운 금융 언어의 등장

전통적인 금융 분석이 재무제표라는 잘 짜인 악보를 정해진 규칙에 따라 해석하는 클래식 연주와 같았다면, 빅데이터 기반의 금융 분석은 도시의 소음, 사람들의 속삭임, 시장의 미세한 떨림까지 모두 담아내는 즉흥 재즈 연주와 같다. 기존 금융 분석은 과거의 재무 성과라는 정적인 숫자에 집중하여 기업의 신용도를 평가하고 미래를 예측했다.

그러나 오늘날 우리는 빅데이터라는 새로운 언어를 통해 숫자의 이면, 즉 기업과 자산을 둘러싼 생생한 시장의 역동성과 잠재적 가능성까지 읽어내는 시대를 맞이하게 되었다. 이 글에서는 두 분석 방법의 근본적인 차이점을 비교하고, 하나의 가상 사례를 통해 데이터 기반 금융 분석이 어떻게 더 깊고 정교한 의사결정을 이끌어내는지를 명확하게 보여주고자 한다.

1.1.1. 분석의 패러다임: 과거의 기록 vs 미래의 가능성

기존 금융 분석과 데이터 기반 금융 분석의 가장 큰 차이는 세상을 바라보는 관점, 즉 분석의 패러다임에 있다.

1) **기존 금융 분석**(Financial Statement Analysis):

(1) **핵심 철학**: "과거의 성과가 미래를 말해준다."

(2) **주요 데이터**: 기업이 정기적으로 공시하는 재무상태표, 손익계산서, 현금흐름표 등 과거의 정형화된 재무 데이터가 분석의 핵심이다.

(3) **분석 방식**: 부채비율, 유동비율, 이자보상배율 등 표준화된 재무비율을 통해 기업의 안정성, 수익성, 성장성을 평가한다. 분석의 초점이 과거 실적과 현재의 재무 건전성에 맞춰져 있다. 이는 마치 자동차의 백미러를 보고 앞으로의 경로를 예측하려는 것과 유사한 한계를 가진다.

2) **데이터 기반 금융 분석**(Data-driven Financial Analysis):

(1) **핵심 철학**: "현재의 모든 데이터 속에 미래의 단서가 있다."

(2) **주요 데이터**: 재무 데이터는 물론, "실시간 카드 매출, 고객 트래픽, SNS 평판, 공급망 데이터, 뉴스 기사 등 비정형·대안 데이터(Alternative Data)"를 적극적으로 활용한다.

(3) **분석 방식**: 머신 러닝 알고리즘을 통해 수많은 데이터 간의 숨겨진 패턴과 상관관계를 분석하여 미래의 현금흐름과 잠재 리스크를 예측한다. 이는 백미러 뿐만 아니라 전방의 교통상황, 날씨, 운전자의 컨디션까지 종합적으로 분석하는 자율주행 자동차의 의사결정 방식과 같다.

1.1.2. 기존 금융 분석과 데이터 기반 금융 분석의 방법론 비교

구분	기존 금융 분석방법	데이터 기반 금융분석방법
목표	과거의 정형화된 재무 데이터를 기반으로 기업 및 자산의 과거 성과와 현재의 재무 건전성을 평가하는 것을 목표로 한다.	재무 데이터를 포함한 모든 가용 데이터(정형/비정형) 를 활용하여 미래의 현금흐름 창출 능력과 잠재적 가치를 예측하는 것을 목표로 한다.
분석방법 및 기술	- 재무비율 분석: 유동비율, 부채비율, 이자보상배율 등 표준화된 비율을 계산하고 업계 평균과 비교한다. - 현금흐름 분석: 과거 영업, 투자, 재무 활동으로 인한 현금흐름을 평가한다. - 주요 기술: Excel 스프레드시트, 회계 정보 시스템	- 대안 데이터 분석: SNS, 유동인구, 카드 매출 등 비재무적 데이터를 분석하여 미래 수요를 예측한다. - 머신 러닝 예측 모델링: 다양한 변수 간의 복잡한 패턴을 학습하여 미래 매출, 이익, 리스크 등을 예측한다. - 주요 기술: Python/R, AI/머신 러닝 플랫폼, 빅데이터 처리 기술
역할	과거 실적을 바탕으로 신용도를 평가하고 안정성을 검증하는 '과거의 기록관(Archivist) ' 또는 '감사관(Auditor) '의 역할을 수행한다.	보이지 않는 잠재 수요와 시장의 역동성을 포착하여 미래 가치를 발굴하는 '미래의 탐험가(Explorer) ' 또는 '예측가(Forecaster) '의 역할을 수행한다.
장점	- 분석 방법론이 표준화되어 있고, 공시된 재무 데이터에 기반하므로 객관성과 신뢰성이 높다. - 오랜 기간 검증된 방식으로, 분석 결과를 이해하고 소통하기 용이하다.	- 재무제표에 드러나지 않는 자산의 잠재적 성장 가능성이나 리스크를 포착할 수 있다. - 시장의 미세하고 빠른 변화에 대응하는 동적인 의사결정이 가능하다.
단점	- 과거 데이터에 의존하므로 미래의 급격한 환경 변화나 혁신적인 사업 모델의 가치를 제대로 평가하기 어렵다. - 비재무적 요소나 무형자산의 가치를 반영하는 데 명백한 한계가 있다.	- 분석에 사용되는 데이터의 품질이나 편향성에 따라 분석 결과가 크게 왜곡될 수 있다. - 복잡한 AI 모델의 경우, 예측 결과의 도출 과정을 설명하기 어려워(블랙박스) 의사결정의 근거로 삼기 어려울 수 있다.
도시부동산 활용예시	(쇼핑몰 PF 대출 심사) 시행사의 과거 재무제표와 유사 쇼핑몰 개발 프로젝트의 과거 평균 임대율 및 수익률 자료에 근거하여 대출의 안정성을 평가하고 실행 여부를 결정한다.	(쇼핑몰 PF 대출 심사) 시행사의 재무정보는 물론, 사업 부지 인근의 유동인구 증가율, 잠재 고객의 소비 패턴, 온라인 관심도 등 빅데이터를 분석하여 미래 현금흐름 창출 능력을 예측하고 대출을 결정한다.

1.2. 가상사례: 복합쇼핑몰 '어반 스퀘어' 개발 프로젝트 대출 심사

시흥 배곧신도시 복합쇼핑몰 '베니스 스퀘어' [http://www.itdaily.kr]

1) 현안 과제: 시행사 '알파 디벨롭'이 경기도 외곽 신도시에 대규모 복합쇼핑몰 '어반 스퀘어'를 개발하기 위해 은행에 1,000억 원의 프로젝트 파이낸싱(PF) 대출을 신청했다고 가정해보자. 은행의 두 심사팀이 각각 다른 방식으로 사업성을 평가한다.

2) 프로젝트 개요

- 사업 내용: 연면적 10만㎡ 규모의 복합쇼핑몰 개발
- 시행사 '알파 디벨롭': 설립 3년 차 신생기업. 과거 성공적인 소규모 상가 개발 이력 1건 보유. 재무제표상 부채비율은 다소 높으나, 대표이사는 업계에서 평판이 좋은 편이다.

(1) 기존 금융 분석팀의 접근

심사팀은 '알파 디벨롭'의 재무제표와 제출된 사업계획서를 중심으로 분석을 진행한다.

평가 항목	분석 내용(가상 수치)	심사 의견
차주 신용도	- 부채비율: 450%(업계 평균 300% 대비 높음) - 이자보상배율: 1.1(기준치 1.0을 겨우 상회)	재무 구조가 취약하고 과거 실적이 부족하여 채무불이행 리스크가 존재한다.
사업 계획서	- 예상 임대율: 95%(유사 프로젝트 평균치 적용) - 예상 수익률(IRR): 15%(시행사 제시 자료)	장밋빛 전망에 기반한 수치로, 객관적인 검증이 부족하여 신뢰도가 낮다고 판단된다.
담보 및 보증	- 시공사의 책임준공 약정은 있으나, 신용등급이 A-로 다소 낮다.	보증 조건이 대출 규모에 비해 다소 미흡한 수준이다.

- 기존 금융분석팀 최종 결론: 차주인 '알파 디벨롭'의 재무 안정성이 낮고 과거 실적이 부족하며, 제출된 사업계획의 객관성이 결여되어 있다. 따라서 대출 실행은 리스크가 매우 높아 부결함이 타당하다.

(2) 데이터 기반 금융 분석팀의 접근

이 팀은 재무 정보는 기본으로 하되, 사업 부지를 둘러싼 다양한 빅데이터를 융합하여 미래의 현금흐름 창출 능력을 입체적으로 분석한다.

데이터 유형	분석 내용(가상 수치)	시스템의 해석
유동인구 데이터	- 사업지 반경 5km 내 주말 유동인구: 최근 2년간 35% 증가(신규 아파트 입주 영향) - 주된 유동인구: 구매력 높은 30~40대 가족 단위가 60%를 차지한다.	사업 부지의 잠재 고객층이 양적, 질적으로 빠르게 성장하고 있음을 의미한다.
카드 매출 데이터	- 인근 지역의 온라인 쇼핑 침투율: 전국 평균 대비 20% 낮음 - 인근 주민의 주말 소비 패턴: 원정 쇼핑(서울 등) 비중이 40%에 달한다.	지역 내 차별화된 오프라인 쇼핑 공간에 대한 '잠재된 수요(Latent Demand)'가 매우 크다는 강력한 증거이다.
소셜/검색 데이터	- 지역 커뮤니티 키워드 분석: '#쇼핑불편', '#아이와갈곳없음', '#주말정체' 등 복합문화공간에 대한 갈증을 드러내는 단어가 월 5,000회 이상 언급된다.	단순 쇼핑몰을 넘어, 문화와 여가를 즐길 수 있는 공간이 생긴다면 폭발적인 반응을 이끌어낼 가능성이 높다.

3) **최종 결론:** "시행사의 과거 재무 지표는 다소 미흡한 것이 사실이다. 그러나 사업 부지를 둘러싼 실시간 빅데이터는 지역의 폭발적인 잠재 수요를 명백히 증명하고 있다. 이는 재무제표에는 드러나지 않는 강력한 미래 현금흐름의 원천이다. 따라서 초기 리스크 관리 방안(단계적 대출, 이자율 조정 등)을 보강하는 조건으로 대출을 승인하는 것이 은행의 미래 수익에 더 큰 기회가 될 것이다."

4) **시사점:** 위 사례는 기존 금융 분석이 과거의 발자국을 세며 주저할 때, 데이터 기반 분석이 어떻게 미래로 가는 길을 찾아내는지를 극명하게 보여준다. 데이터 기반 금융 분석은 기업의 과거 성적표를 넘어, 그 기업이 뛰고 있는 운동장의 잠재력과 관중의 열기까지 측정하는 혁신적인 방법론이다. 물론, 재무제표의 중요성이 사라지는 것은 결코 아니다. 이제 성공적인 투자는 과거의 기록을 담은 재무제표와 미래의 가능성을 담은 빅데이터, 이 두 개의 눈으로 세상을 입체적으로 바라볼 때 비로소 가능해질 것이다.

2. 도시부동산 투자금융 의사결정에 빅데이터 활용방안과 가상사례

2.1. 도시의 숨겨진 목소리를 듣는 기술

과거의 도시부동산 투자가 지도 위에 표시된 몇 개의 점과 선을 보고 보물섬을 유추하는 과정이었다면, 빅데이터 시대의 투자는 도시 전체를 아우르는 거대한 오케스트라의 교향곡을 감상하는 것과 같다.

유동인구의 흐름은 현악기의 선율처럼 도시의 활기를 나타내고, 카드 매출 데이터는 팀파니의 울림처럼 상권의 심장박동을 들려주며, 소셜 데이터의 속삭임은 도시의 숨겨진 감성을 노래한다. 빅데이터 활용은 이 모든 소리를 조화롭게 듣고 해석하여, 가장 눈부신 투자 기회가 어디에서 연주되고 있는지를 정확히 알아내는 기술이다. 이 글에서는 도시부동산 투자금융의 의사결정 과정에서 빅데이터가 어떻게 단계별로 활용되는지를 살펴보고, 하나의 종합적인 가상 사례를 통해 그 위력을 실감해보고자 한다.

2.1.1. 빅데이터의 단계별 활용 방안: 거시에서 미시로, 현상에서 본질로

빅데이터는 투자 의사결정의 전 과정에 걸쳐 현미경과 망원경의 역할을 동시에 수행한다. 이는 크게 거시적 시장 분석(Macro Analysis), 미시적 자산 분석(Micro Analysis), 그리고 최적 활용 방안 도출(Concept Development)의 세 단계로 나누어 활용된다.

① **거시적 시장 분석**(어디에 투자할 것인가?): 도시 전체 혹은 특정 권역을 대상으로 잠재 성장성이 높은 '기회의 땅'을 발굴하는 단계이다. 통신사의 광역 유동인구 데이터, 신용카드사의 지역별 소비 능력 지수, 정부의 인구이동 데이터 등을 분석하여, 인구와 자본이 새롭게 모여드는 '그로스 에어리어(Growth Area)'를 거시적으로 탐색한다.

② **미시적 자산 분석**(무엇을 살 것인가?): 발굴된 지역 내에서 가장 투자 가치가 높은 특정 필지나 건물을 선별하는 단계이다. 선택된 자산 주변의 상세 유동인구(시간대별, 연령대별), 주변 상권의 업종별 매출액 변화, 소셜 데이터상 평판, 잠재적 경쟁자의 출현 가능성 등을 정밀하게 분석하여 옥석을 가려낸다.

③ **최적 활용 방안 도출**(어떻게 활용할 것인가?): 선정된 자산을 어떤 컨셉과 용도로 개발하거나 운영할 때 가치를 극대화할 수 있을

지를 결정하는 단계이다. 주변 지역의 잠재 고객들이 무엇을 원하고, 어떤 것에 지갑을 여는지(Needs & Wants)를 데이터를 통해 과학적으로 분석하여, 가장 성공 확률이 높은 사업 모델(예: 공유 오피스, 복합문화공간, 전문 식당가 등)을 도출해낸다.

2.1.2. 도시부동산 투자금융 의사결정 시 빅데이터 활용 방법론 비교

구분	거시적 시장 분석	미시적 자산 분석	최적 활용 방안 도출
목표	도시 전체 또는 광역 권역을 대상으로 인구, 자본, 산업의 흐름을 분석하여 성장 잠재력이 높은 '기회의 땅'을 발굴하는 것을 목표로 한다.	특정 지역 내에서 개별 부동산 자산의 입지적 특성과 주변 환경을 정밀 분석하여 가장 투자 가치가 높은 '핵심 자산'을 선별하는 것을 목표로 한다.	선정된 부동산의 잠재 수요를 과학적으로 분석하여 자산의 가치를 극대화할 수 있는 '최적의 사업 모델'을 결정하는 것을 목표로 한다.
분석방법 및 기술	- 시계열 클러스터링: 유사한 인구 및 소득 변화 패턴을 보이는 지역들을 그룹화하여 성장 권역을 도출한다. - 공간 자기상관 분석: 특정 지역의 성장이 주변 지역에 미치는 공간적 파급 효과를 분석한다. - 주요 기술: 광역 단위 통신/카드 데이터, 인구이동통계, GIS 공간 분석	- 입지 네트워크 분석: 특정 지점(자산)과 주변의 주요 시설(지하철, 학교 등)간의 중심성과 연결성을 계량화한다. - 미시 상권분석(Trade Area Analysis): 시간대별 유동인구, 업종별 매출액 등을 통해 자산의 배후 수요를 정밀하게 분석한다. - 주요 기술: 상세 유동인구 데이터, 소상공인시장진흥공단 상권정보, 소셜 데이터	- 연관 규칙 분석(Association Rule): 특정 지역 소비자들이 동시에 구매하는 상품이나 서비스를 분석하여 잠재된 니즈를 파악한다. - 토픽 모델링(Topic Modeling): 지역 커뮤니티의 텍스트 데이터를 분석하여 사람들이 원하는 시설이나 서비스의 종류를 도출한다. - 주요 기술: 검색어 데이터, 설문 데이터, 자연어 처리(NLP) 기술
역할	투자 대상을 넓은 바다에서 유망한 어장으로 좁혀주는 '탐사선(Explorer Ship)'의 역할을 한다.	유망한 어장 속에서 가장 월척을 낚을 확률이 높은 지점을 찾아내는 '어군 탐지기(Fish Finder)'의 역할을 한다.	낚아 올린 물고기를 가장 가치 있는 요리(사업 모델) 로 만드는 방법을 결정하는 '최고의 셰프(Head Chef)' 역할을 한다.

장점	- 기존에 주목받지 못했던 지역의 숨겨진 성장 잠재력을 객관적인 데이터로 발견할 수 있다. - 직관이나 경험이 아닌 데이터에 기반하여 투자 지역을 선정하므로 의사결정의 실패 확률을 줄인다.	- 개별 자산의 가치를 다각적이고 입체적으로 평가하여, 겉으로 드러나지 않는 우량 매물을 발굴할 수 있다. - 주변 환경과의 상호작용을 분석하여 미래 가치 변화를 예측할 수 있다.	- 시장의 실제 수요에 정확히 부합하는 사업 모델을 개발하여 공실 위험을 최소화하고 수익을 극대화할 수 있다. - 데이터 기반의 컨셉은 금융기관이나 투자자를 설득하는 데 강력한 논거가 된다.
단점	- 광역 데이터를 활용하므로, 분석의 단위가 커서 개별 부동산의 특수성을 놓칠 수 있다. - 데이터가 거시적 정책 변화나 사회적 트렌드의 방향성까지는 예측하지 못한다.	- 미시적 데이터는 수집 및 가공 비용이 비싸고, 데이터의 품질이 분석 결과에 큰 영향을 미친다. - 특정 시점의 데이터에 의존할 경우, 장기적인 변화의 흐름을 간과할 위험이 있다.	- 잠재 수요 분석이 잘못될 경우, 사업 전체의 방향이 틀어질 수 있는 리스크가 크다. - 혁신적이지만 아직 데이터로 검증되지 않은 새로운 사업 모델을 발굴하는 데는 한계가 있다.
도시부동산 활용예시	(신규 물류센터 부지 선정) 수도권 전체의 고속도로 교통량, 이커머스 주문 데이터, 산업단지 분포를 분석하여, 물류 효율성이 가장 높은 최적의 광역 권역을 선정한다.	(오피스 빌딩 매입 결정) 특정 권역 내 후보 빌딩들의 주변 직장인 인구 특성, 점심·저녁 시간대 상권 매출, 지하철역 출구별 유동인구 데이터를 비교 분석하여 가장 임차 수요가 풍부할 빌딩을 선택한다.	(주상복합 하층부 MD 구성) 사업지 인근 아파트 주민들의 소비패턴과 온라인 관심사를 분석하여, 일반적인 마트나 식당 대신 '키즈 특화 영어 도서관'과 '프리미엄 밀키트 전문점'을 입점시키는 최종 결정을 한다.

2.2. 가상사례: '구로공단'의 변신, 'G-타워' 개발 프로젝트

1) 현안 과제: 과거 제조업의 심장이었으나 지금은 활력을 잃어가는 서울의 '구로공단' 지역. 한 자산운용사가 빅데이터를 활용하여 이 지역의 숨겨진 가치를 발굴하고, 새로운 랜드마크 'G-타워'를 개발하는 종합적인 의사결정 과정을 가정해보자.

G-Tower(Netmarble HQ) - All - PROJECTS - HEERIM [https://heerim.com]

2) 분석 과정:

■ 1단계: 거시적 시장 분석 - '기회의 땅' 구로의 재발견

(1) 분석 내용:

- (인구이동 데이터) 최근 3년간 서울시 전출 인구 중, 20~30대 IT 직군 종사자들의 경기도 서남부권(광명, 시흥 등) 이주가 급증하고 있음이 확인된다.
- (교통 데이터) 신안산선 개통(예정)시, 구로 지역은 이들 신흥 주거지역과 서울 중심업무지구(YBD)를 잇는 핵심 교통 결절점이 될 것으로 예측된다.
- (기업 데이터) 판교, 강남에 비해 임대료가 저렴하여, 최근 2년간 구로 지역 내 50인 이하 규모의 IT·콘텐츠 스타트업 사업자 등록이 40% 증가했다.

(2) 1차 결론: 구로공단 지역은 과거의 낡은 이미지를 벗고, 젊은 인재와 혁신 기업이 모여드는 새로운 '직주근접형 비즈니스 허브'로 성장할 잠재력이 매우 크다고 판단한다.

- 2단계: 미시적 자산 분석 - 최적의 필지 '알파 부지' 선정

(1) 분석 내용(구로디지털단지역 인근 3개 후보 부지 비교):

- (유동인구 분석) '알파 부지'는 지하철역과 직접 연결되지는 않으나, 주중 점심시간 및 퇴근 시간 이후 20~30대 직장인들의 체류 시간이 경쟁 부지 대비 평균 40분 더 긴 것으로 나타난다.
- (상권 분석) '알파 부지' 주변 반경 300m 내에는 저가형 식당이 밀집해 있으나, 트렌디한 카페나 F&B, 서점 등 '경험 소비' 공간의 카드 매출액은 인당 객단가가 매우 높게 형성되어 있다. 이는 공급 부족에 따른 '숨겨진 수요'를 의미한다.
- (소셜 분석) '알파 부지' 인근 지역에 대한 SNS 언급 중, '#워라밸', '#자기계발', '#네트워킹' 등의 키워드가 꾸준히 증가하고 있다.

(2) 2차 결론: 단순 교통 편의성보다, 젊은 직장인들의 실질적인 생활 동선과 잠재된 문화·소비 욕구를 고려할 때, '알파 부지'가 미래 가치가 가장 높은 최적의 입지라고 최종 결정한다.

- 3단계: 최적 활용 방안 도출 - 'G-타워', 단순한 오피스를 넘어

(1) 분석 내용:

- (설문/검색 데이터 분석) '알파 부지' 인근 직장인 대상 설문 및 검색어 분석 결과, '업무 후 바로 즐길 수 있는 여가활동', '다양한 분야의 사람들과 교류할 기회', '유연한 근무 공간'에 대한 니즈가 압도적으로 높게 나타난다.
- (경쟁 분석) 기존의 획일적인 오피스 빌딩들은 이러한 새로운 수요를 전혀 충족시키지 못하고 있다.

(2) 3차 결론(최종 의사결정): 'G-타워'를 단순한 임대용 오피스 빌딩으로 개발해서는 안 된다. 저층부에는 트렌디한 F&B와 서점, 피트니스 센터를 입점시키고, 중층부에는 다양한 크기의 공유 오피스와 코워킹 라운지를, 상층부에는 입주사 전용 네트워킹 파티 공간과 루프탑을 조성하는 '일과 삶이 융합된 복합 비즈니스 커뮤니티' 컨셉으로 개발해야 자산 가치를 극대화할 수 있다는 최종 투자 의사결정을 내린다.

3) 결론 및 시사점: 'G-타워' 개발 사례는 빅데이터가 어떻게 낡고 소외된 공간에서 새로운 가능성을 발견하고, 그 가능성을 가장 성공적인 현실로 구현해내는지를 압축적으로 보여준다. 빅데이터를 활용한 투자 의사결정은 더 이상 감이나 경험에 의존하는 '예술'의 영역이 아니다. 그것은 도시의 목소리를 과학적으로 분석하고 미래의 청사진을 논리적으로 그려 나가는 '과학'의 영역이다. 이 새로운 과학의 도구를 손에 쥔 투자자만이 변화하는 도시 속에서 지속 가능한 성공의 기회를 잡게 될 것이다. 데이터는 도시의 미래를 비추는 거울이다

3. 도시부동산 시장의 불확실성을 데이터로 해석하는 방식과 가상사례

3.1. 불확실성이라는 안개를 걷어내는 데이터의 빛

도시부동산 시장은 본질적으로 불확실성이라는 짙은 안개에 휩싸여 있다. 정부의 예측 불가능한 정책 변화, 갑작스러운 금리 인상, 거시 경제의 침체와 같은 변수는 시장 참여자들을 혼란에 빠뜨리고 투자의 방향성을 마비시킨다. 과거의 투자자들이 이 안개 속에서 직감과 소문에 의지

해 더듬거리며 길을 찾아야 했다면, 오늘날 우리는 빅데이터라는 강력한 서치라이트를 갖게 되었다.

데이터는 불확실성이라는 감정적이고 추상적인 개념을 측정 가능하고 분석 가능한 객관적 실체로 변환시킨다. 이는 안개 자체를 없앨 수는 없지만, 안개의 농도와 성분, 그리고 그 안에서 움직이는 것들의 형태를 파악하여 가장 안전하고 확실한 경로를 찾아낼 수 있게 함을 의미하는 것이다. 이 글에서는 데이터가 어떻게 시장의 불확실성을 해석하는 구체적인 방식을 살펴보고, 가상 사례를 통해 그 놀라운 통찰의 과정을 탐색하고자 한다.

3.1.1. 불확실성의 정량화: 감정을 데이터로 번역하다

데이터는 시장의 불확실성을 크게 '심리적 불확실성'과 '구조적 불확실성' 두 가지 차원으로 나누어 해석한다.

1) **심리적 불확실성 분석**(시장의 공포와 탐욕을 측정하다): 이는 시장 참여자들의 불안감, 기대감 등 집단 심리의 변화를 데이터로 측정하는 것이다.

- 뉴스 및 소셜 감성 분석(Sentiment Analysis): 부동산 관련 뉴스 기사나 온라인 커뮤니티의 댓글, SNS 게시물에 사용된 단어들(예: '폭락', '패닉', '기회', '반등')의 긍정/부정 톤을 분석하여 '시장 공포 탐욕 지수'와 같은 심리 지표를 생성한다.
- 검색량 분석(Search Trend Analysis): '부동산 폭락', '영끌', '급매물'과 같은 특정 키워드의 포털 검색량 추이를 분석하여 대중의 관심도와 불안감의 강도를 측정한다.

2) **구조적 불확실성 분석**(시장의 펀더멘털 변화를 감지하다): 이는 시장의 수요-공급 구조 자체에 발생하는 미세한 균열이나 변화를 데이터로 감지하는 것이다.

- 매물 데이터 심층 분석: 전체 매물 수의 변화뿐만 아니라, '매물 등록 후 평균 거래 체결 기간', '최초 호가 대비 최종 매매가 할인율(네고율)', '급매물 비중' 등을 세밀하게 분석하여 시장의 실제 체력을 진단한다.
- 미시 거래 분석: 특정 지역, 특정 아파트 단지에서 발생하는 소수의 거래라도, '신고가'인지 '신저가'인지, 거래 주체가 '다주택자'인지 '1주택자'인지를 분석하여 시장의 방향 전환 신호를 조기에 포착한다.

3.1.2. 도시부동산 시장 불확실성 데이터 해석 방법론 비교

구분	심리적 불확실성 분석	구조적 불확실성 분석
목표	뉴스, 소셜 미디어 등 비정형 데이터를 분석하여 시장 참여자들의 집단적인 공포, 탐욕, 기대감 등 심리 상태를 정량 화하는 것을 목표로 한다.	실제 거래 데이터, 매물 데이터 등을 심층 분석하여 시장의 수요-공급 구조와 펀더멘털의 미세한 변화를 객관적으로 측정하는 것을 목표로 한다.
분석방법 및 기술	- 감성 분석(Sentiment Analysis): 텍스트의 긍정/부정 뉘앙스를 분석하여 '공포탐욕지수' 등을 생성한다. - 토픽 모델링 및 키워드 분석: 특정 시점에 시장의 주된 관심사가 무엇인지(예: '금리', '규제', '급매')를 파악한다. - 주요 기술: 자연어 처리(NLP) , 텍스트 마이닝, 웹 크롤링	- 시계열 분석: 매물량, 거래량, 가격 할인율 등의 과거 추세와 변동성을 분석하여 이상 신호를 감지한다. - 생존 분석(Survival Analysis): 매물이 등록된 후 거래되기까지 걸리는 평균 시간을 분석하여 시장의 소화 능력을 평가한다. - 주요 기술: 통계적 모델링, 데이터베이스 처리(SQL), 시각화 분석
역할	시장을 뒤덮은 안개의 '감정적 농도'를 측정하는 역할을 한다. 시장의 비이성적 과열이나 냉각 상태를 진단한다.	안개 속에서도 길을 찾을 수 있도록 단단한 땅의 형태, 즉 시장의 '구조적 건전성'을 파악하는 역할을 한다.
장점	- 시장의 방향 전환을 예측하는 선행지표로 활용될 수 있다. - 정량적 데이터만으로는 파악할 수 없는 시장 참여자들의 주관적 심리를 객관적 지표로 변환할 수 있다.	- 실제 시장의 체력을 진단하므로, 감정적 편향을 배제한 객관적이고 합리적인 판단이 가능하다. - 데이터에 기반하여 시장의 변곡점을 조기에 포착할 수 있다.

단점	- 대중의 심리는 변동성이 매우 크고, 실제 시장의 펀더멘털과 괴리될 수 있다. - 분석 결과가 데이터 수집 채널(특정 커뮤니티 등)의 편향성에 의해 왜곡될 수 있다.	- 거래가 급감하는 침체기에는 분석에 필요한 데이터 자체가 부족해지는 문제가 발생할 수 있다. - 이미 발생한 과거의 데이터를 분석하는 것이므로, 미래의 갑작스러운 외부 충격을 예측하는 데는 한계가 있다.
도시부동산 활용예시	(매수/매도 타이밍 결정) 시장의 부정적 뉴스와 공포 심리가 극에 달했지만, 실제 거래 데이터는 견고할 때, 이를 '비이성적 투매' 시점으로 판단하고 오히려 우량 자산의 매수를 고려하는 역 발상 투자에 활용한다.	(PF 대출 리스크 관리) 특정 지역의 아파트 매물 적체 기간이 길어지고, 최초 호가 대비 매매가 할인율이 급격히 커지는 것을 감지하여, 해당 지역의 신규 개발 사업에 대한 대출 심사를 강화하고 리스크를 관리한다.

3.2. 가상사례: 기준금리 쇼크, 흔들리는 '서판교' 부동산 시장 분석

新강남 선두 주자 판교 부동산 시장 르포 | 한국경제 [https://www.hankyung.com]

1) **현안 과제:** 2026년 8월, 한국은행이 물가 안정을 위해 기준금리를 예상을 뛰어넘는 0.5%p 깜짝 인상했다고 가정해보자. 언론에서는 연일 '부동산 빙하기', '패닉 셀링'이라는 자극적인 헤드라인을 쏟아내며 시장의 공포를 조장하고 있다. IT 기업이 밀집한 '서판교' 지역의 주택 구매를 고려하던 한 투자자가 이 불확실성을 데이터로 해석하는 상황이다.

2) 분석 과정:

(1) 표면적 현상: 공포에 휩싸인 시장

- 뉴스 헤드라인: "금리 쇼크에 판교 집값도 못 버틴다", "영끌족 비명, 서판교도 급매물 속출"
- 온라인 커뮤니티: "지금 집 사면 바보", "반 토막 날 때까지 기다려야 한다"는 비관론이 대세를 이룬다.
- 전통적 해석: 모든 지표가 하락을 가리키는 것처럼 보이므로, 투자를 전면 보류하고 관망해야 한다는 결론에 쉽게 도달한다.

(2) 데이터 기반 심층 분석: 불확실성 이면의 진실

데이터 분석팀은 공포라는 감정의 파도를 걷어내고, 시장의 실제 데이터 스트림을 심층적으로 분석한다.

데이터 유형	심층 분석 결과(가상 수치)	데이터 기반 해석
뉴스/소셜 데이터	- 뉴스 기사의 부정 감성 지수: -0.85(매우 부정적) - 온라인 커뮤니티의 부정 여론 비중: 85%	(심리적 불확실성) 시장의 '심리'는 확실히 얼어붙었으나, 이는 실제 가치와는 다를 수 있는 '감정'의 영역임을 인지한다.
검색량 데이터	- '서판교 급매' 검색량: 전월 대비 300% 폭증 - '서판교 전세' 검색량: 동반 250% 폭증	(수요 구조 분석) 매수 대기자들이 '급매'라는 기회를 노리는 동시에, 매수를 포기한 수요가 '전세'로 전환되고 있다. 이는 매매 수요의 완전한 소멸이 아닌, '임차 수요로의 일시적 이전'임을 시사한다.
매물 데이터	- 전체 매물 수: 전월 대비 20% 증가 - BUT, 신규 등록 매물의 평균 호가: 직전 실거래가 대비 -1.5% 수준 - 매물 철회 건수: 전월 대비 5% 동반 증가	(공급 구조 분석) 매물이 늘었지만, 집주인들이 공포에 질려 투매하기보다는 소폭의 가격 조정만 하고 있다. 일부는 아예 매물을 거두며 버티기에 들어갔다. 이는 공급자들이 시장의 장기 가치를 여전히 신뢰하고 있음을 의미한다.
미시 거래 데이터	- 최근 1주일간 성사된 3건의 아파트 거래 분석: - 2건: 다주택자의 증여 목적 거래 - 1건: 해외 IT 기업 재직자가 대출 없이 매입	(실수요 분석) 대출 이자에 민감한 '영끌' 투자자의 거래는 실종되었으나, 금리 인상에 영향을 받지 않는 '현금 부자' 및 '특수 목적'의 실수요는 여전히 시장에 유입되고 있다.

3) **최종 분석 결론 및 시사점:** 시장의 심리적 불확실성은 극에 달했지만, 데이터가 보여주는 구조적 불확실성의 본질은 다르다. 시장은 '붕괴'가 아닌 '숨 고르기' 상태에 있다. 매도자들은 쉽게 가격을 낮추지 않고 있으며, 금리 인상과 무관한 핵심 실수요는 여전히 견고하다. 따라서 지금은 공포에 동참하여 투매할 때가 아니라, 비이성적인 공포로 인해 일시적으로 가격이 조정된 'A급 입지의 우량 자산'을 선별적으로 매입할 수 있는 전략적 기회가 될 수 있다는 결론을 내리게 된다.

4. 도시부동산 투자금융에서 정보 비대칭성을 완화하는 분석 방법과 가상사례

4.1. 기울어진 운동장을 바로 세우는 데이터의 힘

전통적인 부동산 시장은 오랫동안 '정보 비대칭성(Information Asymmetry)'이라는 그림자에 갇혀 있었다. 이는 마치 한쪽 골대만 더 넓은 '기울어진 운동장'과 같아서, 소수의 내부자나 전문가만이 아는 숨겨진 정보가 투자의 승패를 결정짓는 불공정한 게임이었다.

개발 계획, 실제 임대료, 주변 상권의 미세한 변화와 같은 핵심 정보는 소수에게 독점되었고, 대부분의 투자자들은 깜깜 이 상태에서 추측과 소문에 의존해야만 했다. 그러나 빅데이터는 이 기울어진 운동장의 수평을 맞추는 강력한 균형추로 등장했다.

과거에는 전문가의 발 품과 인맥을 통해서만 얻을 수 있었던 정보들이 이제는 데이터를 통해 투명하게 분석되고 공유되기 시작한 것이다. 이 글에서는 빅데이터 분석이 어떻게 정보의 격차를 해소하고, 공정하고 효율적인 투자 환경을 만들어가는지를 가상 사례를 통해 생생하게 보여주고자 한다.

4.1.1. 정보 비대칭성의 해소: 모든 것을 연결하고 투명하게 만들다.

빅데이터 분석은 크게 '정보의 접근성 확대'와 '정보의 심층적 해석'이라는 두 가지 방식으로 정보의 비대칭성을 완화한다.

1) **정보의 접근성 확대**(Democratization of Information): 과거 소수에게만 허락되었던 고급 정보들이 데이터 플랫폼을 통해 대중에게 공개된다.

(1) **공간정보 융합**: 위성사진, 로드뷰, 건축물대장, 토지이용계획 등 파편화된 정보들을 지리정보시스템(GIS) 위에서 하나로 융합하여, 특정 부동산을 둘러싼 모든 물리적, 제도적 정보를 누구나 한눈에 파악할 수 있게 한다

(2) **비정형 데이터의 정형화**: 온라인 부동산 커뮤니티의 수많은 게시글, 뉴스 기사, 블로그 리뷰 등 흩어져 있는 텍스트 정보들을 분석하여, 지역의 평판이나 잠재적 이슈와 같은 질적 정보를 정량적인 데이터로 변환하여 제공한다.

2) **정보의 심층적 해석**(Deep Information Analysis): 단순히 정보를 아는 것을 넘어, 데이터 간의 관계를 분석하여 눈에 보이지 않는 '숨겨진 진실(Hidden Truth)'을 도출해낸다.

(1) **대안 데이터 활용**: 통신사의 유동인구 데이터나 카드사의 매출 데이터를 분석하면, 공식적으로 발표되는 임대료나 공실률 너머에 있는 상권의 실제 활력과 성장성을 파악할 수 있다. 이는 특정 건물의 소유주만 알고 있던 '실제 장사 잘되는 곳'에 대한 정보를 객관적인 데이터로 증명하는 것과 같다.

(2) **네트워크 분석**: 특정 지역에 어떤 기업들이 새롭게 입주하고, 그 기업들 간에 어떤 연관이 있는지를 분석하여, 미래의 산업 생태계 변화와 그로 인한 부동산 수요 변화를 예측한다.

4.1.2. 정보 비대칭성 완화를 위한 데이터 분석 방법론 비교

구분	정보 접근성 확대 분석	정보 심층 해석 분석
목표	과거 소수 전문가에게 집중되었던 물리적, 제도적, 질적 정보를 누구나 쉽게 접근하고 이해할 수 있도록 투명하게 공개하는 것을 목표로 한다.	공개된 데이터를 유기적으로 결합하고 숨겨진 패턴을 분석하여, 단순 정보의 나열을 넘어선 새로운 인사이트와 미래 가치를 도출하는 것을 목표로 한다.
분석방법 및 기술	- 데이터 융합 및 시각화: 건축물대장, 토지이용계획, 실거래가 등 파편화된 정보를 GIS(지리정보시스템) 지도 위에 통합하여 시각적으로 제공한다. - 텍스트 정형화: 온라인 리뷰, 뉴스 기사 등 비정형 텍스트를 분석하여 평판, 이슈 등을 정량적 지표로 변환한다. - 주요 기술: GIS, 데이터베이스 통합, 웹 크롤링, 데이터 시각화	- 대안 데이터 분석: 유동인구, 카드 매출, SNS 데이터 등을 통해 공식 통계로는 알 수 없는 상권의 실제 활력도를 측정한다. - AI 예측 모델링: 다양한 변수 간의 복잡한 상호작용을 학습하여 미래의 임대료 수준이나 자산 가치를 예측한다. - 주요 기술: 통계적 분석, 머신 러닝(회귀분석, 군집분석), 시계열 분석
역할	정보의 격차를 허물어 시장의 투명성을 높이는 '정보 민주주의자(Information Democratizer)'의 역할을 한다.	데이터의 이면을 꿰뚫어 보이지 않던 기회를 발굴하는 '데이터 탐정(Data Detective)'의 역할을 한다.
장점	- 정보 탐색에 드는 시간과 비용을 획기적으로 줄여준다. - 모든 참여자가 동등한 정보에 접근하게 되므로 시장의 효율성과 공정성이 증대된다.	- 표면적인 정보만으로는 알 수 없었던 자산의 진정한 잠재가치나 숨겨진 리스크를 발견할 수 있다. - 데이터 기반의 객관적 근거를 통해 투자 설득력을 높일 수 있다.
단점	- 정보의 양이 방대하여, 비전문가는 어떤 정보가 핵심적인지 판단하기 어려울 수 있다. - 공개된 정보의 해석 능력에 따라 여전히 개인 간 정보 격차가 발생할 수 있다.	- 고급 분석을 위해서는 높은 수준의 데이터 처리 기술과 전문 인력이 필요하다. - 분석에 사용된 데이터의 품질이 낮거나 편향되었을 경우, 잘못된 인사이트를 도출할 위험이 있다.
도시부동산 활용예시	(토지 매입 의사결정) 관심 있는 토지의 지번만 입력하면, 해당 필지의 용도지역, 건폐율, 용적률, 주변 실거래가, 개발 규제 현황 등을 단 몇 초 만에 보고서 형태로 확인하여 초기 검토를 진행한다.	(상가 투자 가치 분석) 특정 상가의 공실률이 높다는 공식 정보에도 불구하고, 주변 유동인구가 특정 시간대에 폭발적으로 증가하고 있으며, 경쟁 상권 대비 특정 업종의 소비액이 높다는 데이터를 분석하여 '숨겨진 우량 자산'임을 판단하고 투자를 결정한다.

4.2. 가상사례: '성수동 낡은 공장'의 가치를 재발견하다

성수동에서 새로운 '낡음'을 만나다 | 서울시 [https://mediahub.seoul.go.kr]

1) 현안 과제: 서울 성수동의 한적한 골목에 위치한 낡은 인쇄 공장. 소유주는 상속 문제로 급하게 매물을 내놓았다. 이 정보를 두고 두 명의 투자자가 서로 다른 방식으로 접근한다.

2) 분석 과정:

(1) 전통적 투자자의 접근(정보의 비대칭성에 갇히다)

- 정보 수집: 인근 공인중개사무소 몇 군데를 방문하여 정보를 수집한다. "요즘 성수동이 뜨긴 하는데, 이 골목은 아직 좀 외져서…", "공장을 상업용으로 바꾸려면 용도변경도 까다롭고 돈도 많이 들어요"와 같은 소수의견에 의존한다.
- 가치 평가: 해당 지역의 유사 공장 실 거래가와 공시지가를 기준으로 평당 가격을 산출한다. 용도변경의 어려움과 리모델링 비용을 고려하여 보수적으로 가치를 평가한다.
- 의사결정: "숨겨진 리스크가 많고, 주변 시세에 비해 가격이 특별히 싸지도 않다. 투자를 포기한다." 라는 결론을 내린다. 이 투자자에게 이 공장은 그저 '낡고 외진 공장'일 뿐이다.

(2) 데이터 기반 투자자의 접근(정보의 격차를 허물다)

데이터 분석 플랫폼 '밸류맵'을 활용하여 종합적인 분석을 시작한다.

데이터 유형	'밸류맵'의 심층 분석 결과(가상 수치)	정보 비대칭성의 완화
공간정보 데이터	- 해당 공장은 '준공업지역'이지만, 서울시 조례상 특정 조건을 충족할 경우 F&B, 문화시설로의 용도변경이 가능한 부지임을 0.5초 만에 확인한다. - 3D 모델링 결과, 리모델링 시 최대 5개 층까지 증축이 가능함을 시뮬레이션 한다.	(제도적 정보 비대칭 해소) 소수의 건축 전문가나 담당 공무원만 알던 복잡한 법규와 개발 가능성을 누구나 알 수 있는 투명한 정보로 변환한다.
유동인구 데이터	- 주중에는 유동인구가 적으나, 주말 오후 2시~6시 사이 20대 여성 유동인구가 인근 대로변보다 오히려 30% 더 높게 나타난다. - 이들의 평균 체류 시간은 90분 이상으로, 단순 통과가 아닌 '목적성 방문'임을 증명한다.	(상권 정보 비대칭 해소) 부동산 중개인의 '외지다'는 주관적 평가를, '숨겨진 핫플레이스'라는 객관적 데이터로 반박한다.
소셜/소비 데이터	- 공장 주변 반경 200m 내에 위치한 소규모 카페와 편집샵 5곳의 SNS 포스팅이 월 3,000회 이상이며, '#성수동숨은맛집', '#골목투어' 키워드와 함께 언급된다. - 해당 상점들의 카드 매출액은 최근 6개월간 50% 급증했다.	(미래가치 정보 비대칭 해소) 지역 토박이나 상인들만 체감하던 골목상권의 성장성을, 모든 사람이 볼 수 있는 '성장 잠재력 데이터'로 명확히 보여준다.

3) 최종 의사결정: 이 투자자에게 이 공장은 더 이상 '낡고 외진 공장'이 아니다. 그것은 '숨겨진 20대 여성 유동인구를 타겟으로, 주말 중심의 F&B 및 복합문화공간으로 개발할 수 있는 잠재력 높은 자산'이 된다. 그는 데이터 분석을 통해 확인한 미래가치를 바탕으로, 전통적 투자자가 포기한 가격에 과감히 투자하여 2년 후 시장의 랜드마크로 개발하는 데 성공한다.

4) 결론 및 시사점: 정보 비대칭성의 완화는 단순히 개인 투자자에게 더 많은 기회를 제공하는 것을 넘어, 도시부동산 시장 전체를 더 투명하고 효율적으로 만드는 원동력이 된다. 정보가 소수에게 독점될 때 발생했던 비합리적인 가격 왜곡과 투기가 줄어들고, 데이터에 기반한 합리적인 가치 평가가 시장의 표준으로 자리 잡게 된다. 빅데이터라는 거대한 빛은 이제 도시의 가장 어두운 골목까지 구석구석 비추며, 모두에게 공정한 기회가 주어지는 새로운 부동산 투자의 시대를 열어가고 있는 것이다. 투명성이 효율적인 시장을 만든다

주제3
도시부동산 프로젝트 파이낸싱(PF)과 빅데이터

1. 전통적 프로젝트 금융구조와 데이터 기반 프로젝트 금융구조의 비교분석과 가상사례

1.1. 신뢰의 구조를 재설계하는 데이터

거대한 부동산 개발 프로젝트가 하나의 배를 만드는 과정이라면, 프로젝트 금융(PF)은 그 배가 완성되어 항해를 마칠 때까지 필요한 자금을 공급하는 생명줄과 같다. 전통적인 프로젝트 금융은 시공사의 신용도나 담보와 같은 '과거의 실적'과 '물리적 안전장치'를 중심으로 촘촘하게 짜인 밧줄과 같았다. 그러나 이 밧줄은 때로 혁신적이지만 실적이 부족한 새로운 항해자의 도전을 묶어두는 족쇄가 되기도 했다.

이제 빅데이터는 이 금융의 구조를 재설계하고 있다. 데이터 기반 프로젝트 금융은 과거의 실적을 넘어, 프로젝트가 항해할 미래의 바다, 즉 '시장의 실제 수요'와 '미래 현금흐름의 예측 가능성'이라는 새로운 재료로 더 유연하고 정교한 밧줄을 만들어내는 것이다. 이 글에서는 두 금융구조의 근본적인 차이를 분석하고, 가상 사례를 통해 데이터가 어떻게 프로젝트의 미래 가치를 증명하고 금융의 문턱을 낮추는지를 탐색하고자 한다.

1.1.1. 프로젝트 금융의 구조: 무엇을 믿고 돈을 빌려주는가?

핵심적인 차이는 '신용'을 평가하고 '리스크'를 통제하는 방식에 있다.

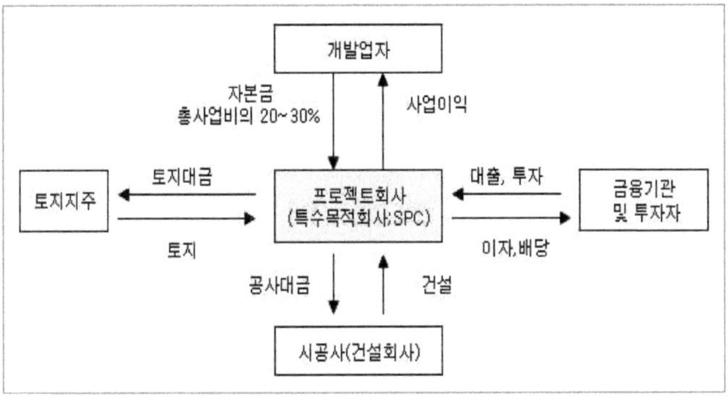

프로젝트 파이낸싱이란 무엇일까? 프로젝트 파이낸싱(Project Financing)
[https://youngji.medium.com]

1) 전통적 프로젝트 금융구조(Trust in Guarantees):

(1) 신용의 근거: 프로젝트 자체의 미래 현금흐름보다는, 시공사의 신용등급과 책임준공 약정, 금융기관의 담보 신탁, 시행사의 자기자본 비율 등이 핵심적인 신용의 근거가 된다. 이는 마치 학생의 잠재력보다는 부모의 재력을 보고 장학금을 주는 것과 유사하다.

(2) 리스크 관리: 프로젝트가 좌초될 경우, 시공사의 보증이나 담보 매각을 통해 자금을 회수하는 사후적 리스크 관리에 중점을 둔다. 대출 심사 과정은 표준화된 재무 지표와 과거의 유사 사례 비교에 크게 의존한다.

(3) 구조적 특징: 소수의 대형 금융기관이 대규모 자금을 공급하는 중앙집중 적이고 경직된 구조를 가진다.

2) 데이터 기반 프로젝트 금융구조(Trust in Data):

(1) **신용의 근거:** 프로젝트가 창출할 미래 현금흐름의 예측 가능성이 신용의 핵심이다. 빅데이터 분석을 통해 예상 수요, 잠재 고객의 지불 능력, 미래 상권의 성장성 등을 객관적인 데이터로 증명한다. 시공사나 시행사의 과거 실적은 여러 평가 요소 중 하나일 뿐이다.

(2) **리스크 관리:** 프로젝트 진행 과정에서 발생하는 다양한 데이터를 실시간으로 모니터링하여 리스크를 조기에 감지하고 대응하는 사전적·동적 리스크 관리에 집중한다. 예를 들어, 분양률이 예상보다 저조할 경우, 즉각적으로 데이터를 분석해 원인을 파악하고 마케팅 전략을 수정한다.

(3) **구조적 특징:** 데이터를 통해 프로젝트의 가치와 리스크가 투명하게 공개되므로, 기관 투자자 뿐만 아니라 개인 투자자까지 참여하는 다원적이고 유연한 자금 조달(예: 증권형 크라우드펀딩)이 가능해진다.

구분	Project Finance	Corporate Finance
차주	Project Company(SPC)	사업주 자신
신용분석 대상	미래 Cash Flow/프로젝트 자산가치	사업주 과거 및 미래 재무제표
사업주에 대한 소구권	비소구 또는 제한적 소구	완전한 소구
담보	프로젝트 자산, 주요 계약, Escrow Account 등	차주의 물적담보 또는 보증
회계처리	사업주의 재무제표와 분리	사업주의 재무제표에 반영
현금흐름 재량권	약정에 의한 통제	원칙적으로 차주가 재량권 보유
대주의 통제	엄격함	상대적으로 엄격치 않음
기간/비용	장기/높은 비용	단기/낮은 비용
구조	복잡	상대적으로 단순
파산처리	단순	다소 복잡

https://capitalwizard.tistory.com

1.1.2. 전통적 프로젝트 금융과 데이터 기반 프로젝트 금융의 구조 비교

구분	전통적 프로젝트 금융구조	데이터 기반 프로젝트 금융구조
목표	시공사의 신용도, 담보 등 과거 실적과 물리적 보증을 기반으로 채권 회수의 안정성을 확보하는 것을 최우선 목표로 한다.	프로젝트 자체의 미래 현금흐름 창출 능력을 데이터로 증명하여, 사업의 잠재적 성공 가능성에 기반한 금융을 제공하는 것을 목표로 한다.
분석방법 및 기술	- 신용평가 분석: 차주(시행사) 와 보증인(시공사) 의 재무제표, 신용등급을 정량적으로 평가한다. - 과거 사례 비교 분석: 유사 부동산 개발 프로젝트의 과거 수익률, 공실률 데이터를 참고하여 사업성을 추정한다. - 주요 기술: 기업 신용평가 모델, 재무 분석	- 예측적 현금흐름 분석: 유동인구, 소비 데이터, 소셜 데이터 등을 활용하여 미래의 수요와 매출을 과학적으로 예측한다. - 동적 리스크 시뮬레이션: 금리, 공실률 등 주요 변수 변화에 따른 다양한 시나리오를 시뮬레이션 하여 리스크를 계량화한다. - 주요 기술: AI/머신 러닝, 빅데이터 분석 플랫폼, 몬테카를로 시뮬레이션
역할	과거의 실적을 바탕으로 리스크를 통제하고 안정성을 중시하는 '과거의 수문장(Gatekeeper) ' 역할을 한다.	데이터 분석을 통해 미래의 가능성을 발굴하고 혁신적 프로젝트의 성장을 지원하는 '미래의 조력자(Enabler) ' 역할을 한다.
장점	- 평가 기준이 명확하고 정형화되어 있어 심사 과정이 비교적 단순하고 안정적이다. - 대형 건설사와 우량 시행사 중심의 검증된 프로젝트에 집중하여 채무불이행 리스크가 낮다.	- 실적이 부족한 신생 기업이나 혁신적인 사업 모델도 미래가치를 증명하여 자금을 조달할 기회를 얻을 수 있다. - 데이터를 통해 리스크를 정교하게 관리하므로, 다양한 투자자(개인 등) 의 참여를 유도할 수 있다.
단점	- 과거 실적이 없는 신생 기업이나 새로운 유형의 부동산 상품(예: 코리빙하우스) 은 사업성이 좋아도 자금 조달이 거의 불가능하다. - 시장의 잠재적 수요 변화보다는 과거 데이터에 의존하므로, 혁신적 기회를 놓칠 가능성이 크다.	- 데이터 분석 및 모델링에 높은 수준의 기술과 비용이 요구된다. - 데이터의 품질이 낮거나, 예측 모델이 잘못될 경우 오히려 리스크가 증폭될 수 있다.
도시부동산 활용예시	(대규모 아파트 개발 PF) 국내 10대 건설사가 책임준공을 약정하고, 시행사의 자기자본 비율이 충분하며, 과거 인근 지역 아파트 분양 성공률이 높았다는 사실에 근거하여 대규모 PF 대출을 실행한다.	(특수 상업시설 개발 PF) 개발 실적이 없는 스타트 업이 반려동물 특화 쇼핑몰을 제안했을 때, 해당 지역의 반려동물 관련 카드 매출, SNS 언급량, 관련 용품 구매 데이터를 분석하여 잠재 수요를 증명하고 프로젝트 펀딩에 성공한다.

1.2. 가상사례: 청년 1인 가구를 위한 코리빙하우스 '유니언 플레이스' 개발 PF

1인 가구를 위한 코리빙 하우스 인기: 네이버 블로그 [https://blog.naver.com]

1) 현안 과제: 설립 2년 차의 스타트업 '라이프 디자인'이 서울 대학가 인근에 150세대 규모의 코리빙하우스(Co-living House) '유니언 플레이스'를 개발하기 위해 500억 원의 자금 조달에 나섰다고 가정해보자.

2) 분석 과정: [프로젝트 개요]

- 시행사 '라이프 디자인': 혁신적인 공간 기획 능력은 있으나, 재무 상태가 취약하고 부동산 개발 실적(Track Record)이 전무하다.
- 프로젝트 컨셉: 단순한 주거 공간을 넘어, 입주자들을 위한 네트워킹 프로그램, 공유 오피스, F&B 시설을 갖춘 커뮤니티 기반 주거 상품이다.

(1) 전통적 금융기관의 심사

- 신용평가: '라이프 디자인'은 신용등급이 낮고 실적이 없어 차주 평가에서 최하 등급을 받는다. 1군 건설사가 시공을 맡지 않아 책임준공 약정의 신뢰도도 낮게 평가된다.

• 사업성 평가: 평가 모델에 '코리빙하우스'라는 상품 유형이 없어, 가장 유사한 '대학가 오피스텔'의 과거 평균 임대료와 공실률 데이터를 기계적으로 적용한다. 커뮤니티 프로그램과 같은 무형의 가치는 평가에서 완전히 배제된다.

• 리스크 평가(가상수치):

◦차주 신용 리스크: 높음

◦사업 불확실성 리스크: 높음

◦담보 가치: 낮음

• 최종 결론: "차주의 신용도가 낮고 사업 모델의 과거 데이터가 없어 미래 현금흐름 예측이 불가능하다. 대출 불가." 라는 결론을 내린다.

(2) 데이터 기반 핀테크 플랫폼의 심사

데이터 기반 부동산 금융 플랫폼 '밸류업 펀딩'이 이 프로젝트를 심사한다.

① 미래 수요 분석:

◦(통신 데이터) 사업지 반경 1km 내 20~30대 1인 가구 주중 야간 상주인구가 최근 2년간 25% 증가했음을 확인한다.

◦(소셜 데이터) 해당 지역 대학생 및 사회초년생들의 커뮤니티에서 '#외로움', '#네트워킹', '#주거비용' 키워드 언급량이 매우 높음을 분석하여, 커뮤니티형 주거에 대한 잠재 수요(Latent Demand)가 강력함을 증명한다.

② 예상 현금흐름 시뮬레이션:

◦주변 오피스텔 임대료 뿐만 아니라, 인근 공유 오피스 이용료, F&B 매출, 네트워킹 프로그램 참가비 등 다양한 데이터

소스를 기반으로 '유니언 플레이스'의 예상 매출을 정교하게 시뮬레이션 한다.

◦민감도 분석: 금리, 공실률 등 주요 변수 변화에 따른 최악의 시나리오에서도 최소 운영비용(Break-even Point)을 상회함을 증명한다.

(3) **리스크 평가 및 구조 설계**(가상수치):

- 차주 신용 리스크: 높음(전통 방식과 동일)
- BUT, 사업 현금흐름 예측 안정성: 높음(데이터 기반)
- 구조화 금융 설계: 초기 대출 금리를 연 8%로 다소 높게 설정하되, 데이터로 검증된 예상 임대율(e.g., 6개월 내 90% 달성)을 조기 달성할 경우 금리를 연 6%로 인하해주는 '성과연동형 금융 구조'를 제안한다.

(4) **최종 결론**: "차주의 실적은 부족하지만, 데이터 분석 결과 프로젝트 자체의 미래 현금흐름 창출 능력은 매우 높은 것으로 판단된다. 성과연동형 금융 구조를 통해 리스크를 통제하는 조건으로, 기관 및 개인 투자자를 모집하여 총 500억 원의 프로젝트 펀딩을 승인한다."

3) **결론 및 시사점**: 전통적 금융이 과거의 실적이라는 '점'들을 보고 신용을 판단했다면, 데이터 기반 금융은 수많은 데이터를 연결하여 미래 현금흐름이라는 '선'과 '면'을 그려내고 그 안에서 신용을 창출한다. 이러한 변화는 실적은 부족하지만 혁신적인 아이디어를 가진 새로운 플레이어들에게 기회의 문을 열어주고, 자본 시장에는 과거에 없던 새로운 투자 상품을 공급하는 역할을 한다. 결국, 데이터 기반 프로젝트 금융은 단순히 돈을 빌려주는 기능을 넘어, 도시의 미래를 더욱 다채롭

고 활기차게 만드는 '미래 설계의 기술'로 진화하고 있는 것이다. 금융은 이제 미래를 설계하는 기술이다

2. 도시부동산 프로젝트 파이낸싱(PF: Project Financing)의 기본 구조 및 주요 기법과 가상사례

2.1. 오직 프로젝트의 미래만을 담보로 한 금융의 마법

거대한 도시개발 프로젝트는 막대한 자본을 요구하지만, 프로젝트를 추진하는 사업주(Sponsor)는 그 위험을 모두 감당할 수 없다. 여기에 바로 '프로젝트 파이낸싱(Project Financing, PF)'이라는 현대 금융의 마법이 등장한다.

PF는 사업주의 신용도나 담보가 아닌, 오직 프로젝트 자체에서 미래에 발생할 현금흐름(Cash Flow)을 담보로 자금을 조달하는 금융 기법이다. 이는 마치 든든한 부모를 둔 자식이 아니라, 미래의 성공 가능성만을 보고 한 명의 천재 아티스트에게 거액을 투자하는 것과 같다.

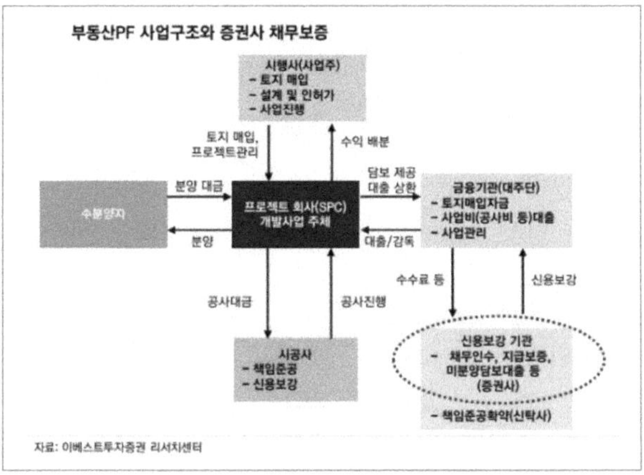

증권사 부동산 PF 사업 규모 전분기 대비 55.8% 급감 [https://realty.chosun.com]

이 구조를 통해 사업주는 제한된 책임만을 지게 되고, 금융기관은 프로젝트의 성공 가능성을 정밀하게 분석하여 새로운 수익을 창출한다. 이 글에서는 PF의 기본 구조와 핵심 기법을 살펴보고, 가상 사례를 통해 이 매력적인 금융의 세계를 탐험하고자 한다.

2.1.1. 프로젝트 파이낸싱(PF)의 기본 구조

1) 특별목적회사(Special Purpose Company, SPC) 설립: PF의 핵심은 프로젝트와 사업주를 법적으로 분리하는 것에서 시작한다. 이를 위해 특별목적회사(Special Purpose Company, SPC), 즉 페이퍼 컴퍼니를 설립한다.

2) 주요 참여자 및 역할:

(1) **사업주**(Sponsor): 프로젝트를 기획하고 추진하는 주체이다. SPC에 일정 부분의 자본금(Equity) 을 출자한다.

(2) **특별목적회사**(SPC): 오직 해당 프로젝트만을 위해 설립된 회사이다. 사업 부지를 매입하고, 금융기관과 대출 약정을 맺으며, 건설사와 공사 계약을 맺는 등 모든 계약의 주체가 된다. 프로젝트가 파산하더라도 사업주에게는 영향이 미치지 않는다.

(3) **대주단**(Lenders): 프로젝트의 미래 현금흐름을 보고 SPC에 자금을 빌려주는 은행 등 금융기관들이다.

(4) **시공사**(Contractor): SPC와 계약을 맺고 건물을 건설한다. 단순 공사를 넘어, 책임준공 약정 등을 통해 프로젝트의 신용을 보강하는 역할을 하기도 한다.

(5) **신탁사**(Trust Company): 프로젝트의 자금과 자산을 안전하게 관리하는 역할을 한다. 분양대금 등을 직접 관리하여 사업비 외 다른 용도로 유용되는 것을 막는다.

이 구조를 통해 프로젝트의 위험이 사업주에게 전이되는 것을 차단하고, 각 참여자들이 자신의 전문 영역에 집중하며 리스크를 분담하게 되는 것이다.

2.1.2. 도시 부동산 PF 기본 구조의 주요 참여자별 분석

도시 부동산 프로젝트 파이낸싱(PF)은 다양한 참여자들의 유기적인 관계를 통해 진행된다. 각 참여자는 고유의 목표와 역할을 가지며, 이를 통해 프로젝트 전체의 구조적 안정성을 확보한다. 주요 참여자인 특별목적회사(SPC), 사업주, 대주단, 시공사, 신탁사의 목표, 원리, 역할, 장단점을 비교 분석하면 아래 표와 같다.

구분	특별목적회사	사업주	대주단	시공사	신탁사
목표	프로젝트의 법적·회계적 주체가 되어 사업 수행에 필요한 모든 계약을 체결하고, 프로젝트 자산과 부채를 사업주로부터 절연(Bankruptcy Remoteness) 시키는 것을 목표로 한다.	최소한의 자기자본(Equity)을 투입하여 레버리지 효과를 극대화하고, 프로젝트를 성공적으로 완수하여 개발이익을 확보하는 것을 최종 목표로 한다.	프로젝트의 미래 현금흐름과 신용보강을 담보로 PF 대출을 실행하고, 약정된 이자와 원금을 안정적으로 회수하여 수익을 창출하는 것을 목표로 한다.	도급계약을 통해 예정된 공사비를 확보하여 안정적인 수익을 창출하고, 성공적인 공사 수행 실적을 통해 기업의 평판과 신인도를 제고하는 것을 목표로 한다.	프로젝트 관련 자금과 자산을 신탁계약에 따라 안전하게 통제·관리함으로써 사업의 투명성과 안정성을 높이고, 그에 따른 수수료 수익을 확보하는 것을 목표로 한다.
원리	해당 프로젝트만을 위한 도관체(Conduit)로서 기능한다. 모든 자금의 흐름과 계약 관계는 SPC를 중심으로 이루어지며, 프로젝트의 수익과 부채는 SPC에 귀속된다.	프로젝트의 기획 및 발굴을 통해 사업을 구체화하고, SPC에 자본금을 출자하여 주주로서의 권리를 행사하며 프로젝트 전반을 관리하고 이끈다.	프로젝트의 사업성을 평가하여 대출 규모와 조건을 결정하고, 다양한 신용보강 장치를 통해 채권 회수 위험을 통제하며 자금을 공급한다.	SPC와의 도급계약에 따라 건축물을 시공할 의무를 진다. '책임준공확약' 등을 통해 프로젝트의 물리적 완성을 보증하며 신용을 보강하는 역할을 수행한다.	SPC 및 대주단과의 신탁계약을 통해 사업부지 및 분양대금 등 핵심 자산의 소유권을 이전받아 중립적인 위치에서 관리하고 계약에 따라 자금을 집행한다.

역할	사업부지 매입, 인허가 취득, PF 대출 약정 체결, 공사도급계약 체결, 분양계약 체결 등 프로젝트 수행의 법적 주체 역할을 한다.	프로젝트 발굴, 사업성 분석, 초기 사업비 조달, SPC 설립 및 출자, 시공사 및 금융기관 선정 등 프로젝트의 총괄 기획 및 관리자 역할을 한다.	프로젝트의 사업성을 담보로 대규모 자금을 제공하는 핵심적인 자금 공급원의 역할을 하며, 사업 전반의 리스크를 관리·감독한다.	도급계약에 따른 건설의 실행 주체이며, 동시에 '책임준공확약' 등을 통해 사업의 신용도를 높이는 핵심 신용보강 제공자의 역할을 수행한다.	분양대금 등 사업자금을 직접 수납하고 공정별 기성률에 따라 공사비를 집행하는 등 자금 관리의 투명성과 안정성을 담보하는 관리자 역할을 한다.
장점	사업주: 프로젝트 파산 시 위험이 전이되지 않는다. 대주단: 프로젝트 자산에 대한 권리 확보가 명확해진다.	사업주: 부외금융(Off-balance Sheet) 효과로 재무건전성을 유지하며 대규모 사업 추진이 가능하다. 프로젝트: 사업주의 신용과 무관한 독립적 평가가 가능하다.	대주단: 높은 금리와 수수료를 통해 고수익을 기대할 수 있다. 사업주: 자기자본 대비 높은 레버리지를 활용하여 대규모 자금조달이 가능하다.	시공사: 단순 도급공사를 넘어 개발사업 참여를 통해 부가 수익 창출 기회를 얻을 수 있다. 대주단: 시공사의 보증을 통해 사업 안정성을 높일 수 있다.	대주단: 사업비의 유용 및 횡령 위험을 차단하여 채권 보전의 안정성을 높일 수 있다. 사업주: 사업의 투명성을 확보하여 자금 조달을 용이하게 할 수 있다.
단점	프로젝트: 명목회사이므로 자체 신용도가 없어 별도의 신용보강이 필수적이다. 사업주: 설립 및 유지에 법률적·행정적 비용이 발생한다.	사업주: 복잡한 이해관계 조정이 필요하며, 대주단의 과도한 사업 개입으로 경영 자율성이 침해될 수 있다. 대주단: 사업주의 도덕적 해이 발생 가능성이 존재한다.	대주단: 프로젝트 실패 시 대규모 손실 위험에 노출된다. 사업주: 높은 금융비용을 부담해야 하며, 자금 인출 조건이 매우 까다롭다.	시공사: 책임준공 미 이행 시 PF 채무를 인수해야 하는 과도한 재무적 부담을 진다. 사업주: 우량 시공사 확보 경쟁이 치열하며 높은 공사비를 지급해야 할 수 있다.	사업주: 자금 집행의 자율성이 제약되며, 신탁보수 등 추가적인 비용 부담이 발생한다. 프로젝트: 형식적인 관리로 흐를 경우 실질적인 위험 통제 기능이 약화될 수 있다.

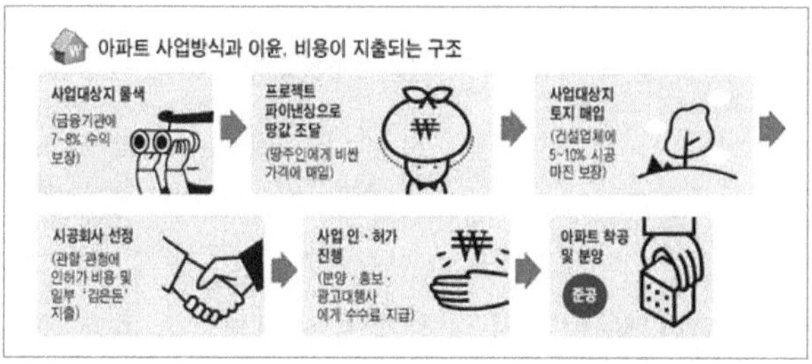

[한줄로 읽는 부동산상식] 프로젝트 파이낸싱 [https://realty.chosun.com]

2.1.3. PF의 주요 기법

1) 비소구 또는 제한적 소구 금융(Non-recourse or Limited-recourse Finance):

PF의 가장 핵심적인 특징이다. '소구(recourse)'란 채무를 상환하지 못했을 때 다른 자산에 상환을 청구하는 것을 의미한다. PF에서는 프로젝트가 실패하여 SPC가 대출금을 갚지 못하더라도, 금융기관이 사업주의 다른 자산에 상환을 청구(소구) 할 수 없는 '비소구'가 원칙이다. 현실적으로는 사업주에게 최소한의 보증을 요구하는 '제한적 소구'가 많다.

구분	소구 금융	비소구 금융	제한적 소구 금융
목표	금융기관의 대출 원리금 회수 위험을 최소화하고 채권의 안정성을 극대화하는 것을 목표로 한다.	프로젝트의 위험을 사업주(Sponsor) 의 다른 자산으로부터 법적·재무적으로 완전히 분리 및 차단하는 것을 목표로 한다.	프로젝트의 위험을 사업주와 금융기관이 일정 부분 공유하여 양측의 이해관계를 조율하고 사업 안정성을 제고하는 것을 목표로 한다.
원리	프로젝트의 채무 불이행 시, 금융기관은 프로젝트 자산 뿐만 아니라 사업주의 모든 자산에 대해 무제한적으로 상환을 청구(소구) 할 수 있다.	대출 상환의 책임을 오직 프로젝트 자체의 자산과 미래 현금흐름에 한정한다. 금융기관은 사업주의 다른 자산에 소구할 수 없다.	원칙적으로 비소구 금융의 형태를 취하나, 계약서에 명시된 특정 조건(예: 공사 완공) 하에서 제한적으로 사업주에게 상환 책임을 부담시킨다.

역할	금융기관의 채권 회수 안정성을 극대화하는 역할을 수행한다.	사업주의 재무적 안정성을 보호하고, 위험 부담이 큰 대규모 프로젝트의 참여를 유도하는 핵심적인 역할을 한다.	비소구 금융의 위험 부담을 완화하면서 사업주의 책임감을 높여 프로젝트의 성공 가능성을 제고하는 현실적인 중재 역할을 한다.
장점	금융기관: 채권 회수 위험이 매우 낮다. 사업주: 상대적으로 낮은 금리로 자금 조달이 가능할 수 있다.	사업주: 프로젝트 실패 시 개인 자산이 보호되어 위험 부담이 적다. 프로젝트: 독립적인 신용 평가가 가능해진다.	사업주: 비소구 금융에 비해 낮은 금융 비용으로 자금 조달이 가능하다. 금융기관: 사업주의 부분 보증으로 채권 회수 가능성을 높일 수 있다.
단점	사업주: 프로젝트 실패 시 파산의 위험에 직면하는 등 극심한 위험 부담을 진다. 프로젝트: 사업주의 신용도에 전적으로 의존하게 된다.	금융기관: 대출금 회수 위험이 높아 심사가 매우 까다롭고 높은 금리와 수수료를 요구하게 된다. 사업주: 금융 비용 부담이 크다.	사업주: 계약 조건에 따라 예상치 못한 채무 상환의 위험에 노출될 수 있다. 금융기관: 프로젝트 실패 시 대출금 전액을 회수하지 못할 위험이 존재한다.
도시부동산 PF 활용 예시	사업주의 신용도가 높고 사업 규모가 작은 개인 명의의 소규모 상가 건축, 다세대주택 신축 사업 등에 제한적으로 활용된다.	사업 규모가 매우 크고 공공성이 강하여 사업주의 직접 보증이 어려운 대규모 복합개발, 사회간접자본(SOC) 연계 개발 프로젝트 등에 원칙적으로 적용된다.	아파트, 주상복합, 오피스 빌딩, 물류센터 등 대부분의 도시 부동산 개발 프로젝트에서 활용된다. 시공사의 책임준공 보증, 사업주의 자금보충 의무 약정 등이 대표적 예시가 된다.

2) **신용 보강(Credit Enhancement)**: 프로젝트 자체의 신용도가 낮기 때문에, 다양한 방법으로 신용을 보강하여 금융기관이 안심하고 돈을 빌려주도록 만든다.

(1) **책임준공 확약**: 시공사가 어떠한 경우에도 정해진 기간 내에 건물을 완공할 것을 약속하는 것이다. 건물이 완공되지 못하는 리스크를 막는 가장 중요한 안전장치이다.

(2) **자금보충 약정:** 사업주가 프로젝트의 자금이 부족해질 경우, 일정 한도 내에서 자금을 추가로 투입하겠다고 약속하는 것이다.

(3) **미분양 담보대출 확약:** 금융기관이 준공 후 미 분양된 부동산을 담보로 대출을 해주겠다고 미리 약속하여, 분양 리스크를 줄여준다.

3) PF에서 신용 보강방법 비교분석

구분	책임준공 확약	자금보충 약정	미분양 담보대출 확약
목표	시공사의 책임 하에 어떠한 경우에도 정해진 공사 기간 내에 건축물을 완공시키는 것을 목표로 한다. 이를 통해 공사 중단에 따른 사업 좌초 위험을 방지한다.	사업비 부족, 공사비 증액 등 예상치 못한 자금 부족 사태 발생 시 사업주(시행사) 가 자금을 조달하여 사업의 연속성을 확보하는 것을 목표로 한다.	준공 후 발생할 수 있는 미분양 리스크를 완화하고, PF 대출의 상환 재원을 안정적으로 확보하여 대출의 상환 가능성을 높이는 것을 목표로 한다.
원리	시공사가 PF 대주단에게 '불가항력을 제외한 어떠한 사유가 발생하더라도 책임지고 준공하겠다'는 법적 구속력이 있는 확약을 제공한다. 불이행 시 시공사가 PF 대출 채무를 인수하는 조건이 일반적이다.	사업비가 예산을 초과하거나 분양 수입이 예상보다 저조하여 사업비가 부족할 경우, 사업주 또는 그 관계인이 약정한도 내에서 자기자본(Equity) 을 추가 투입하거나 대출을 실행하여 부족 자금을 보충한다.	준공 후 미 분양된 물건이 발생할 경우, 해당 미분양 부동산을 담보로 금융기관이 추가적인 대출(담보대출) 을 실행해 줄 것을 사전에 확약한다. 이 대출금으로 기존 PF 대출을 상환하게 된다.
역할	PF 사업의 가장 핵심적인 리스크인 '건물 완공 리스크'를 통제하는 가장 중요한 안전장치 역할을 한다. 건물이 준공되어야만 담보가치가 실현되고 분양을 통한 자금 회수가 가능해진다.	사업 진행 과정에서 발생할 수 있는 '유동성 리스크'를 관리하는 역할을 한다. 사업비 부족으로 인한 공사 중단 및 사업 지연을 방지하여 프로젝트의 안정적인 운영을 지원한다.	사업 완료 단계의 '분양 리스크(시장 리스크)'를 일부 통제하고 PF 대출 상환의 안정성을 제고하는 역할을 한다. 금융기관의 출구(Exit) 전략을 명확하게 하여 자금 회수 가능성을 높인다.

장점	금융기관: 공사 중단 위험을 현저히 낮추어 채권 회수의 안정성을 확보할 수 있다. 사업주: 시공사의 신용도를 활용하여 원활한 자금 조달이 가능해진다.	금융기관: 사업주의 책임성을 강화하고 사업의 최종적인 성공 가능성을 높일 수 있다. 사업주: 사업의 안정성을 대외적으로 인정받아 사업 추진력을 얻을 수 있다.	금융기관: 미분양 발생 시에도 담보 대출 전환을 통해 안정적인 채권 회수가 가능하다. 사업주: 분양 시장의 불확실성에 대비한 안전장치를 마련하여 사업 안정성을 높일 수 있다.
단점	시공사: 과도한 채무인수 부담을 지게 되며, 부동산 경기 악화 시 동반 부실의 위험이 크다. 사업주: 시공사에 대한 의존도가 높아져 공사비 상승 등의 협상에서 불리한 위치에 놓일 수 있다.	사업주: 약정한도 이상의 자금 부족 발생 시 대응이 어렵고, 추가 자금 조달 능력에 대한 입증 부담이 있다. 금융기관: 사업주의 재무상태 악화 시 약정 이행이 불가능할 수 있다.	사업주: 담보대출의 금리가 높을 수 있으며, 장기 미분양 시 이자 부담이 가중된다. 〈b 금융기관: 부동산 가치 하락 시 담보가치가 대출 원금에 미치지 못하는 위험(LTV 리스크) 이 존재한다.
도시부동산 PF 활용 예시	아파트, 주상복합, 오피스 빌딩, 물류센터 등 준공이 사업 성공의 절대적 전제가 되는 모든 종류의 부동산 개발 사업에서 가장 기본적이고 필수적인 신용보강 장치로 활용된다.	초기 사업비 지출이 많거나 사업비 변동 가능성이 큰 프로젝트에서 활용된다. 예를 들어, 토지 매입비 정산, 인허가 과정에서의 비용 증가 등에 대비하여 약정을 설정한다.	아파트, 오피스텔, 지식산업센터 등 개별 단위로 분양하는 부동산 개발 사업에서 분양경기의 불확실성에 대비하기 위한 장치로 널리 활용된다.

2.2. 가상사례: '판교 넥스트밸리' 지식산업센터 개발 PF

판교에 첫 '공공' 지식산업센터 분양 [https://v.daum.net]

1) 현안 과제: IT 스타트업 '이노베이트'가 '판교 넥스트밸리'에 지식산업센터를 짓기 위해 총사업비 2,000억 원 규모의 PF를 일으키는 상황을 가정해보자.

2) 프로젝트 개요:

- 총사업비: 2,000억 원(토지비 800억 원, 공사비 1,200억 원)
- 사업주: '이노베이트'(자본금 200억 원 출자)
- 필요 자금: 1,800억 원

3) PF 금융구조 설계(가상수치)

(1) SPC 설립: '이노베이트'는 자본금 200억 원을 출자하여 프로젝트만을 위한 SPC '넥스트밸리 PFV'를 설립한다.

(2) 자금 조달(Funding):

- 자기자본(Equity): '이노베이트'가 출자한 200억 원(10%)
- 선순위 대출(Senior Loan): 제1금융권 은행들로 구성된 대주단이 '1,400억 원(70%)'을 연 6%의 금리로 대출한다. 가장 먼저 원리금을 상환 받을 권리를 가진다.
- 후순위 대출(Mezzanine Loan): 증권사, 캐피탈사 등이 '400억 원(20%)'을 연 10%의 고금리로 대출한다. 선순위 대출보다 상환 순위는 밀리지만, 높은 이자 수익을 얻는다.

(3) 신용 보강:

- 'AA-' 신용등급의 '베스트 건설'이 책임준공 확약을 제공한다.
- 사업주 '이노베이트'는 총사업비의 5%인 100억 원 한도로 자금보충 약정을 맺는다.
- 대주단은 준공 후 미분양 물량의 70%까지 미분양 담보대출을 실행해주기로 확약한다.

(4) 사업 진행 및 자금 상환:

- SPC는 조달한 2,000억 원으로 토지를 매입하고, '베스트 건설'과 공사 계약을 체결한다.
- 분양이 시작되면, 모든 분양대금은 신탁사 계좌로 입금되어 투명하게 관리된다.
- 분양이 성공적으로 완료되어 2,500억 원의 분양 수입이 발생하면, 그 자금으로 공사비, 후순위 대출 원리금, 선순위 대출 원리금을 순서대로 상환한다.
- 최종적으로 남는 이익 약 500억 원은 사업주인 '이노베이트'에게 돌아간다.

4) **결론 및 시사점:** 이 구조를 통해 '이노베이트'는 자기자본 200억 원만으로 2,000억 원 규모의 거대 프로젝트를 성공적으로 완수하게 되는 것이다. 프로젝트 파이낸싱은 단순히 돈을 빌리고 갚는 행위를 넘어, 다양한 참여자들의 이해관계를 조율하고 복잡한 위험을 예술적으로 설계하고 배분하는 종합 금융 예술이다. PF의 구조를 이해하는 것은 거대한 빌딩이 올라가는 과정의 이면에 있는 치밀한 자본의 흐름과 위험 관리의 원리를 이해하는 것과 같다. 이는 미래의 도시를 만들어 나갈 예비 전문가들에게 세상을 움직이는 돈의 흐름을 읽는 중요한 통찰력을 제공해 줄 것이다.

3. 데이터 기반 도시부동산 사업성 평가 모델의 유형과 가상사례

3.1. 사업의 운명을 예측하는 데이터의 오라클

고대 그리스인들이 중요한 결정을 앞두고 델포이 신전의 오라클에게 신탁을 구했듯, 현대의 부동산 개발자들은 데이터 기반 사업성 평가 모델이라는 새로운 오라클에게 프로젝트의 운명을 묻는다.

과거의 사업성 평가가 평가자의 경험과 주관이라는 안개 속에서 길을 찾는 과정이었다면, 데이터 기반 평가는 수백만 개의 데이터를 학습한 인공지능(AI)이 미래의 성공 확률과 예상 수익, 잠재적 위험까지 정량적으로 제시하는 과학적 예언의 과정이다.

이는 단순히 '될 것 같다'는 감을 넘어, '몇 퍼센트의 확률로 성공하며, 예상 수익은 얼마이고, 가장 큰 리스크는 무엇이다'라고 구체적으로 답해주는 것과 같다. 이 글에서는 도시부동산 사업의 미래를 예측하는 대표적인 데이터 기반 평가 모델의 유형을 살펴보고, 이들이 어떻게 종합적으로 활용되는지를 가상 사례를 통해 확인하고자 한다.

3.1.1. 사업성 평가 모델의 유형: 질문에 따라 답하는 방식이 다르다

데이터 기반 사업성 평가 모델은 질문의 종류에 따라 크게 분류 모델, 예측(회귀) 모델, 시뮬레이션 모델 세 가지로 나뉜다.

1) **분류 모델**(Classification Model): "이 사업은 성공할까, 실패할까?"

(1) **목적**: 프로젝트의 최종 결과를 '성공/실패', '투자 적격/부적격', 'A/B/C 등급' 등과 같이 정해진 카테고리 중 하나로 분류하는 것을 목적으로 한다. 수많은 후보 사업지 중 옥석을 가려내는 초기 스크리닝 단계에서 주로 활용된다.

(2) **원리**: 과거 수많은 프로젝트들의 특성 데이터(입지, 규모, 용도 등)와 그 성공 여부(결과)를 AI에게 학습시킨다. 그러면 모델은 새로운 프로젝트의 특성 데이터를 보고 성공할지 실패할지를 확률적으로 판별한다. 로지스틱 회귀(Logistic Regression), 서포트 벡터 머신(SVM) 등이 대표적인 알고리즘이다.

2) 예측(회귀) 모델(Regression Model): "그래서 얼마를 벌 수 있을까?"

(1) 목적: 사업의 결과가 되는 "구체적인 연속된 숫자(매출액, 임대료, 분양가, 수익률 등)"를 예측하는 것을 목적으로 한다. 사업의 잠재적 가치를 정량적으로 측정하는 핵심적인 역할을 한다.

(2) 원리: 과거 데이터에서 부동산 가격에 영향을 미치는 수많은 변수(X)와 실제 가격(Y)간의 복잡한 함수 관계를 학습한다. 새로운 프로젝트의 변수들을 입력하면, 모델이 이 함수 관계를 이용해 미래의 가격이나 수익을 예측해낸다. 랜덤 포레스트(Random Forest), 신경망(Neural Networks) 등 다양한 머신 러닝 알고리즘이 사용된다.

3) 시뮬레이션 모델(Simulation Model): "만약 ~라면 어떻게 될까?"

(1) 목적: 미래에 발생 가능한 다양한 불확실성(금리 변화, 정책 규제, 경기 침체 등) 하에서 사업의 결과가 어떻게 변하는지를 모의 실험하는 것을 목적으로 한다. 리스크를 측정하고 최악의 상황에 대비하기 위해 사용된다.

(2) 원리: 몬테카를로 시뮬레이션(Monte Carlo Simulation)이 대표적이다. 예측 모델을 통해 나온 예상 수익률을 기준으로, 금리나 공실률과 같은 주요 변수들을 확률 분포 내에서 무작위로 수천, 수만 번 변화시켜 가능한 모든 결과의 분포를 보여준다. 이를 통해 '최악의 경우 손실은 얼마까지 발생할 수 있는가?'에 대한 답을 얻을 수 있다.

3.1.2. 데이터 기반 도시부동산 사업성 평가 모델 유형별 비교

구분	분류 모델	예측(회귀) 모델	시뮬레이션 모델
목표	프로젝트의 최종 결과를 정해진 범주(예: 성공/실패, A/B/C등급) 로 판별하여, 다수의 후보군 중 우선순위를 정하는 것을 목표로 한다.	프로젝트를 통해 얻게 될 구체적인 수치(예: 매출액, 임대료, 수익률) 를 예측하여, 사업의 잠재적 가치를 정량적으로 측정하는 것을 목표로 한다.	미래의 불확실한 변수들을 확률적으로 가정하여, 발생 가능한 모든 결과의 분포와 리스크의 크기를 측정하는 것을 목표로 한다.
분석방법 및 기술	- 로지스틱 회귀, 서포트 벡터 머신(SVM) , 의사결정나무 등을 통해 특정 그룹에 속할 확률을 계산한다. - 주요 기술: 지도학습 (Supervised Learning) 기반 분류 알고리즘	- 선형 회귀, 랜덤 포레스트, 신경망(Neural Networks) 등을 통해 변수와 결과값 사이의 복잡한 함수 관계를 학습하고 예측한다. - 주요 기술: 지도학습 기반 회귀 알고리즘, Python(Scikit-learn)	- 몬테카를로 시뮬레이션을 통해 금리, 공실률 등 불확실한 변수를 무작위로 수만 번 반복하여 결과의 확률 분포를 도출한다. - 주요 기술: 확률론적 모델링, 시뮬레이션 소프트웨어
역할	수많은 대안 중 옥석을 가려내는 '1차 관문(First Gate) '의 역할을 한다.	프로젝트의 잠재적 가치를 숫자로 증명하는 '가치 평가사(Valuator) '의 역할을 한다.	예기치 못한 위험에 대비하게 하는 '안전벨트(Safety Belt) '의 역할을 한다.
장점	- 다수의 프로젝트를 빠르고 일관된 기준으로 평가하여 초기 의사결정의 효율성을 높인다. - 사업의 성공 또는 실패에 영향을 미치는 핵심 요인이 무엇인지 파악할 수 있다.	- 사업의 기대수익을 구체적인 숫자로 제시하므로 투자 유치나 금융 조달에 강력한 근거 자료가 된다. - 다양한 변수를 조합하여 최적의 사업 계획을 수립하는 데 활용될 수 있다.	- 눈에 보이지 않는 리스크를 정량적으로 평가하고 관리할 수 있다. - 최악의 상황(Worst-case Scenario) 을 가정하여 손실의 규모를 예측하고, 이에 대한 대응 계획을 수립하게 한다.
단점	- '왜' 그렇게 분류되었는지에 대한 구체적인 이유를 설명하기 어려운 경우가 있다. - 성공/실패라는 이분법적 결과는 사업의 다면적인 특성을 반영하지 못할 수 있다.	- 과거 데이터에 존재하지 않았던 새로운 유형의 프로젝트나 시장 변화를 예측하는 데는 한계가 있다. - 모델의 예측은 확률일 뿐이며, 언제나 예측 오차(Error) 가 존재한다.	- 시뮬레이션에 사용되는 변수의 가정(Assumption) 이 주관적이거나 비현실적일 경우, 결과의 신뢰도가 크게 떨어진다. - 결과가 확률 분포로 제시되어, 비전문가가 해석하고 의사결정에 활용하기 어려울 수 있다.

도시부동산 활용예시	(재개발 구역 선정) 서울 시내 100여 개의 노후 주거지역 데이터를 학습한 모델을 통해, 향후 5년 내 사업 진행 성공 확률이 가장 높은 상위 10개 지역을 1차 후보군으로 선별한다.	(상업시설 임대료 예측) 신축하는 쇼핑몰의 각 층별, 위치별 특성과 주변 상권 데이터를 입력하여, 각 점포의 평당 예상 월 임대료를 예측하고 이를 바탕으로 전체 임대 수익을 산정한다.	(호텔 개발사업 리스크 분석) 향후 3년간의 경기 변동에 따른 객실 점유율(OCC) 변화와 금리 인상 시나리오를 시뮬레이션 하여, 프로젝트가 손실을 볼 확률과 예상되는 최대 손실액이 얼마인지를 계산한다.

3.2. 가상사례: 도심 공유주택 '커넥트 하우스' 개발 사업성 종합 평가

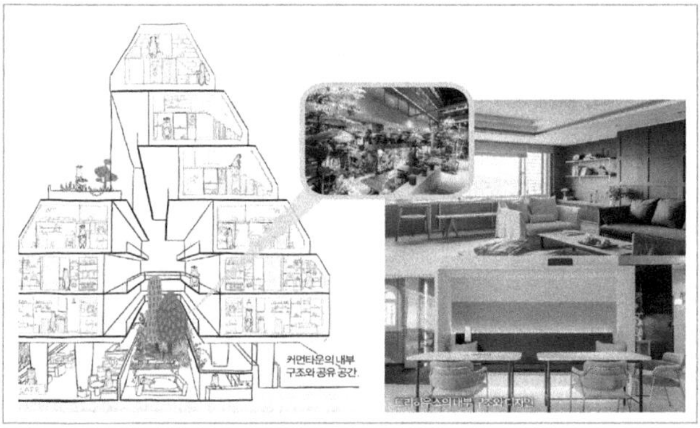

공유 주택-공유 하우스 디자인의 미래 - 매일경제 [https://www.mk.co.kr]

1) **현안 과제:** 한 디벨로퍼가 서울 도심의 노후 오피스를 매입하여 1인 가구를 위한 공유주택 '커넥트 하우스'로 리모델링하는 사업을 검토하고 있다. 이 사업의 타당성을 세 가지 데이터 모델을 활용하여 단계별로 평가해보자.

2) 사업타당성 평가과정:

- 1단계: 분류 모델을 이용한 초기 스크리닝(Screening)

  (1) **모델:** 과거 10년간 서울 시내에서 진행된 500개의 유사 소규모 주택 개발사업의 성공/실패 데이터를 학습한 '사업 성공확률 분류 모델'

(2) **입력 데이터:** '커넥트 하우스'의 입지(역세권, 대학가 인접), 예상 세대수(50세대), 주변 1인 가구 비율, 경쟁 시설 수 등 30개 변수

(3) **분석 결과(가상수치):**

- "해당 프로젝트의 성공 확률: 82%, 실패 확률: 18%"
- "유사 프로젝트 그룹 내 상위 15%에 속하는 A등급 사업으로 분류됩니다."

(4) **의사결정:** 성공 확률이 매우 높게 나타났으므로, 다음 단계인 구체적인 수익성 분석을 진행하기로 결정한다.

■ 2단계: 예측 모델을 이용한 예상 수익 산정

(1) **모델:** 서울시 오피스텔 및 공유주택의 임대료에 영향을 미치는 150개 변수를 학습한 'AI 임대료 예측 모델'

(2) **입력 데이터:** '커넥트 하우스'의 상세 스펙(교통 접근성, 면적, 층수, 커뮤니티 시설 유무, 인테리어 수준) 및 주변 실시간 데이터(유동인구, 상권 활성도, 소셜 평판)

(3) **분석 결과(가상수치):**

- "예상 월 임대료: 평균 135만 원(신뢰구간 95%, ±8만 원)"
- "예상 초기 공실률: 10%, 안정화 시 공실률: 3%"
- "이를 기반으로 산출된 프로젝트 총 예상 매출액은 350억 원, 예상 수익률(IRR) 은 18.5%입니다."

(4) **의사결정:** 목표 수익률인 15%를 상회하는 높은 수익이 기대되므로, 사업 추진에 더욱 긍정적인 확신을 가진다.

■ 3단계: 시뮬레이션 모델을 이용한 리스크 분석

(1) **모델:** 예측된 수익률(18.5%)을 기준으로, 미래 금리 변동과 공실률 변화 시나리오를 적용하는 '몬테카를로 시뮬레이션 모델'

(2) **시나리오 설정:** 기준금리 변동(±2%p), 주변 대규모 경쟁시설 출현에 따른 공실률 변동(최대 +10%p) 등 불확실한 변수들의 확률 분포를 설정한다.

(3) **분석 결과**(10,000회 모의실험, 가상수치):

- "프로젝트 수익률이 목표치(15%) 이상을 달성할 확률: 75%"
- "수익률이 손익분기점(8%) 이하로 떨어질 확률(손실 확률): 5%"
- "최악의 1% 시나리오에서도, 최대 손실은 총사업비의 -2% 수준에서 통제됩니다."

(4) **최종 의사결정:** 예상 수익률이 높을 뿐만 아니라, 발생 가능한 최악의 상황에서도 손실 규모가 제한적이라는 점을 확인한다. 따라서 이 사업은 '고수익-저위험'의 매력적인 투자 건으로 최종 판단하고, 프로젝트 파이낸싱(PF)을 추진하기로 최종 의사 결정한다.

3) **결론 및 시사점:** 세 가지 데이터 모델을 활용한 종합적인 사업성 평가는 프로젝트의 미래를 다각적이고 입체적으로 조망하게 한다. 분류 모델이 가야 할 방향을 알려주는 나침반이라면, 예측 모델은 목적지에 무엇이 있는지를 보여주는 망원경이며, 시뮬레이션 모델은 예기치 못한 사고에서 우리를 지켜줄 안전벨트와 같다. 이처럼 데이터 기반 평가 모델을 종합적으로 활용하는 능력은, 불확실한 미래 도시 속에서 가장 성공적인 부동산 개발의 항해를 가능하게 하는 필수적인 생존 기술이 될 것이다.

4. 빅데이터 기반 도시부동산 프로젝트 수익·비용 예측 방법과 가상사례

4.1. 미래의 대차대조표를 그려내는 데이터의 연금술

모든 부동산 개발 프로젝트의 성패는 결국 미래의 수익과 비용이라는 두 개의 숫자 싸움으로 귀결된다. 전통적인 예측 방식은 과거 유사 프로젝트의 평균값을 참고하거나, 전문가의 경험에 의존하는 어림짐작에 가까웠다. 이는 마치 안개 낀 밤하늘의 별 몇 개를 보고 내일의 날씨를 점치는 것과 같았다.

하지만 빅데이터는 이 예측의 과정을 밤하늘의 모든 별과 구름의 움직임, 대기의 미세한 온도와 습도 변화까지 실시간으로 분석하는 슈퍼컴퓨터의 일기예보처럼 바꾸어 놓았다. 데이터 기반 예측은 수익과 비용에 영향을 미치는 수백, 수천 개의 변수들을 정밀하게 분석하여, 미래에 그려질 프로젝트의 대차대조표를 놀라운 정확도로 미리 그려내는 현대판 연금술이다. 이 글에서는 빅데이터가 어떻게 프로젝트의 수익과 비용을 예측하는지 그 구체적인 방법론을 가상 사례를 통해 살펴보고자 한다.

4.1.1. 수익 예측 방법: 보이지 않는 수요를 가시화하다

데이터 기반 수익 예측의 핵심은 과거의 실적이 아닌, 프로젝트가 들어설 공간의 '잠재된 수요(Latent Demand)'를 과학적으로 측정하고 이를 미래 매출로 환산하는 것이다.

1) 동적 수요 예측 모델:

빅데이터를 활용한 도시 부동산 프로젝트의 수익 예측은 과거의 정적인 데이터에 의존하던 방식에서 벗어나, 변화하는 도시의 동적 수요를 실시간으로 분석하고 미래를 예측하는 모델을 기반으로 한다. 이러한 동적 수요 예측 모델들은 다양한 데이터 소스를 활용하여 잠재 수요를 '유효 수요'로 구체화하고, 이를 통해 사업의 수익성을 정밀하게 측정한다.

(1) **활용 데이터:** 통신사의 시간대별 유동인구 데이터, 신용카드의 업종별/연령대별 매출 데이터, 내비게이션의 목적지 데이터, SNS의 관심 키워드 데이터 등

(2) **분석 방법:** 특정 지역을 지나거나 머무는 사람들의 특성(성별, 연령, 거주지)과 실제 소비 행태를 결합하여, 프로젝트의 컨셉에 부합하는 '유효 수요(Effective Demand)'의 규모를 추정한다. 예를 들어, '20대 여성이면서, 비건 레스토랑에 월 10만 원 이상 소비하고, 인스타그램에 '#친환경' 키워드를 자주 언급하는 사람'이 몇 명인지를 구체적으로 산출해낸다.

(3) **예측 결과:** 이를 통해 '우리가 만들 상업시설의 평당 예상 매출액'이나 '오피스의 예상 임대료'를 과거 평균이 아닌, 미래 수요에 기반하여 정교하게 예측한다.

구분	시계열 분석 모델	머신 러닝 회귀 모델	에이전트 기반 모델
목표	과거의 유동인구, 매출액 등 시간의 흐름에 따라 축적된 데이터의 패턴(추세, 계절성, 주기)을 분석하여 미래의 수요를 예측하는 것을 목표로 한다.	유동인구, 소비, SNS 데이터 등 수요에 영향을 미치는 다양한 독립 변수들과 예상 매출액, 임대료 등 종속 변수 간의 복잡한 비선형 관계를 학습하여 예측 정확도를 극대화하는 것을 목표로 한다.	의사결정 주체(에이전트) 인 개인 또는 가구의 행동 규칙을 설정하고, 이들의 상호작용을 통한 상향식(Bottom-up) 시뮬레이션으로 전체 시스템(상권, 도시) 의 수요 변화를 예측하는 것을 목표로 한다.

원리	데이터의 자기상관성(Autocorrelation) 에 기반한다. 과거 데이터가 미래 데이터에 영향을 준다는 가정 하에, 이동평균(MA) , 자기회귀(AR) 등의 통계적 기법을 결합(예: ARIMA, SARIMA) 하여 미래 값을 추정한다.	랜덤 포레스트, 그래디언트 부스팅 등 알고리즘을 활용하여 수많은 변수(Feature) 중 수요 예측에 중요한 영향을 미치는 변수의 가중치를 학습한다. 이를 통해 변수 간의 복잡한 상호작용을 반영한 예측 함수를 생성한다.	개인의 특성(연령, 소득, 선호) 과 행동 규칙(이동 패턴, 소비 결정) 을 정의한 후, 가상의 공간에서 수많은 에이전트를 활동 시킨다. 이들의 집합적인 행동 패턴이 곧 해당 지역의 수요 변화로 나타난다.
역할	특정 지역 상권의 주기적인 수요 변화나 계절적 특성을 파악하여 안정적인 현금흐름 예측의 기초 자료를 제공하는 역할을 한다.	프로젝트 컨셉, 주변 환경, 인구통계학적 특성 등 수요에 영향을 미치는 복합적인 요인들을 종합적으로 고려하여 정교한 '유효 수요'를 산출하고, 예상 매출액을 구체적으로 추정하는 역할을 한다.	새로운 상업시설 입점이나 지하철 개통 등 미래의 특정 이벤트가 주변 상권 및 수요에 미칠 파급 효과를 시뮬레이션하고, 시나리오별 리스크를 분석하는 역할을 한다.
장점	이해 및 적용 용이성: 모델의 구조가 비교적 단순하고 해석이 용이하여 실무적으로 빠르게 적용할 수 있다. 단기 예측 정확도: 안정적인 패턴을 보이는 데이터의 경우 단기 예측에서 높은 정확도를 보인다.	높은 예측 정확도: 변수 간의 비선형적 관계와 복잡한 상호작용을 학습할 수 있어 다른 모델에 비해 예측 정확도가 높다. 변수 중요도 파악: 어떤 데이터가 수요에 큰 영향을 미치는지 정량적으로 파악할 수 있다.	미래 변화 예측: 과거 데이터에 없는 새로운 정책이나 개발 계획의 효과를 가상으로 실험하고 예측할 수 있다. 미시적 행동 분석: 수요 변화의 원인을 거시적 현상이 아닌 개인의 행동 패턴에서 찾을 수 있어 직관적인 이해가 가능하다.
단점	외부 충격 반영의 한계: 갑작스러운 정책 변화나 경쟁 점포 출현 등 외부 환경 변화를 즉각적으로 모델에 반영하기 어렵다. 장기 예측의 불확실성: 예측 기간이 길어질수록 오차가 누적되어 정확도가 급격히 저하된다.	과적합(Overfitting) 위험: 학습 데이터에 모델이 과도하게 최적화되어 새로운 데이터에 대한 예측 성능이 떨어질 수 있다. 결과 해석의 어려움: 모델 내부의 작동 방식이 복잡하여(블랙박스) 예측 결과의 원인을 명확하게 설명하기 어려울 수 있다.	높은 개발 난이도: 에이전트의 행동 규칙을 현실적으로 정의하기 어렵고, 모델 구축과 검증에 많은 시간과 비용이 소요된다. 데이터 의존성: 에이전트의 특성과 행동을 정의하기 위한 매우 상세하고 구체적인 미시 데이터가 요구된다.

도시 부동산 PF 활용 예시	기존 상권 분석: 특정 지역의 월별, 요일별, 시간대별 유동인구 및 카드 매출 데이터를 시계열 모델로 분석하여 상업시설의 "기본적인 예상 매출 흐름(Baseline Revenue)"을 추정하는 데 활용된다.	복합쇼핑몰 타겟 수요 예측: 통신, 카드, SNS 데이터를 종합하여 '20대 여성, 비건, 친환경' 등 특정 컨셉에 부합하는 유효 수요 규모를 산출하고, 이를 기반으로 MD 구성 별 예상 매출액과 적정 임대료를 정교하게 예측하는 데 활용된다.	신규 역세권 개발 사업: 신설되는 지하철역 주변에 대규모 오피스와 상업시설이 들어설 경우, 사람들의 이동 패턴 변화와 상주인구 증가가 주변 상권에 미치는 영향을 시뮬레이션 하여 사업의 잠재적 가치와 리스크를 사전에 검토하는 데 활용된다.

2) 경쟁 환경 분석 모델:

빅데이터를 활용한 도시 부동산 프로젝트의 경쟁환경 분석은 특정 프로젝트가 들어설 입지를 중심으로 잠재 수요 뿐만 아니라, 주변 경쟁 시설과의 상호작용 및 시장 내 포지션을 객관적으로 분석하는 데 중점을 둔다. 이를 통해 시장 선점 가능성과 잠재적 리스크를 과학적으로 예측한다.

(1) **활용 데이터**: 경쟁 시설의 온라인 리뷰 데이터, 방문객의 동선 데이터, 소셜 미디어상의 평판 데이터 등

(2) **분석 방법**: 경쟁 시설의 강점과 약점을 데이터로 분석한다. 예를 들어, "경쟁 쇼핑몰은 주차는 편리하지만(#주차편리), F&B 매장이 부실하다(#먹을곳없음)"는 고객들의 목소리를 정량 화하여, 우리 프로젝트가 어떤 차별점을 가질 때 경쟁 우위를 확보하고 더 높은 수익을 올릴 수 있는지 전략을 도출한다.

구분	공간 상호작용 모델	온라인 감성 분석 모델	지리정보 군집 분석 모델
목표	특정 상업시설의 매력도(규모, 브랜드 등) 와 소비자의 공간적 저항(거리, 시간) 을 변수로 하여, 주변 경쟁 시설들과의 상권 중첩 및 고객 유인 가능성을 계량적으로 예측하는 것을 목표로 한다.	블로그, SNS, 포털 리뷰 등 온라인상의 비정형 텍스트 데이터에서 소비자들이 경쟁 시설 및 특정 지역에 대해 갖는 긍정, 부정, 중립 등 주관적 감성과 인식을 추출하여 정량 화하는 것을 목표로 한다.	특정 지역 내에 밀집된 상업시설, 주거, 업무시설 등의 공간적 분포 패턴을 파악하여, 물리적으로 경쟁 강도가 높은 '경쟁 클러스터'와 시장 기회가 있는 '공백 지역'을 시각적으로 식별하는 것을 목표로 한다.
원리	뉴턴의 만유인력 법칙에 기반한다. 시설의 매력도가 클수록, 거리가 가까울수록 소비자를 끌어당기는 힘(유인력) 이 강해진다는 가정하에, 각 소비자가 특정 시설을 방문할 확률을 계산한다.(예: 허프 모델(Huff Model))	자연어 처리(NLP) 기술을 활용하여 텍스트를 문장 단위로 분해하고, 사전에 구축된 '감성 사전'을 기반으로 각 단어와 문장의 긍·부정 점수를 산출한다. 이를 합산하여 특정 대상에 대한 전반적인 여론을 측정한다.	위경도 좌표를 가진 각 시설(점) 들의 밀도를 기반으로 그룹(군집) 을 형성하는 알고리즘(예: K-Means, DBSCAN) 을 활용한다. 점들이 밀집된 지역을 하나의 경쟁 군집으로 정의하고, 밀도가 낮은 지역을 분석에서 제외하거나 잠재 시장으로 분류한다.
역할	신규 프로젝트가 기존 상권에 진입했을 때, 경쟁 시설로부터 얼마만큼의 수요를 흡수(Cannibalization) 할 수 있는지 또는 빼앗길 것인지를 예측하는 시장점유율 분석 역할을 한다.	기존 경쟁 시설들의 성공 요인과 실패 요인을 소비자의 생생한 목소리를 통해 파악하는 역할을 한다. 이를 통해 자사 프로젝트의 차별화 전략과 마케팅 컨셉을 수립하는 데 기여한다.	데이터를 기반으로 경쟁이 집중된 과열 지역과 상대적으로 경쟁 압력이 낮은 틈새시장을 객관적으로 도출하여, 프로젝트의 최적 입지를 선정(Site Selection) 하는 데 핵심적인 역할을 한다.
장점	계량적 결과 도출: 시장점유율, 예상 고객 수 등 명확한 수치로 결과를 제공하여 직관적인 의사결정을 지원한다. 시뮬레이션 가능: 매장 규모나 위치 등 변수를 조정하며 다양한 시나리오별 경쟁 구도를 시뮬레이션 할 수 있다.	심층적 원인 분석: 소비자들이 왜 특정 장소를 선호하거나 기피하는지에 대한 구체적이고 질적인 이유를 파악할 수 있다. 실시간 트렌드 반영: 최신 소비자 반응과 시장 트렌드를 신속하게 분석에 반영할 수 있다.	시각적 직관성: 경쟁 구도와 입지 분석 결과를 지리정보시스템(GIS) 지도 위에 시각화하여 복잡한 시장 구조를 쉽게 이해할 수 있다. 객관적 시장 발견: 분석가의 주관이 배제된 데이터 기반으로 잠재적 기회 지역을 발견할 수 있다.

단점	매력도 정의의 어려움: 시설의 매력도를 객관적인 수치로 정의하고 측정하기가 어렵다. 소비자 행동 단순화: 소비자가 항상 합리적으로 최단 거리의 가장 매력적인 곳만 선택한다고 가정하는 한계가 있다.	데이터 편향성: 온라인에 적극적으로 의견을 개진하는 특정 집단의 의견이 과대 대표될 수 있다. 분석의 복잡성: 신조어, 반어법, 문맥 등을 정확히 이해하는 자연어 처리 기술의 고도화가 요구된다.	결과 해석의 주관성: 형성된 군집의 개수나 밀도 기준 설정에 따라 분석 결과가 달라질 수 있어 분석가의 주관이 개입될 여지가 있다. 정성적 정보 부재: 왜 특정 지역에 군집이 형성되었는지에 대한 질적인 원인을 설명해주지는 못한다.
도시 부동산 PF 활용 예시	대형 복합쇼핑몰 개발: 서울 영등포에 신규 복합쇼핑몰을 개발할 경우, 인근의 타임스퀘어, 더현대 서울 등과의 거리 및 매장 면적 데이터를 활용하여 예상 시장점유율과 트레이드 에어리어(Trade Area) 중첩도를 분석하는 데 활용된다.	특화 상업시설 기획: 성수동에 새로운 F&B 시설을 기획할 때, SNS에서 경쟁 식당들의 리뷰 데이터를 분석하여 '주차 불편', '웨이팅 과다' 등 부정적 키워드를 파악하고, 이를 개선한 '발렛파킹과 예약 시스템을 갖춘 레스토랑'으로 컨셉을 차별화하는 데 활용된다.	프랜차이즈 출점 전략: 특정 저가 커피 브랜드가 강남 지역에 신규 매장을 출점할 경우, 기존 자사 및 경쟁사 매장들의 위치 데이터를 군집 분석하여 경쟁이 포화된 강남역 중심가를 피하고, 공백 지역인 역삼역 이면도로를 최적 입지로 선정하는 데 활용된다.

AI와 빅데이터로 그려보는 건설의 미래 [https://www.hdec.kr]

4.1.2. 비용 예측 방법: 과거의 데이터에서 미래의 비용을 배우다

데이터 기반 비용 예측은 과거에 수행된 수많은 프로젝트의 데이터를 학습한 AI 모델을 통해, 새로운 프로젝트의 숨겨진 비용까지 예측하고 통제하는 것을 목표로 한다.

1) AI 기반 공사비 예측 모델:

전통적인 원가산정 방식의 한계를 극복하기 위해, 빅데이터와 AI 기술을 활용한 공사비 예측 모델이 도시 부동산 PF 분야에서 적극적으로 도입되고 있다. 이러한 모델들은 과거의 방대한 프로젝트 데이터를 학습하여 공사비에 영향을 미치는 복합적인 변수들의 관계를 분석하고, 이를 통해 초기 사업 기획 단계에서도 높은 정확도의 공사비를 예측한다

(1) **활용 데이터:** 과거 수백 건의 유사 프로젝트 데이터(설계 도면, 공법, 자재 명세서, 공사 기간, 최종 투입 비용 등)

(2) **분석 방법:** 머신 러닝 알고리즘(예: 신경망)이 도면의 복잡도, 사용 자재의 종류, 공법의 난이도, 공사 지역의 특성 등 수많은 변수와 실제 투입 비용 간의 복잡한 상관관계를 학습한다.

(3) **예측 결과:** 새로운 프로젝트의 설계 도면과 기본 정보를 입력하면, AI 모델이 과거의 학습 경험을 바탕으로 총공사비를 매우 높은 정확도로 예측한다. 특히, 전통적인 견적 방식에서 놓치기 쉬운 '숨겨진 비용(Hidden Cost)'이나 특정 공법 적용 시 발생할 수 있는 '잠재적 리스크 비용'까지 확률적으로 제시한다.

구분	파라메트릭 예측 모델	사례기반추론 모델	인공신경망 모델
목표	프로젝트의 핵심적인 물리적 변수(Parameter), 즉 연면적, 층수, 세대수 등 소수의 주요 설계 변수와 비용 간의 통계적 관계식을 도출하여 사업 초기 단계의 개략 공사비를 신속하게 예측하는 것을 목표로 한다.	현재 프로젝트와 가장 유사한 과거의 성공적인 프로젝트 '사례(Case)'를 데이터베이스에서 검색하고, 그 사례의 공사비 정보를 현재 프로젝트의 조건에 맞게 수정·조정하여 공사비를 예측하는 것을 목표로 한다.	설계, 자재, 공법, 지역 등 공사비에 영향을 미치는 수많은 변수들 간의 복잡하고 비 선형적인 패턴을 데이터로부터 직접 학습(Deep Learning) 하여, 인간의 직관을 넘어서는 정밀한 공사비를 예측하는 것을 목표로 한다.
원리	과거 다수의 프로젝트 데이터로부터 연면적 당 단가, 층당 공사비 등과 같은 비용 관련 함수(Cost Estimating Relationship, CER) 를 회귀분석 등 통계적 방법으로 도출한다. 새로운 프로젝트의 핵심 변수 값을 이 함수에 대입하여 총공사비를 산출한다.	'유사한 문제의 해법은 유사하다'는 원리에 기반한다. 신규 프로젝트의 특성(용도, 규모, 구조)을 입력하면, 과거 사례 데이터베이스에서 가장 유사도가 높은 사례를 찾아내고, 차이가 나는 부분(자재, 공법 등)을 보정하여 최종 공사비를 추론한다.	인간의 뇌신경 세포(뉴런) 구조를 모방한 알고리즘을 사용한다. 입력층(설계 변수), 다수의 은닉층(패턴 학습), 출력층(예측 공사비) 으로 구성되며, 수많은 데이터의 반복 학습을 통해 변수 간의 가중치를 최적화하여 예측 모델을 고도 화한다.
역할	사업 구상 및 타당성 검토 등 프로젝트 극초기 단계에서, 최소한의 정보만으로 신속하게 개략적인 예산(Budget) 을 수립하고 사업의 규모를 결정하는 역할을 한다.	기본설계 또는 실시설계 초기 단계에서, 유사 프로젝트의 실제 경험 데이터를 바탕으로 현실적인 공사비를 제시하고 견적의 신뢰도를 높이는 검증 도구로서의 역할을 한다.	상세설계가 완료된 단계 또는 다양한 설계 대안을 비교·검토하는 단계에서, 숨겨진 비용과 잠재적 리스크까지 반영한 가장 정교하고 객관적인 총공사비를 예측하는 최종 의사결정 지원 역할을 한다.
장점	신속성 및 간편성: 소수의 정보만으로 매우 빠르게 비용 예측이 가능하여 초기 의사결정에 유용하다. 객관적 기준 제시: 통계 모델에 기반하므로 견적 산출 과정의 주관성을 배제할 수 있다.	실증적 데이터 활용: 실제 수행되었던 프로젝트의 구체적인 데이터를 활용하므로 예측 결과의 현실성과 신뢰성이 높다. 지식의 축적: 새로운 프로젝트가 완료될 때마다 데이터베이스에 추가되어 시스템이 지속적으로 발전한다.	높은 예측 정확도: 인간이 인지하기 어려운 변수 간의 미세한 상호작용까지 학습하여 가장 높은 수준의 예측 정확도를 보인다. 복잡한 프로젝트 적용 가능: 비 정형적이고 복잡한 설계의 건축물 공사비 예측에 매우 효과적이다.

단점	정확도의 한계: 프로젝트의 세부적인 특성을 반영하지 못하므로 개략적인 수준의 예측만 가능하다. 과거 데이터 의존성: 과거에 없던 새로운 공법이나 자재를 사용하는 프로젝트에는 적용하기 어렵다.	유사 사례 부재 시 한계: 과거에 유사한 사례가 없는 독창적이거나 새로운 유형의 프로젝트에는 적용이 불가능하다. 데이터베이스 구축의 어려움: 양질의 상세한 사례 데이터를 지속적으로 확보하고 표준 화하는 데 많은 노력이 필요하다.	블랙박스 문제: 예측 결과가 도출되는 내부의 작동 원리를 명확하게 설명하기 어려워 결과의 신뢰성 확보에 대한 논란이 있을 수 있다. 대규모 데이터 요구: 모델 학습을 위해 방대하고 정제된 데이터가 필수적으로 요구된다.
도시 부동산 PF 활용 예시	사업 타당성 검토: 시행사가 특정 부지에 '지상 20층, 연면적 30,000㎡ 규모의 오피스 빌딩'을 건설할 경우, 파라메트릭 모델을 통해 평당 공사비를 800만원으로 가정하고 총공사비 720억 원이라는 개략 예산을 신속히 산출하여 초기 수지를 분석하는 데 활용된다.	물류센터 공사비 견적: PF 대주단이 특정 물류센터 개발 사업의 시공사가 제시한 공사비(2,000억 원)의 적정성을 검토할 때, CBR 모델을 통해 유사 규모 및 스펙(저온, 상온 창고 비율 등)의 기존 물류센터 사례 5개를 분석하여 평균 공사비(1,950억 원)와 비교 검증하는 데 활용된다.	비정형 건축물(미술관 등) 공사비 예측: 유선형의 복잡한 외관을 가진 대규모 미술관 프로젝트의 PF를 진행할 때, 설계 BIM(Building Information Modeling) 데이터를 ANN 모델에 직접 입력하여 자재, 곡률, 접합 난이도 등을 종합 분석함으로써 잠재적 리스크 비용까지 포함된 총공사비를 정밀하게 예측하는 데 활용된다.

건설 분야, AI 접목한 'AX' 전환 시급 [https://www.apple-economy.com]

2) 운영비용 최적화 모델:

도시 부동산 프로젝트는 준공 이후 장기간에 걸쳐 발생하는 운영비용(OPEX)이 사업의 전체 수익성에 큰 영향을 미친다. 빅데이터 기반의 운영비용 최적화 모델은 건물의 생애주기비용(LCC) 관점에서 설계 단계부터 운영 효율성을 극대화하고 비용 절감 요소를 사전에 반영하여 프로젝트의 장기적인 가치를 높인다.

(1) **활용 데이터:** 건물의 에너지 사용량 데이터(BEMS), 유지보수 이력 데이터, 사용자 민원 데이터 등

(2) **분석 방법:** 건물의 운영 단계에서 발생하는 다양한 데이터를 분석하여, 에너지 효율을 높이고 고장을 사전에 예측하며, 유지보수 주기를 최적화하는 방안을 도출한다. 이를 통해 장기적으로 발생하는 운영비용(OPEX)을 절감할 수 있는 설계안을 제안한다.

구분	빌딩에너지관리 최적화 모델	예지보전 모델	디지털 트윈 시뮬레이션 모델
목표	건물 내 조명, 냉난방 공조(HVAC) 등 주요 에너지 소비 설비의 실시간 데이터를 분석하여, 에너지 낭비 요소를 제거하고 최적의 에너지 효율로 운영될 수 있는 제어 로직을 도출하는 것을 목표로 한다.	엘리베이터, 펌프 등 핵심 설비에 부착된 사물인터넷(IoT) 센서 데이터를 분석하여, 설비의 상태를 실시간으로 진단하고 고장이 발생하기 전에 이상 징후를 예측하여 선제적인 유지보수 계획을 수립하는 것을 목표로 한다.	현실의 건축물을 가상 공간에 동일하게 복제(Digital Twin) 하고, 이 가상 모델을 통해 에너지 효율, 설비 배치, 자재 선택 등 다양한 운영 시나리오를 시뮬레이션 하여 최적의 설계 및 운영 방안을 찾는 것을 목표로 한다.
원리	건물 내외부의 온도, 습도, 재실자 수, 시간대별 전력 사용량 등 시계열 데이터를 AI 알고리즘(예: 강화학습) 이 학습한다. 이를 통해 최소한의 에너지로 최적의 실내 환경을 유지하는 자동 제어 알고리즘을 생성한다.	설비의 진동, 소음, 온도, 전력 소비 패턴 등 정상 상태의 데이터를 학습한 AI 모델이 실시간으로 수집되는 데이터와 비교하여 이상 패턴(Anomaly)을 감지한다. 패턴 분석을 통해 잔여 수명(RUL)을 예측하고 정비 시점을 알린다.	BIM(Building Information Modeling) 데이터에 IoT 센서 데이터와 외부 환경 데이터를 실시간으로 연동하여 가상 건물을 구축한다. 외장 재 변경 시 에너지 절감 효과, 설비 교체 시 유지보수 비용 변화 등을 사전에 시뮬레이션 한다.

역할	건물 전체 운영비에서 가장 큰 비중을 차지하는 에너지 비용을 직접적으로 절감하는 역할을 한다. 이를 통해 건물의 친환경 등급을 높이고 자산 가치를 제고하는 데 기여한다.	갑작스러운 설비 고장으로 인한 업무 중단 및 긴급 복구 비용 발생을 막고, 정해진 주기에 따라 교체하는 정기보전(Time-Based Maintenance)의 비효율을 개선하여 유지보수 비용을 최적화하는 역할을 한다.	설계 단계에서부터 시공, 운영, 유지보수에 이르는 건물의 전 생애주기 비용(LCC) 을 종합적으로 검토하고, 발생 가능한 모든 변수를 고려하여 최적의 의사결정을 지원하는 통합 관리 플랫폼 역할을 한다.
장점	운영비용 절감 효과: 건물의 에너지 소비를 15~30% 이상 절감하여 장기적인 운영비 절감 효과가 매우 크다. 자동화 및 효율화: 사람의 개입을 최소화하는 자동 제어를 통해 운영 인력의 효율성을 높일 수 있다.	비용 절감 및 안정성 확보: 불필요한 부품 교체를 줄이고, 고장으로 인한 막대한 손실을 사전에 방지할 수 있다. 자원 관리 최적화: 필요한 시점에 정확히 유지보수를 시행하여 인력과 자재를 효율적으로 관리할 수 있다.	사전 리스크 검토: 설계 변경, 자재 선택 등이 미래의 운영비에 미칠 영향을 사전에 정량적으로 분석하고 리스크를 최소화할 수 있다. 의사결정 고도화: 데이터를 기반으로 다양한 대안을 비교 분석하여 가장 비용 효율적인 방안을 선택할 수 있다.
단점	초기 투자비용: 센서, 계측기, 서버 등 BEMS 시스템 구축을 위한 초기 투자비용이 높다. 데이터 표준화: 다양한 설비 제조사로부터 수집되는 데이터의 형식이 달라 표준화 및 통합에 어려움이 있다.	데이터 확보의 어려움: 고장 예측 모델을 학습시키기 위한 충분한 양의 '고장 데이터'를 확보하기가 현실적으로 어렵다. 알고리즘 복잡성: 설비의 종류와 운영 환경이 다양하여 신뢰도 높은 예측 모델을 개발하는 데 높은 기술력이 요구된다.	구축 및 유지보수의 복잡성: 디지털 트윈을 현실과 동일한 수준으로 구축하고 지속적으로 업데이트하는 데 막대한 비용과 노력이 소요된다. 데이터 통합의 어려움: 설계, 시공, 운영 등 각 단계에서 발생하는 데이터를 하나의 플랫폼으로 통합하는 기술적 난이도가 높다.
도시 부동산 PF 활용 예시	대규모 오피스 빌딩, 데이터센터(IDC): PF 사업성 분석 시, BEMS 최적화 모델을 적용하여 준공 후 30년간의 예상 전력 비용을 시뮬레이션하고, 이를 통해 절감되는 운영비용을 사업 수지에 반영하여 대주단에 향상된 수익성을 제시하는 데 활용된다.	스마트 팩토리, 대형 병원: 핵심 설비의 가동 중단이 막대한 손실로 이어지는 시설의 PF에서, 예지보전 모델을 적용하여 연간 유지보수 비용과 설비 고장 리스크를 정량적으로 산출하고, 이를 기반으로 적정 운영 예산을 책정하고 보험료를 협상하는 데 활용된다.	초고층 복합시설, 스마트 시티: 사업 기획 및 설계 단계에서, 디지털 트윈을 통해 외벽 마감재를 A안(고효율) 과 B안(저비용) 으로 적용했을 때의 초기 공사비 차이와 향후 30년간의 냉난방비 절감액을 비교 분석하여 최적의 대안을 선택하는 의사결정에 활용된다.

수익과 비용, 손익계산서 작성 [https://blog.naver.com]

4.1.3. 빅데이터 기반 프로젝트 수익·비용 예측 방법론 비교

구분	수익 예측 방법	비용 예측 방법
목표	유동인구, 소비, 소셜 등 다양한 빅데이터를 분석하여, 프로젝트가 미래에 창출할 매출과 임대수익 등을 과학적으로 예측하는 것을 목표로 한다.	과거 유사 프로젝트의 상세 데이터를 AI로 학습하여, 신규 프로젝트에 투입될 총공사비와 잠재적 리스크 비용을 정밀하게 추정하는 것을 목표로 한다.
분석방법 및 기술	- 동적 수요 예측: 특정 지역의 유효 수요 규모를 추정하여 미래 매출을 예측한다. - 경쟁 환경 분석: 경쟁 시설의 온라인 평판, 강점/약점을 분석하여 차별화된 가격 전략을 수립한다. - 주요 기술: 시계열 분석, 머신 러닝 회귀 모델, 자연어 처리(NLP)	- AI 기반 비용 추정: 과거 프로젝트의 설계, 공법, 자재, 기간, 비용 데이터를 학습한 AI 모델로 신규 프로젝트 비용을 예측한다. - 운영비용 시뮬레이션: 건물의 에너지 사용량 등을 시뮬레이션 하여 장기적인 총소유비용(TCO) 을 최적화한다. - 주요 기술: 신경망(딥러닝) , 파라메트릭 추정, 빌딩정보모델링(BIM)
역할	프로젝트의 잠재적 가치를 극대화하는 '기회 발굴자(Opportunity Finder) '의 역할을 한다.	프로젝트의 재무적 안정성을 확보하고 숨겨진 위험을 통제하는 '위험 관리자(Risk Manager) '의 역할을 한다.
장점	- 과거 실적이 없는 새로운 유형의 부동산 상품이라도 잠재 수요에 근거하여 수익성을 증명할 수 있다. - 데이터 기반으로 최적의 임대료나 분양가를 책정하여 수익을 극대화한다.	- 인간의 경험만으로는 놓치기 쉬운 숨겨진 비용이나 잠재적 리스크를 사전에 식별하여 예산 초과를 방지한다. - 설계 초기 단계에서 비용 절감 요소를 발견하여 프로젝트의 수익성을 개선한다.

단점	- 시장의 거시적인 충격이나 예측 불가능한 트렌드 변화까지 완벽하게 예측하기는 어렵다. - 분석에 사용된 데이터의 품질이 낮을 경우, 수익 예측의 정확도가 크게 저하될 수 있다.	- AI 모델을 학습시키기 위한 방대하고 표준화된 과거 프로젝트 데이터 확보가 어렵다. - 신기술이나 신공법처럼 과거 데이터가 없는 요소의 비용을 예측하는 데는 한계가 있다.
도시부동산 활용예시	(복합문화공간 수익 예측) 특정 지역 20대의 문화 관련 소비 데이터와 SNS 관심사를 분석하여, 일반 상업시설이 아닌 K-POP 테마의 체험 공간으로 개발할 경우 예상되는 입장료 및 MD 상품 매출을 구체적으로 예측한다.	(데이터센터 공사비 예측) 과거 데이터센터 100여 곳의 설계도면, 전력 설비 사양, 항온항습 장비, 최종 공사비 데이터를 학습한 AI 모델을 통해, 신규 데이터센터 프로젝트의 총 공사비를 ±5% 오차 범위 내에서 예측한다.

4.2. 가상사례: '송도 스마트 스퀘어' 복합 상업시설 개발 프로젝트

송도 스마트스퀘어, 섹션 오피스 및 상업시설 동시분양 [https://www.e2news.com]

1) 현안 과제: 한 시행사가 인천 송도에 IT 기술과 문화 콘텐츠가 결합된 '스마트 스퀘어'를 개발하려 한다. 빅데이터 모델을 활용하여 이 프로젝트의 수익과 비용을 예측하는 과정이다.

2) 수익 예측 과정

데이터 유형	분석 내용(가상수치)	예측 결과
유동인구/소비	- 사업지 반경 2km 내에는 30~40대 고소득 R&D 직장인이 다수 거주하며, 이들의 주말 소비는 서울 등 역외 유출 비중이 50%에 달한다. - 이들의 소비 특성은 '체험형 여가(키즈카페, VR)'와 '전문 F&B'에 집중된다.	(예상 매출) 주변 오피스텔 상가의 평당 평균 매출(월 50만 원) 이 아닌, 타겟 고객의 지불 능력을 고려한 '체험형 MD' 구성 시, 평당 월 80만 원의 매출이 가능할 것으로 예측된다.
소셜/경쟁	- 경쟁 쇼핑몰에 대한 온라인 리뷰 분석 결과, '아이와 함께 즐길 콘텐츠 부족'에 대한 불만이 40%를 차지한다.	(가치 부가) 미디어 아트와 결합된 대규모 키즈파크를 조성할 경우, 주변 시세 대비 20% 높은 임대료 책정이 가능할 것으로 판단된다.

3) 비용 예측 과정

모델 유형	분석 내용(가상수치)	예측 결과
AI 공사비 예측	- '스마트 스퀘어'의 복잡한 비정형 설계 도면과 특수 자재(미디어 파사드 등) 정보를 AI 모델에 입력한다. - AI는 과거 유사 하이테크 건축물 200건의 데이터를 분석하여, "자재 수급 지연 리스크(15% 확률) 와 특수 공법에 따른 추가 인건비(평균 8%)"를 식별한다.	(예상 비용) 기존 견적 방식(3,000억 원)에 더해, 데이터 기반의 잠재 리스크 비용 250억 원을 추가로 반영한 총공사비 3,250억 원을 최종 예측치로 산출한다. 이는 예기치 못한 비용 상승을 막는 중요한 근거가 된다.
운영비용 최적화	- AI 시뮬레이션 결과, 초기 투자비가 5% 더 들더라도 '지능형 에너지 관리 시스템'을 도입할 경우, 향후 10년간 운영비를 15% 절감하여 총소유비용(TCO) 이 더 낮아짐을 증명한다.	(장기 비용 절감) 초기 설계 단계에서 운영비 절감 시스템을 도입하기로 결정하여, 건물의 장기적인 자산 가치를 높인다.

4) 결론 및 시사점: 빅데이터 기반의 수익·비용 예측은 더 이상 미래에 대한 막연한 상상이나 희망이 아니다. 그것은 현실에 존재하는 수많은 데이터 조각들을 모아 미래의 모습을 논리적으로 재구성하는 치밀한 계산의 영역이다. 이 정교한 계산을 통해 우리는 프로젝트의 성공 확률을 비약적으로 높일 수 있으며, 실패의 위험은 사전에 통제할 수 있다. 결국, 데이터라는 새로운 언어로 미래의 수익과 비용을 읽어내는

능력이야 말로, 현대 도시부동산 개발에서 성공을 담보하는 가장 확실한 기술이 될 것이다. 예측은 상상력이 아닌 계산의 영역이다

5. 빅데이터 기반 도시부동산 프로젝트 파이낸싱의 리스크 분석과 가상사례

5.1. 보이지 않는 암초를 탐지하는 데이터의 소나(SONAR)

프로젝트 파이낸싱(PF)이라는 거대한 배를 타고 도시개발이라는 망망대해를 항해할 때, 가장 큰 공포는 눈에 보이지 않는 암초, 즉 '리스크(Risk)'이다. 전통적인 리스크 분석은 과거의 항해 기록(유사 프로젝트 사례)과 낡은 해도(표준화된 통계)에 의존하여 암초의 위치를 어림짐작하는 방식이었다. 이는 예측 불가능한 해류의 변화나 갑작스러운 폭풍우와 같은 동적인 위험 앞에서는 속수무책일 수밖에 없었다.

그러나 빅데이터는 이 리스크 분석의 패러다임을 바꾸고 있다. 데이터 기반 리스크 분석은 배의 전방에 음파를 쏘아 해저의 지형과 숨겨진 위험물의 위치를 3차원으로 그려내는 최첨단 소나(SONAR) 시스템과 같다. 이 시스템은 시장의 미세한 조류 변화, 수요의 온도 차, 경쟁의 기류까지 감지하여, 프로젝트의 안전한 항로를 실시간으로 안내하는 것이다. 이 글에서는 빅데이터가 어떻게 PF의 핵심 리스크들을 정밀하게 분석하고 통제하는지를 가상 사례를 통해 탐험하고자 한다.

5.1.1. 데이터 기반 PF 리스크 분석의 프레임워크

전통적인 PF 리스크는 크게 '시공 리스크', '시장 리스크', '운영 리스크'로 구분된다. 빅데이터는 이 각각의 리스크를 훨씬 더 깊고 정교한 차원에서 분석한다.

1) **시공 리스크(Completion Risk) 분석**: 프로젝트가 제때, 주어진 예산 내에서 완공되지 못할 위험이다.

(1) **전통적 방식**: 시공사의 신용등급과 재무 상태, 과거 실적에 의존하여 평가한다.

(2) **데이터 기반 방식**: 과거 수천 건의 건설 프로젝트 데이터를 분석하여, 특정 공법, 특정 자재, 특정 기후 조건 하에서 발생할 수 있는 '공기 지연 확률'과 '공사비 초과 확률'을 사전에 시뮬레이션 한다. 또한, 실시간으로 자재 가격 변동 데이터나 건설인력 수급 데이터를 모니터링하여 리스크를 조기에 경보 한다.

2) **시장 리스크(Market Risk) 분석**: 완공 후 분양이나 임대가 예상대로 이루어지지 않을 위험이다. PF의 성패를 좌우하는 가장 핵심적인 리스크이다.

(1) **전통적 방식**: 거시경제 지표(GDP, 금리 등)와 과거 평균 분양률, 임대료 수준을 기반으로 평가한다.

(2) **데이터 기반 방식**: '미시 시장(Micro-market)'의 실제 수요와 공급 구조를 데이터로 분석한다. 특정 지역의 잠재 수요층(유동인구, 소득 수준, 소비 패턴), 실시간 경쟁 매물 현황, 잠재 수요자들의 온라인 관심도 등을 종합하여 미래의 '분양(임대) 속도(Sales Velocity)'와 '흡수율(Absorption Rate)'을 예측한다.

3) **운영 리스크(Operational Risk) 분석**: 완공 후 건물을 운영하는 단계에서 예상치 못한 비용이 발생하거나 수익이 감소할 위험이다.

(1) **전통적 방식**: 유사 건물의 평균적인 유지보수 비용과 관리비를 적용하여 추정한다.

(2) 데이터 기반 방식: 빌딩정보모델링(BIM) 데이터와 사물인터넷(IoT) 센서 데이터를 결합하여, 건물의 주요 설비(엘리베이터, 공조 시스템 등)의 '고장 예측 모델'을 만든다. 이를 통해 사후적인 수리가 아닌 사전적인 예방 정비를 가능하게 하여, 갑작스러운 운영 중단 리스크와 비용을 최소화한다.

5.1.2. 빅데이터 기반 도시부동산 PF 리스크 분석 방법론 비교

구분	데이터 기반 시공 리스크 분석	데이터 기반 시장 리스크 분석	데이터 기반 운영 리스크 분석
목표	과거 건설 데이터를 학습하여, 프로젝트가 정해진 기간과 예산 내에 완공되지 못할 확률을 사전에 예측하고 통제하는 것을 목표로 한다.	미시 시장의 실제 수요와 공급 데이터를 정밀 분석하여, 준공 후 대규모 미분양이나 공실이 발생할 가능성을 예측하는 것을 목표로 한다.	건물 운영 단계에서 발생할 수 있는 예상치 못한 비용이나 수익 감소 위험을 예측하고, 자산의 전 생애주기 비용을 최적화하는 것을 목표로 한다.
분석방법 및 기술	- 공기/비용 예측 모델링: 과거 프로젝트의 공법, 자재, 기간, 비용 데이터를 학습한 AI가 신규 프로젝트의 공기 지연 및 비용 초과 확률을 예측한다. - 실시간 리스크 모니터링: 자재 가격, 건설 인력 수급 현황 데이터를 실시간으로 모니터링하여 이상 징후를 경보 한다. - 주요 기술: 머신 러닝, 시뮬레이션, 실시간 데이터 스트리밍	- 미시 수요공급 분석: 특정 지역의 잠재 수요층 특성과 실시간 경쟁 공급량을 분석하여 흡수율(Absorption Rate) 을 예측한다. - 수요-공급 미스매치 분석: 시장의 핵심 수요층이 원하는 상품(평형, 가격대) 과 프로젝트가 공급하는 상품 간의 불일치 정도를 측정한다. - 주요 기술: 공간 분석(GIS) , 통신/카드 데이터 분석, 소셜 데이터 분석	- 예지 정비(Predictive Maintenance): IoT 센서 데이터를 분석하여 주요 설비의 고장 시점을 사전에 예측한다. - 에너지 효율 시뮬레이션: 건물의 설계 데이터(BIM) 와 기후 데이터를 결합하여 에너지 사용량을 예측하고 최적화 방안을 도출한다. - 주요 기술: IoT, 디지털 트윈(Digital Twin) , 머신 러닝

역할	프로젝트가 좌초될 가능성을 사전에 차단하는 '방파제(Breakwater) '의 역할을 한다.	프로젝트의 성패를 좌우하는 핵심 리스크를 진단하는 '건강검진 의사(Medical Examiner) '의 역할을 한다.	완공 이후의 장기적인 안정성을 확보하는 '자산 관리사(Asset Manager) '의 역할을 설계 단계에서부터 수행한다.
장점	- 시공사의 과거 실적만으로는 알 수 없는 공법, 자재, 환경 변수에 따른 잠재적 리스크를 식별할 수 있다. - 객관적 데이터에 기반하여 공사 기간과 예산을 책정하므로 사업 안정성이 높아진다.	- 거시적인 평균 데이터의 착시에서 벗어나, 해당 프로젝트가 직면할 실제 시장 상황을 정확히 파악할 수 있다. - 데이터 분석을 통해 최적의 상품 컨셉과 분양(임대) 전략을 수립하여 시장 리스크를 최소화한다.	- 건물의 생애주기비용(LCC) 을 절감하여 장기적인 투자 수익률을 향상시킨다. - 갑작스러운 설비 고장으로 인한 운영 중단이나 대규모 수선비 발생 리스크를 예방할 수 있다.
단점	- 신기술, 신 공법 등 과거 데이터가 없는 부분에 대한 리스크 예측에는 한계가 있다. - 정확한 분석을 위해 표준화된 대규모 건설 데이터 확보가 선행되어야 한다.	- 미시 데이터는 수집 및 분석 비용이 높고, 데이터의 품질이 분석 결과의 신뢰도를 좌우한다. - 정부의 급작스러운 부동산 정책 변화와 같은 외부 충격까지 예측하기는 어렵다.	- IoT 센서, 데이터 분석 시스템 등 초기 인프라 구축 비용이 많이 든다. - 운영 단계에서 지속적인 데이터 수집과 관리가 이루어져야 모델의 정확성이 유지된다.
도시부동산 활용예시	(초고층 빌딩 PF) 과거 초고층 빌딩 공사 시 기상 조건(강풍, 폭설) 에 따른 공기 지연 데이터를 분석하여, 해당 프로젝트의 공사 기간을 산정할 때 기후 리스크를 15% 추가로 반영한다.	(지식산업센터 PF) 특정 지역의 기업 데이터 분석 결과, 입주 기업의 80%가 10인 이하 소규모 스타트 업임을 파악하고, 대형 면적 중심의 공급 계획을 소형 모듈형 오피스로 변경하여 미분양 리스크를 줄인다.	(스마트 물류센터 PF) 물류센터의 자동화 로봇, 냉동 설비 등에 IoT 센서를 부착하여, 부품의 교체 주기가 도래하기 전에 미리 경보를 받아 다운타임(Downtime) 리스크를 최소화하는 운영 계획을 수립한다.

5.2. 가상사례: '동탄 메타시티' 주상복합 개발 프로젝트 리스크 분석

화성동탄 주상복합 메타폴리스 [https://www.fnnews.com]

1) 현안 과제: 한 시행사가 동탄 신도시에 총사업비 5,000억 원 규모의 주상복합 '동탄 메타시티'(아파트 500세대, 상가 100실)를 개발하는 PF를 추진 중이다. 금융기관의 두 리스크 심사팀이 서로 다른 방식으로 이 프로젝트의 핵심인 시장 리스크를 분석한다.

2) 리스크 심사 과정:

(1) 전통적 리스크 심사팀의 분석

- 분석 자료: 과거 5년간 동탄신도시 아파트 평균 분양률(95%), 연평균 가격 상승률(8%), 상가 평균 임대료(평당 15만 원)
- 분석 의견:
  - ◦(아파트) 동탄 지역은 과거 분양 성적이 좋았고 수도권 광역 교통망(GTX) 호재가 있어, 아파트 500세대는 무난히 분양될 것으로 보인다. 리스크는 '낮음'으로 평가한다.
  - ◦(상가) 인근 상가들의 공실률이 최근 10%까지 상승했으나, 아파트 입주민이라는 고정 수요가 있으므로, 평균 수준의 임대료는 달성 가능할 것이다. 리스크는 '중간'으로 평가한다.

• 전통적 리스크 심사팀의 최종 결론: "전반적인 시장 리스크는 통제 가능한 수준으로 판단되므로, PF 승인을 긍정적으로 검토한다."

(2) 데이터 기반 리스크 심사팀의 분석

심사팀은 거시적인 평균 데이터의 함정을 경계하며, 프로젝트 주변 반경 3km의 미시 시장 데이터를 집중적으로 분석한다.

리스크 요인	심층 데이터 분석 결과(가상수치)	데이터 기반 리스크 해석
아파트 분양 리스크	- (수요 분석) 동탄 지역의 최근 2년간 신규 인구 유입은 30대 초반 신혼부부가 60%를 차지하나, '동탄 메타시티'가 공급하는 평형은 40평형대 이상 대형 평수가 70%이다. - (공급 분석) 향후 2년 내 사업지 인근에 입주할 경쟁 아파트 단지 3곳의 총공급 물량은 3,000세대에 달한다.	(미스매치 및 과잉공급 리스크) 시장의 주된 수요층(신혼부부) 과 공급 상품(대형 평수) 간의 '수요-공급 미스매치'가 심각하다. 또한, 단기적으로 '초과 공급' 상태에 진입할 확률이 80% 이상으로 예측된다. 전통적 분석과 달리 아파트 분양 리스크는 '매우 높음'이다.
상가 임대 리스크	- (상권 분석) 주변 직장인들의 카드 매출 데이터 분석 결과, 소비의 70%가 점심시간에 저가형 한식 뷔페에 집중되어 있다. - (경쟁 분석) 배달 앱 데이터 분석 결과, 사업지 반경 3km는 '배달 상권'이 고도로 발달하여, 오프라인 F&B 매장의 경쟁력이 매우 취약한 상태이다.	(상권 활력 저하 리스크) 배후 수요(아파트, 오피스) 는 풍부해 보이지만, 실제 그들의 소비 패턴은 본 프로젝트가 계획하는 중고가 F&B 상가(MD) 컨셉과 완전히 불일치한다. 상가 공실률이 30%를 넘을 확률이 65%로 시뮬레이션 된다. 상가 임대 리스크는 '매우 높음'이다.

3) **최종 결론:** 전통적인 거시 분석으로는 '안전'해 보였던 이 프로젝트는, 미시 데이터를 통해 분석한 결과 '수요-공급 미스매치'와 '잘못된 상가 컨셉'이라는 치명적인 암초를 품고 있었다. 데이터 기반 심사팀은 "현재의 사업 계획으로는 준공 후 대규모 미분양 및 공실 사태가 발생할 것이 확실하므로, PF 대출은 불가하며, 상품의 컨셉을 전면 재검토해야 한다"는 정반대의 결론을 내린다.

4) 시사점: 빅데이터 기반의 리스크 분석은 PF의 패러다임을 바꾸고 있다. 이제 리스크는 단순히 '관리'하고 '대응'해야 할 대상이 아니라, 데이터를 통해 사전에 '측정'하고 '설계'할 수 있는 대상이 되었다. 데이터라는 정밀한 소나를 통해 보이지 않는 위험을 미리 발견하고, 그 위험을 피해 갈 수 있도록 프로젝트의 항로 자체를 새롭게 설계하는 능력 이야말로, 불확실성의 바다를 성공적으로 항해하는 현대 도시부동산 금융의 핵심 역량이 될 것이다. 리스크는 관리가 아닌, 설계의 대상이다.

주제4
금융 빅데이터와 도시부동산 투자 리스크 관리

1. 빅데이터를 활용한 금리 변동 패턴과 부동산 시장 사이클의 관계 분석 방법과 가상사례

1.1. 중앙은행의 숨결을 감지하는 데이터의 촉수

금리는 부동산 시장이라는 거대한 숲의 생태계를 조절하는 '태양'과 같다. 금리가 낮아지면 따스한 햇살처럼 유동성이 풍부 해져 시장은 활기를 띠고, 금리가 높아지면 차가운 겨울처럼 시장은 움츠러든다. 전통적인 분석은 '금리가 오르면 집값은 떨어진다'는 단순한 인과관계의 틀 안에서 과거의 통계만을 분석하는 수준에 머물렀다.

그러나 빅데이터는 이 관계를 훨씬 더 깊고 예민한 차원에서 분석하는 새로운 길을 열었다. 데이터 분석은 중앙은행 총재의 미묘한 단어 선택, 시장 참여자들의 불안감이 담긴 검색어, 금리 변화에 따라 실시간으로 변하는 매물의 증감 등, 마치 숲 전체의 생명체들이 태양의 변화에 어떻게 반응하는지를 감지하는 수만 개의 촉수와 같다. 이 글에서는 빅데이터가 어떻게 금리 변동의 미세한 패턴과 부동산 시장의 복잡한 사이클 사이의 숨겨진 방정식을 풀어내는지를 가상 사례를 통해 살펴보고자 한다.

1.1.1. 금리-부동산 관계 분석의 새로운 접근법

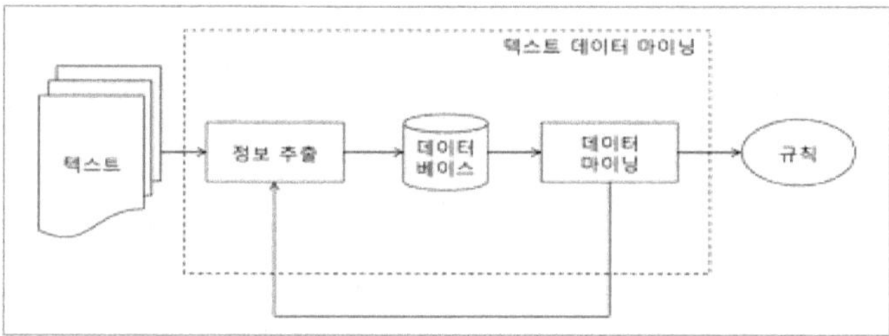

텍스트 마이닝2(Text Mining) : 네이버 블로그

빅데이터는 금리 변동의 '결과'뿐만 아니라, 그 '과정'과 '심리적 파급효과'까지 분석하여 시장 사이클을 예측한다.

1) 중앙은행 텍스트 마이닝(Text Mining the Central Bank):
중앙은행이 발표하는 각종 보고서, 의사록, 연설문 등 비정형 텍스트 데이터에 담긴 미묘한 정책 기조와 향후 금리 변동 가능성을 예측하기 위해 다양한 텍스트 마이닝 기법이 활용된다. 이러한 분석은 금리 변동에 민감한 부동산 시장, 특히 도시 부동산 프로젝트 파이낸싱(PF)의 리스크를 선제적으로 관리하는 데 중요한 정보를 제공한다

(1) **분석 대상:** 한국은행 금융통화위원회의 의사록, 기자회견문, 총재의 발언 등

(2) **분석 방법:** 자연어 처리(NLP) 기술을 이용하여, 중앙은행이 사용하는 단어의 톤과 뉘앙스를 분석한다. 예를 들어, '물가 안정'이라는 단어의 사용 빈도가 급증하고 '경기 부양'의 언급이 줄어들거나, '점진적'이라는 단어가 '단호한'이라는 단어로 바뀌는 미세한 변화를 감지한다. 이를 통해 시장 참여자들이 미처 인지하기 전에, 향후 금리 정책의 방향 전환 가능성을 예측하는 '매파/비둘기파 지수(Hawkish/Dovish Index)'를 생성한다.

구분	토픽 모델링	감성 분석	단어 임베딩 모델
분석 대상	통화정책방향 결정회의 의사록, 경제전망보고서, 국회 연설문 등 장문의 텍스트 데이터에 잠재적으로 내재된 핵심 주제(Topic)	기준금리 결정, 경제상황 진단 등 특정 사안에 대한 중앙은행의 긍정적, 부정적, 중립적 뉘앙스(Tone)가 담긴 문장 또는 문단	중앙은행 총재 및 위원들의 기자회견문, 연설문 등에서 사용된 단어들의 문맥상 의미와 단어 간의 관계
목표	방대한 텍스트 데이터 전체에서 중앙은행이 현재 중요하게 논의하고 있는 핵심 경제 이슈(예: 물가, 가계부채, 성장)가 무엇인지를 객관적으로 식별하고 그 변화를 추적하는 것을 목표로 한다.	'매파적(Hawkish)' 또는 '비둘기파적(Dovish)'으로 표현되는 중앙은행의 정책 기조를 긍·부정 점수로 계량화하여, 금리 인상 또는 인하에 대한 시장의 기대를 객관적 지표로 전환하는 것을 목표로 한다.	특정 단어(예: '경기')가 다른 단어(예: '둔화', '회복')와 어떻게 함께 사용되는지를 분석하여, 중앙은행의 경제 인식을 보다 심층적이고 다각적으로 이해하는 것을 목표로 한다.
분석 방법	텍스트에 포함된 단어들의 동시 출현 빈도를 통계적 알고리즘(예: 잠재 디리클레 할당, LDA)으로 분석하여, 함께 자주 등장하는 단어들을 묶어 핵심 주제 그룹을 자동으로 추출한다.	경제, 금융 분야의 단어들을 긍정(예: 성장, 안정), 부정(예: 불안, 위축)으로 분류한 '금융 감성 사전(Financial Sentiment Lexicon)'을 구축하고, 텍스트 내 긍·부정 단어의 출현 빈도를 계산하여 총감성 지수를 산출한다.	인공신경망 알고리즘(예: Word2Vec, BERT)을 활용하여 단어를 다차원의 벡터(Vector) 공간에 배치한다. 문맥상 의미가 유사한 단어들은 벡터 공간에서 가까운 위치에 존재하게 되며, 단어 간의 의미적 유사도 및 관계를 계산할 수 있다.
역할	중앙은행의 정책적 관심사가 과거로부터 현재까지 어떻게 변화해 왔는지 거시적 흐름을 파악하고, 향후 통화정책 결정에 영향을 미칠 주요 변수가 무엇인지를 식별하는 역할을 한다.	월별, 분기별로 발표되는 중앙은행의 커뮤니케이션 톤 변화를 시계열 데이터로 구축하여, 단기적인 금리 변동 방향성을 예측하는 선행지표(Leading Indicator)로서의 역할을 수행한다.	공식적인 발표 이면에 있는 중앙은행의 미묘한 인식 변화를 포착하는 역할을 한다. 예를 들어 '물가 상승'이 '우려'와 함께 쓰이는지 '일시적'과 함께 쓰이는지를 분석하여 정책 기조의 강도를 측정한다.

장점	객관성 및 자동화: 분석가의 주관이 배제된 상태에서 데이터 기반으로 핵심 주제를 자동으로 도출할 수 있다. 거시적 통찰력: 텍스트 전체를 관통하는 주요 흐름과 정책 우선순위의 변화를 효과적으로 파악할 수 있다.	직관적이고 명료한 결과: 정책 기조를 하나의 지수(Index)로 표현하여 이해하기 쉽고, 다른 경제지표와의 비교 분석이 용이하다. 단기 예측 유용성: 금리 결정 직전의 미세한 톤 변화를 포착하여 단기적인 시장 예측에 활용도가 높다.	심층적 의미 분석: 단어의 단순 빈도를 넘어 문맥 속에서의 실제 의미와 뉘앙스를 파악할 수 있어 분석의 깊이가 깊어진다. 유연성 및 확장성: 새로운 신조어나 정책 용어가 등장했을 때, 문맥을 통해 그 의미를 유추하고 분석에 반영할 수 있다.
단점	결과 해석의 어려움: 추출된 토픽이 무엇을 의미하는지에 대한 분석가의 주관적인 해석이 필요하다. 세부 뉘앙스 파악의 한계: 긍정, 부정과 같은 미묘한 뉘앙스나 정책의 강도를 파악하기는 어렵다.	사전 구축의 어려움: 금융 분야의 특수성을 반영한 고품질의 감성 사전을 구축하는 데 많은 시간과 노력이 소요된다. 문맥 무시: 반어법이나 중의적 표현 등 문맥에 따라 의미가 달라지는 경우를 정확히 처리하지 못하는 한계가 있다.	대규모 데이터 요구: 단어 간의 관계를 정확히 학습하기 위해 매우 방대한 양의 텍스트 데이터가 필요하다. 모델의 복잡성: 최신 언어 모델은 내부 작동 원리가 복잡하여(블랙박스) 결과의 해석과 검증이 어려울 수 있다.
도시 부동산 PF 활용 예시	한국은행의 의사록을 장기적으로 토픽 모델링하여 '가계부채'와 '부동산 시장 안정' 토픽의 비중이 지속적으로 증가하는 것을 확인하고, 향후 DSR 규제 강화 등 부동산 관련 대출 규제가 강화될 리스크를 PF 사업성 검토에 반영한다.	매월 발표되는 통화정책방향 결정문의 감성 지수를 분석한 결과, 직전 3개월간 부정적 톤이 지속적으로 강화되는 것을 포착하고, 임박한 기준금리 인상에 대비하여 신규 PF 대출의 이자율을 변동금리 대신 고정금리로 약정하는 의사결정을 내린다.	중앙은행 총재의 연설문에서 '주택 가격'이라는 단어가 과거의 '안정'에서 최근 '과열', '조정'과 같은 단어들과 함께 사용되는 패턴의 변화를 분석하고, 이를 부동산 시장의 하강 사이클 진입 신호로 해석하여 분양가 산정 시 보수적인 관점을 적용한다.

2) 시장 심리 및 행동 분석(Market Psychology & Behavior Analysis):

금리 변동과 같은 거시 경제 충격이 부동산 시장에 미치는 영향을 분석하기 위해서는 객관적인 지표 외에 시장 참여자들의 주관적인 심리와 행동 패턴을 파악하는 것이 중요하다. 빅데이터 분석은 대중의 의견과 관심사를 실시간으로 측정하여 시장의 전환점을 예측하는 유용한 선행지표를 제공한다.

(1) **분석 대상:** 포털사이트 검색 량, 뉴스 댓글, 온라인 부동산 커뮤니티 게시글, 주택담보대출 관련 검색어 등

(2) **분석 방법:** 금리 인상 발표 전후로 '영끌', '대출이자', '집값 하락'과 같은 키워드의 검색 량이 얼마나 급증하는지, 부동산 관련 뉴스 댓글의 부정적 감성 비율이 어떻게 변하는지를 실시간으로 분석한다. 이는 금리 변동이라는 객관적 사건이 시장 참여자들의 주관적인 '공포'나 '기대' 심리로 어떻게 증폭되는지를 측정하는 것이다.

구분	소셜 미디어 분석	부동산 뉴스 분석	검색 쿼리 분석
분석 대상	부동산 관련 카페, 블로그, 커뮤니티, SNS 등에서 일반 대중이 생성하는 비정형 텍스트 데이터와 상호작용(댓글, 좋아요 등)	주요 언론사가 보도하는 부동산 관련 뉴스 기사의 제목, 본문, 논조(Tone)	포털 사이트에서 사용자들이 입력하는 부동산 관련 키워드의 검색량(Search Volume) 변화 추이
목표	특정 지역이나 부동산 유형(예: 아파트, 오피스텔)에 대한 대중의 관심도, 긍·부정 인식, 잠재적 불안 요소를 실시간으로 파악하여 시장의 심리적 변곡점을 포착하는 것을 목표로 한다.	언론 보도의 프레임(Frame)과 논조 변화를 분석하여, 부동산 시장에 대한 사회적 여론의 형성 과정과 정책 변화가 시장에 미치는 영향을 객관적으로 추적하는 것을 목표로 한다.	특정 지역의 아파트 브랜드, 청약, 대출 규제 등 구체적인 관심사에 대한 잠재 수요자들의 관심도 변화를 가장 빠르게 감지하고, 이를 통해 단기적인 시장의 활력(Vitality)을 측정하는 것을 목표로 한다.
분석 방법	자연어 처리(NLP) 기술을 활용하여 텍스트 데이터의 핵심 키워드, 연관어, 감성(긍·부정)을 추출한다. 특정 키워드(예: '영끌', '부동산 폭락')의 언급량 추이를 시계열로 분석하여 버즈(Buzz)량을 측정한다.	뉴스 기사 본문에서 특정 키워드(예: '금리인상', '미분양')의 출현 빈도와 긍·부정 논조를 감성 분석을 통해 계량화한다. 이를 지수 화하여 '부동산 뉴스 심리 지수' 등을 생성한다.	특정 키워드(예: 'XX아파트 분양', '주택담보대출 금리')의 주간/월간 검색량 데이터를 시계열로 분석하여, 검색량의 급등 또는 급락 패턴과 부동산 가격 지수 간의 상관관계 및 선행성을 분석한다.

역할	정부의 공식 통계가 집계하기 어려운 시장의 미세한 심리 변화와 잠재된 불안 요소를 가장 먼저 포착하는 '조기 경보 시스템(Early Warning System)'으로서의 역할을 수행한다.	부동산 시장에 대한 거시적인 여론의 흐름과 정책적 아젠다를 파악하는 역할을 한다. 언론 보도가 대중의 심리에 미치는 영향을 분석하여 시장의 중장기적 방향성을 가늠하게 한다.	실제 거래로 이어지기 직전 단계인 잠재 수요자들의 '행동 의지'를 가장 직접적으로 측정하는 역할을 한다. 부동산 시장의 단기적인 매수 또는 매도 심리를 예측하는 가장 민감한 선행지표로 활용된다.
장점	신속성 및 시의성: 시장 참여자들의 반응을 거의 실시간으로 수집하고 분석할 수 있다. 데이터의 풍부함: 필터링되지 않은 생생한 의견과 다양한 주제를 방대한 규모로 확보할 수 있다.	신뢰성 및 영향력: 공신력 있는 언론사의 보도를 분석하므로 데이터의 신뢰성이 높고, 사회적 영향력을 가늠할 수 있다. 구조화된 데이터: 비교적 정제되고 구조화된 텍스트이므로 분석이 용이하다.	예측의 선행성: 실제 거래보다 평균 2~3개월 선행하는 경향이 있어 단기 시장 예측에 매우 효과적이다. 명확한 의도 파악: 검색 행위는 구체적인 정보 획득 목적을 가지므로 시장 참여자의 의도를 명확하게 파악할 수 있다.
단점	데이터 편향성: 특정 커뮤니티나 연령층의 의견이 과대 대표될 수 있으며, 가짜 정보나 여론 조작에 취약하다. 데이터 정제의 어려움: 비속어, 신조어, 광고성 게시글이 많아 유의미한 데이터를 추출하는 데 많은 노력이 필요하다.	보도의 후행성: 언론 보도는 이미 발생한 사건을 다루는 경우가 많아 시장 변화보다 후행할 수 있다. 언론사의 편향성(Bias): 각 언론사의 정치적, 경제적 입장에 따라 보도 논조가 편향될 수 있다.	분석의 한계: 검색 행위가 실제 구매로 이어진다는 보장이 없으며, 단순 호기심에 의한 검색도 다수 포함된다. 데이터 접근성: 포털 사이트의 정책에 따라 상세한 검색 쿼리 데이터에 대한 접근이 제한될 수 있다.
도시 부동산 PF 활용 예시	미분양 리스크 관리: 특정 지역의 아파트 분양 관련 온라인 커뮤니티에서 '마이너스 프리미엄', '계약 포기' 등 부정적 키워드 언급 량이 급증하는 것을 포착하고, 해당 프로젝트의 미분양 리스크가 높아졌다고 판단하여 추가 담보 확보나 자금 인출 조건 강화를 검토한다.	정책 리스크 분석: 정부의 새로운 부동산 정책 발표 이후, 뉴스 기사에서 '대출 규제 강화'와 '거래 절벽'이라는 키워드의 부정적 논조가 확산되는 것을 분석한다. 이를 통해 시장 침체가 예상되므로, 신규 PF 사업의 분양가 산정을 보수적으로 조정하는 근거로 활용한다.	분양 시점 결정: 신규 오피스텔 프로젝트의 분양을 앞두고, 해당 지역의 '오피스텔 투자' 및 '전세 사기' 키워드 검색 량을 비교 분석한다. 투자 관심은 높으나 사기 우려는 낮은 최적의 시점을 포착하여 분양 개시일을 결정하는 데 활용한다.

3) 미시 시장 반응 분석(Micro-market Reaction Analysis):

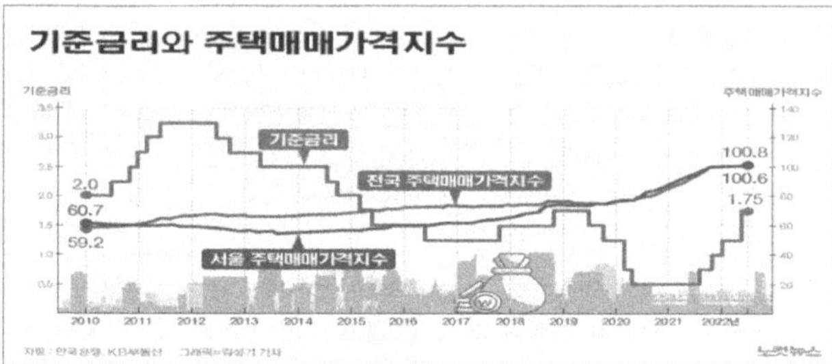

금리인상=집값폭락? [https://www.nocutnews.co.kr]

금리 변동과 같은 거시적 충격이 개별 부동산 자산과 국지적 시장(Micro-market)에 미치는 영향을 정밀하게 분석하기 위해서는, 아파트 단지, 상업용 빌딩 등 개별 자산 수준의 미시 데이터를 활용한 분석이 필수적이다. 빅데이터 기반의 미시시장 반응 분석은 거시 경제 변수가 특정 지역 및 자산의 가격, 거래량, 임대료 등에 미치는 차별적인 효과를 식별하여 정교한 투자 및 리스크 관리 전략 수립을 지원한다.

(1) **분석 대상**: 지역별, 아파트 단지별, 가격대별 매물 데이터 및 실거래가 데이터

(2) **분석 방법**: '금리 인상에 따른 주택담보대출 이자 부담'이 모든 지역과 모든 주택에 동일한 영향을 미치지 않는다는 점에 주목한다. 데이터 분석을 통해 '2030 영끌 매수 비중이 높은 지역', '고가 주택 비중이 높은 지역', '전세가율이 낮은 갭투자 유망 지역' 등을 세분화하여, 금리 변동의 충격이 어떤 지역, 어떤 가격대의 부동산에 가장 먼저, 그리고 가장 강하게 전달될지를 예측한다.

구분	지리적 가중 회귀 분석	POI 및 유동인구 분석	부동산 거래 네트워크 분석
분석 대상	특정 지역 내 아파트 단지, 개별 필지 등 공간적 자기상관성(Spatial Autocorrelation)을 갖는 개별 자산의 실거래가 데이터	특정 상업용 부동산 주변의 주요 시설(POI: Point of Interest) 데이터와 통신사 기반의 시간대별/성별/연령별 유동인구 데이터	특정 기간 동안 발생한 개별 부동산의 소유권 이전 등기 데이터(매도자-매수자-자산 간의 연결 관계)
목표	금리, 소득 등 동일한 거시 경제 변수가 지역 내 위치에 따라 부동산 가격에 미치는 영향이 어떻게 달라지는지를 시각적으로 분석하고, 그 공간적 이질성(Spatial Heterogeneity)을 규명하는 것을 목표로 한다.	금리 인상 등 외부 충격 발생 시, 특정 상권의 배후 수요(Catchment Area)를 구성하는 유동인구의 특성 변화와 주변 상업시설(POI)의 업종별 매출 변화를 분석하여 상업용 부동산의 임대료 안정성을 예측하는 것을 목표로 한다.	금리 변동기 동안 다주택자, 법인 등 주요 시장 참여자들의 자산 매각 또는 매입 패턴을 분석하고, 자금 흐름의 연결망 구조를 파악하여 시장의 건전성 및 특정 지역의 투기적 거래 위험을 식별하는 것을 목표로 한다.
분석방법	일반적인 회귀분석과 달리, 모든 개별 관측치(개별 자산)에 대해 각각 다른 회귀계수를 추정한다. 각 자산의 주변 데이터에 더 높은 가중치를 부여하여, 변수의 영향력이 공간적으로 어떻게 변화하는지를 지도 위에 시각 화한다.	GIS(지리정보시스템) 분석을 통해 특정 빌딩을 중심으로 반경 500m 내 POI(예: 스타벅스, 병원)의 개수와 종류를 파악하고, 통신 데이터를 결합하여 해당 지역을 방문하는 유동인구의 소비 여력과 라이프스타일을 프로파일링 한다.	매도자와 매수자를 '노드(Node)'로, 부동산 거래를 '링크(Link)'로 정의하여 소셜 네트워크 분석(SNA)을 시행한다. 연결 중심성(Centrality)이 높은 핵심 투자자를 식별하고, 자금이 특정 지역으로 집중되는 군집(Cluster) 현상을 분석한다.
역할	'서울 지역 전체'와 같은 평균적인 분석을 넘어, '금리 1% 인상 시 강남구 A 아파트와 노원구 B 아파트의 가격 하락폭이 왜 다른가'에 대한 공간적 원인을 규명하는 역할을 한다.	금리 인상으로 인한 소비 심리 위축이 상업용 부동산의 임대료와 공실률에 미치는 영향을 가장 구체적인 수요 데이터로 검증하는 역할을 한다. 이를 통해 자산의 현금흐름 안정성을 평가한다.	금리 변동에 취약한 '영끌' 투자자나 단기 차익 목적의 법인들의 매물 출회 가능성을 예측하고, 특정 자산의 연쇄적인 가격 하락 위험을 선제적으로 감지하는 리스크 관리 역할을 한다.

장점	시각적 통찰력: 분석 결과를 지도 위에 표현하여 정책 효과나 시장 변화의 공간적 패턴을 직관적으로 이해할 수 있다. 정교한 예측: 지역의 고유한 특성을 반영하므로 일반 모델보다 국지적 시장의 가격 예측 정확도가 높다.	수요의 질적 분석: 단순히 유동인구의 양이 아닌, 실제 소비로 이어질 수 있는 '유효 수요'의 특성을 심층적으로 분석할 수 있다. 실시간성: 통신사 데이터를 통해 거의 실시간으로 상권의 활력 변화를 측정할 수 있다.	숨겨진 관계 발견: 개별 거래 데이터만으로는 알 수 없는 시장 참여자들 간의 연결 구조와 자금의 흐름을 파악할 수 있다. 이상 거래 탐지: 비정상적으로 거래량이 집중되거나 특정 주체가 시장을 주도하는 투기적 거래 패턴을 식별할 수 있다.
단점	변수 설정의 어려움: 분석 결과가 연구자의 변수 선택에 따라 크게 달라질 수 있다. 계산의 복잡성: 대규모 데이터를 처리하는 데 많은 연산 자원이 필요하며 분석 시간이 오래 걸린다.	데이터 접근성: 개인정보보호 문제로 인해 상세한 통신 및 카드 매출 데이터는 비용이 매우 높고 접근성이 낮다. 인과관계 추정의 한계: 유동인구 변화가 매출 변화의 직접적인 원인인지, 아니면 다른 요인이 있는지 명확히 구분하기 어렵다.	데이터 확보의 한계: 개인정보보호법으로 인해 매도-매수 주체를 특정할 수 있는 상세한 등기 데이터 확보가 현실적으로 매우 어렵다. 분석의 복잡성: 네트워크 구조를 시각화하고 해석하는 데 높은 수준의 전문성이 요구된다.
도시 부동산 PF 활용 예시	지역별 LTV/DTI 조정: 금리 인상 시기, GWR 분석을 통해 동일한 행정구역 내에서도 특정 아파트 단지 밀집 지역의 가격 민감도가 유독 높게 나타나는 것을 식별하고, 해당 지역을 PF 대출 심사 시 '고위험 지역'으로 분류하여 추가적인 담보를 요구하는 근거로 활용한다.	리테일 상가 가치 평가: 강남역 사거리에 위치한 상업용 빌딩 PF 심사 시, 금리 인상 이후에도 해당 지역의 20-30대 직장인 유동인구와 F&B 관련 카드 매출이 견고하게 유지되는 것을 데이터로 확인하고, 임대료 하락 리스크가 낮다고 판단하여 안정적인 자산으로 평가한다.	브릿지론 리스크 관리: 특정 지역의 다세대주택 신축 PF 브릿지론 심사 시, 토지 소유주들의 과거 거래 네트워크를 분석한다. 다수의 소유주가 특정 기획부동산 법인과 연결된 것을 파악하고, 금리 상승 시 동시다발적인 토지 매각(부실) 위험이 높다고 판단하여 대출을 거절한다.

1.1.2. 금리 변동과 부동산 시장 관계에 대한 빅데이터 분석 방법론 비교

구분	중앙은행 텍스트 마이닝	시장 심리 및 행동 분석	미시 시장 반응 분석
목표	중앙은행의 공식 발표문, 의사록 등을 분석하여 미래 금리 정책의 방향성을 사전에 예측하는 것을 목표로 한다.	금리 변동 이벤트에 대한 시장 참여자들의 감정적 반응과 행동 변화를 실시간으로 측정하는 것을 목표로 한다.	금리 변동의 충격이 모든 지역과 자산에 동일하지 않다는 전제 하에, 그 차별적인 영향을 정밀하게 분석하는 것을 목표로 한다.
분석방법 및 기술	- 자연어 처리(NLP): 텍스트의 긍정/부정 톤, 특정 단어(예: '물가', '부채')의 사용 빈도 변화를 분석하여 '매파/비둘기파 지수'를 생성한다. - 주요 기술: 텍스트 마이닝, 감성 분석, 토픽 모델링	- 검색량 분석: 특정 키워드(예: '대출이자', '급매')의 검색량 변화를 통해 대중의 관심도와 불안감을 측정한다. - 소셜 데이터 분석: 부동산 커뮤니티의 게시글, 댓글의 감성 분석을 통해 시장의 심리적 패닉 수준을 계량화한다. - 주요 기술: 시계열 분석, 버즈량 분석	- 코호트 분석(Cohort Analysis): 특정 시점(예: 저금리 시기 '영끌' 매수자)에 진입한 그룹의 특성을 분석한다. - 공간 회귀 분석: 지역별 소득 수준, LTV 비율 등과 금리 민감도의 상관관계를 분석한다. - 주요 기술: GIS 공간 분석, 머신 러닝 클러스터링
역할	금리 정책의 방향을 미리 알려주는 '등대(Lighthouse)'의 역할을 한다.	시장의 감정적 온도를 실시간으로 측정하는 '온도계(Thermometer)'의 역할을 한다.	금리 충격의 영향 범위를 정밀하게 그려내는 'MRI 스캐너(MRI Scanner)'의 역할을 한다.
장점	- 금리 발표 이전에 정책 방향을 예측하여 선제적인 투자 전략 수립이 가능하다. - 정책 결정자의 의도 변화라는 질적 정보를 객관적 데이터로 변환할 수 있다.	- 금리 변동이 시장에 미치는 심리적 파급 효과의 강도와 속도를 실시간으로 파악할 수 있다. - 대중의 비이성적 과열이나 공포 상태를 조기에 감지하여 역 발상 투자의 기회로 활용할 수 있다.	- '부동산 시장 전체'라는 모호한 분석에서 벗어나, 실제 내 자산이 위치한 지역의 구체적인 리스크를 평가할 수 있다. - 차별화된 시장 상황에 맞는 정교한 투자 및 리스크 관리 전략을 수립할 수 있다.

단점	- 중앙은행의 실제 정책 결정은 경제 데이터 외에 정치적 요인 등에도 영향을 받으므로 100% 예측은 불가능하다. - 분석가의 주관에 따라 단어의 톤 해석이 달라질 수 있다.	- 온라인상의 여론은 실제 시장 참여자 전체의 의견을 대표하지 않을 수 있다(표본 편향). - 심리적 패닉이 반드시 실제 가격 하락으로 직결되지는 않는다.	- 분석의 단위를 잘게 나눌수록, 분석에 필요한 정제된 데이터를 확보하기가 어렵다. - 분석이 너무 미시적인 부분에만 집중될 경우, 시장 전체의 거시적인 흐름을 놓칠 위험이 있다.
도시부동산 활용예시	(PF 자금 조달 전략 수립) 중앙은행 의사록에서 '부동산 PF 리스크 관리' 언급이 급증하는 것을 보고, 향후 PF 대출 규제가 강화될 것을 예측하여 선제적으로 자금 조달 계획을 변경한다.	(급매물 매입 타이밍 포착) 금리 인상 발표 후, 특정 지역의 '패닉 셀' 관련 검색량은 폭증하지만 실제 매물 가격 하락폭은 미미한 것을 보고, 심리적 공포가 과장되었다고 판단하여 매입 결정을 보류한다.	(포트폴리오 리밸런싱) 금리 인상 시, 30대 '영끌' 매수 비중이 높은 서울 외곽 지역의 자산 비중은 줄이고, 대출 비중이 낮은 강남권의 자산 비중을 늘리는 방식으로 포트폴리오의 위험을 조정한다.

1.2. 가상사례: '금리 인상기' 진입, 부동산 시장의 미래 시나리오 분석

1) 현안 과제: 2026년 하반기, 한국은행이 지속적인 물가 상승 압력으로 인해 기준금리를 0.25%p 인상했으며, 연내 추가 인상 가능성을 강력히 시사했다고 가정해보자.

2) 분석 과정:

(1) 전통적 분석의 접근

- 분석: 과거 20년간의 데이터를 분석하여 "기준금리가 1%p 상승할 때, 서울 아파트 가격은 평균적으로 6개월의 시차를 두고 5% 하락했다"는 통계적 결론을 도출한다.
- 전망: "따라서, 향후 1년간 부동산 시장은 전반적인 하락세를 보일 것이다"라는 거시적이고 단편적인 전망을 제시한다.

(2) 빅데이터 기반 종합 분석

데이터 분석팀은 금리 인상이라는 단일 사건이 시장에 미치는 다층적인 파급 효과를 입체적으로 분석한다.

분석 유형	심층 데이터 분석 결과(가상수치)	데이터 기반 해석 및 예측
중앙은행 텍스트 마이닝	- 최근 3개월간 금융통화위원회 의사록에서 '가계부채' 키워드 언급 빈도: 250% 증가 - 총재 기자회견문 톤 분석 결과: '매파적(Hawkish)' 단어 비중 70%로, 과거 평균(30%)을 크게 상회.	(정책 방향성 예측) 중앙은행의 의지가 단순 물가 안정을 넘어, 부동산 시장의 레버리지(부채)를 직접 겨냥하고 있다. 따라서 이번 금리 인상은 과거보다 더 빠르고 강하게 부동산 시장에 영향을 미칠 것이다.
시장 심리 분석	- 금리 인상 발표 직후 24시간 동안, '주택담보대출 이자 계산기' 검색량: 800% 폭증 - 부동산 커뮤니티 내 '집 내놔야 하나요' 관련 게시글: 1,200% 증가, 부정 감성 비율 90%.	(심리적 충격 측정) 시장은 금리 인상 자체보다 훨씬 더 큰 심리적 충격을 받고 있다. 특히 이자 부담에 민감한 '영끌' 투자자들의 패닉 셀(Panic Sell) 가능성이 매우 높다.
미시 시장 분석	- (A 지역: 노원구) 최근 2년간 아파트 매수자 중 30대 비중 60%, 주택담보대출비율(LTV) 평균 65%. - (B 지역: 강남구) 최근 2년간 매수자 중 50대 이상 비중 70%, 대출 없는 순수 현금 거래 비중 50%.	(차별화된 시장 예측) 금리 인상의 충격은 대한민국 전체에 동일하게 나타나지 않을 것이다. 이자 부담에 취약한 A지역(노원구)의 아파트 가격은 6개월 내 10% 이상 급락할 가능성이 높으나, 금리 영향이 적은 B지역(강남구)은 2~3%의 소폭 조정에 그치거나 보합세를 유지할 것이다.

3) **최종 분석 결론:** "이번 금리 인상은 과거의 평균적인 하락률(-5%)을 뛰어넘는 강력한 파급력을 가질 것이다. 특히, '30대-고LTV-서울 외곽' 지역을 중심으로 단기적인 가격 급락이 나타날 것이며, 이는 오히려 현금 동원력이 있는 투자자에게는 우량 입지의 자산을 저가에 매수할 수 있는 기회가 될 수 있다. '전체 시장의 위기'가 아닌, '지역별·계층별 기회와 위기의 재편' 이 이번 금리 인상 사이클의 핵심 본질이다."

4) **시사점:** 빅데이터 분석은 금리 변동과 부동산 시장 사이클의 관계를 'A이면 B이다'라는 단순한 공식을 넘어, 복잡하게 얽힌 수많은 변수들의 상호작용을 풀어내는 고차방정식으로 바라보게 한다. 이는 시장의 큰 흐름에 수동적으로 휩쓸려 가는 것이 아니라, 그 흐름의 미세한 변화를 먼저 읽고 전략적으로 파도를 타는 능동적인 투자자로 거듭날 수

있음을 의미한다. 결국, 중앙은행의 숨결과 시장의 작은 속삭임까지 데이터로 읽어내는 능력이야 말로, 변동성이 큰 미래 부동산 시장에서 살아남고 승리하는 가장 중요한 지혜가 될 것이다.

2. 지역별 부동산 시장 동적가격 평가(Dynamic Price Assessment) 기법을 통한 리스크 관리 기법과 가상사례

2.1. 도시의 혈압을 실시간으로 측정하는 기술

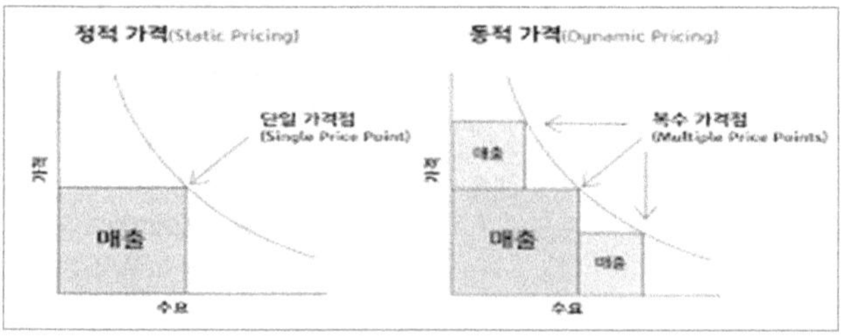

정가 대신 시가 다이내믹 프라이싱 [https://www.google.com]

과거의 부동산 리스크 관리는 1년에 한 번 받는 건강검진과 같았다. 특정 시점의 시장 가격이라는 정적인 수치를 보고 "현재 서울 부동산 시장은 과열 상태" 또는 "부산 시장은 안정적"이라고 진단하는 방식이었다. 그러나 도시는 살아있는 유기체와 같아서, 그 건강 상태는 매일, 매시간, 아니 매 순간 변한다.

데이터 기반의 동적가격 평가(Dynamic Price Assessment) 기법은 이 도시라는 유기체의 모든 혈관, 즉 모든 지역과 단지의 혈압과 맥박을 실시간으로 측정하는 최첨단 의료 기술과 같다. 이 기술은 시장 전체의 평균적인 건강 상태를 넘어, 어느 지역의 혈관이 막히고 있는지, 어느 곳에 새로운 피가 돌고 있는지를 감지하여, 잠재된 질병(리스크)을 조기에 발견하고 예방하는 새로운 차원의 리스크 관리를 가능하게 하는 것이다. 이 절에서는 동적가격 평가를 통한 리스크 관리의 원리를 살펴보고, 가상 사례를 통해 그 정교한 과정을 탐색하고자 한다.

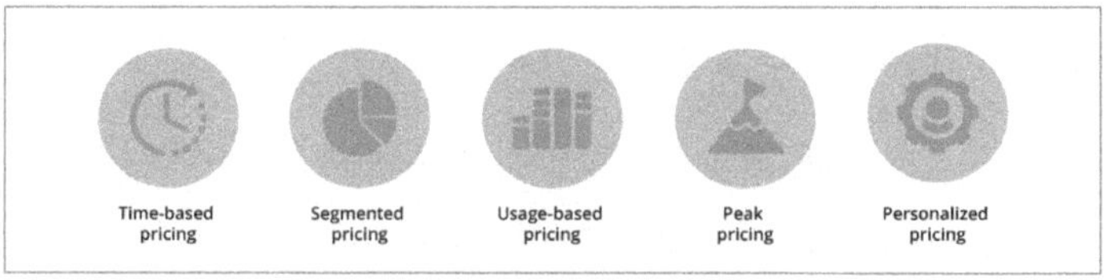

동적 가격 책정: 수익 증대를 위한 전략 [https://tridenstechnology.com]

2.1.1. 동적가격 평가의 원리: 시장을 살아있는 생태계로 보다

동적가격 평가는 부동산 시장을 고정된 평균값의 집합이 아닌, 각기 다른 특성을 가진 수많은 '미시 시장(Micro-market)'들이 서로 영향을 주고받는 복잡한 생태계로 본다. 이 생태계의 건강 상태를 진단하기 위해 다음과 같은 동적 지표들을 활용한다.

1)가격 변동성 지수(Price Volatility Index): 단순히 가격이 오르고 내리는 것을 넘어, 그 '변동의 폭과 빈도'를 측정한다. 특정 지역의 가격이 안정적으로 우 상향하는지, 아니면 급등과 급락을 반복하며 불안정한 모습을 보이는지를 분석한다. 변동성이 비정상적으로 커지는 지역은 투기적 수요가 유입되었거나, 리스크가 증폭되고 있다는 신호가 된다.

2) 시장 심도 지수(Market Depth Index): 시장에 나온 매물이 얼마나 빠르게, 그리고 원래 가격에 가깝게 거래되는지를 측정한다. '매물 소진 기간', '최종 호가 대비 거래가 비율(네고율)', '거래량 대비 매물량' 등을 종합하여 지수를 만든다. 이 지수가 낮아지면, 매수세가 위축되고 시장의 체력이 약해지고 있음을 의미한다.

3) **수요-공급 미스매치 지수**(Demand-Supply Mismatch Index): 특정 지역의 실제 수요층(연령, 소득, 가구 구성)이 원하는 주택 유형(평형, 가격대)과 현재 시장에 공급되고 있는 주택 유형 간의 '불일치 정도'를 측정한다. 이 지수가 높은 지역은 미래에 대규모 미분양이나 가격 하락의 위험이 잠재되어 있다고 볼 수 있다.

4) **리스크 전이 모델**(Risk Contagion Model): 특정 미시 시장에서 발생한 리스크(예: A 지역의 가격 급락)가 주변의 다른 미시 시장(B, C 지역)으로 어떻게, 그리고 얼마나 빠르게 확산되는지를 분석하는 네트워크 모델이다. 이를 통해 특정 지역의 위기가 전체 포트폴리오에 미치는 파급 효과를 시뮬레이션 할 수 있다.

2.1.2. 지역별 동적가격 평가 기반 리스크 관리 방법론 비교

구분	가격 변동성 분석	시장 심도 분석	수요-공급 미스매치 분석
목표	특정 지역의 부동산 가격이 얼마나 안정적으로 움직이는지를 측정하여, 투기적 수요 유입이나 시장 불안정성과 같은 잠재적 리스크를 조기에 감지하는 것을 목표로 한다.	시장에 나온 매물이 얼마나 빠르고 원활하게 소화되는지를 측정하여, 시장의 실제 체력과 매수세의 위축 리스크를 진단하는 것을 목표로 한다.	시장의 실제 수요층이 원하는 주택과 공급되는 주택 유형 간의 불일치 정도를 측정하여, 미래의 미분양 및 가격 하락 리스크를 예측하는 것을 목표로 한다.
분석방법 및 기술	- 역사적 변동성 분석: 과거 일정 기간의 가격 데이터 표준편차를 계산하여 변동성을 측정한다. - GARCH 모델: 가격 변동성의 군집 현상(변동성이 큰 시기 뒤에는 큰 변동성이 나타나는 경향)을 통계적으로 모델링한다. - 주요 기술: 시계열 분석, 통계적 변동성 모델	- 매물 소진 기간(Time on Market) 분석: 매물이 등록된 후 거래되기까지 걸리는 평균 시간을 추적한다. - 호가-실거래가 비율(Sale-to-List Price Ratio) 분석: 최초 호가 대비 최종 거래가의 할인율을 분석한다. - 주요 기술: 생존 분석, 회귀 분석, 부동산 포털 데이터 분석	- 수요층 프로파일링: 통신, 카드 데이터를 통해 특정 지역의 핵심 수요층(연령, 소득, 직업 등)을 정의한다. - 공간정보(GIS) 분석: 공급되는 주택의 특성(평형, 가격대)과 수요층의 분포를 지도 위에 중첩하여 불일치 지역을 시각적으로 식별한다. - 주요 기술: GIS, 클러스터링(군집분allow-een), 인구통계 분석

역할	시장의 비정상적인 과열이나 냉각을 감지하는 '심장 박동 모니터(Heart Rate Monitor)'의 역할을 한다.	시장의 소화 능력을 진단하는 '혈액순환 검사기(Blood Circulation Scanner)'의 역할을 한다.	미래의 공급 과잉이나 수요 부족을 예견하는 '건강 예측 모델(Health Forecast Model)'의 역할을 한다.
장점	- 가격의 방향성 뿐만 아니라 안정성까지 평가하여 리스크를 다각적으로 판단할 수 있다. - 투기적 수요가 유입되는 이상 징후를 조기에 포착하여 선제적으로 대응할 수 있다.	- 거래량만으로는 알 수 없는 시장의 질적인 변화와 매수 심리의 실제 강도를 파악할 수 있다. - 시장 침체의 징후를 다른 지표보다 먼저 감지하는 선행지표 역할을 할 수 있다.	- 건설 프로젝트의 초기 기획 단계에서부터 시장 수요에 부합하는 상품을 설계하여 미분양 리스크를 원천적으로 줄일 수 있다. - 지역별로 차별화된 마케팅 및 가격 전략을 수립하는 데 중요한 근거를 제공한다.
단점	- 단기적인 외부 충격에 의해 변동성이 일시적으로 커질 수 있어, 장기적인 추세와 구분하여 해석해야 한다. - 변동성이 낮다고 해서 반드시 리스크가 없는 것은 아니다.	- 거래가 급감하는 시장 침체기에는 분석의 신뢰도를 확보할 만큼 충분한 데이터를 얻기 어렵다. - 매도자의 전략적 행동(호가 유지 등)에 따라 지표가 왜곡될 수 있다.	- 미래의 수요층 변화(인구 이동, 산업 구조 재편 등) 까지 정확하게 예측하는 데는 한계가 있다. - 데이터를 통해 정의된 수요층의 선호가 실제 구매 행위와 항상 일치하지는 않을 수 있다.
도시부동산 활용예시	(금융기관의 리스크 관리) 특정 지역 신축 빌라의 가격 변동성이 최근 3개월간 비정상적으로 급증한 것을 보고, 해당 지역을 '투기 위험 지역'으로 지정하고 관련 담보대출의 LTV 한도를 축소한다.	(건설사의 분양 전략 수립) A 지역은 매물 소진 기간이 짧고 네고율이 낮은 반면, B 지역은 매물 소진 기간이 길어지는 것을 보고, B 지역의 신규 분양 아파트에 대해 할인 분양이나 중도금 무이자 같은 강력한 프로모션을 먼저 적용한다.	(디벨로퍼의 사업 기획) 도심 지역에 1인 가구 수요는 급증하고 있으나 공급은 대형 아파트 위주인 '수요-공급 미스매치'를 발견하고, 해당 지역에 소형 평형 위주의 공유주택(Co-living) 개발 사업을 기획한다.

2.2. 가상사례: ‘G-뱅크’의 주택담보대출 포트폴리오 리스크 관리

[단독] 40년 주담대 됩니다…시장혼란 틈타 ‘영끌 영업’하는 은행들 - 아시아경제 [https://cm.asiae.co.kr]

1) 현안 과제: 국내 굴지의 ‘G-뱅크’는 서울 전역에 걸쳐 100조 원 규모의 주택담보대출 자산을 보유하고 있다. 은행의 리스크 관리팀이 전통적 방식과 동적 평가 방식을 통해 포트폴리오의 건전성을 점검하는 상황이다.

[학습코너: 뱅크의 주택담보대출 자산 포트폴리오 건전성 점검]
뱅크의 주택담보대출 자산 포트폴리오 건전성 점검은 은행의 자산 건전성을 평가하는 매우 중요한 항목으로, 주로 대출 심사 및 담보 평가, 자산 다각화 수준, 담보 부동산의 가치 변화, 연체율 증가 등을 분석한다. 특히 가계 주택담보대출 비중이 높은 점을 고려하여 경기 상황, 부동산 시장 변화, 그리고 규제(LTV, DSR 등) 변화가 대출 포트폴리오에 미치는 영향을 면밀히 분석하여 은행의 손실흡수능력을 확인해야 한다.

< 新DTI와 DSR 비교 >

	新DTI (Debt to Income)	DSR (Debt Service Ratio)
명 칭	총부채상환비율	총체적 상환능력 비율
산정방식	(모든 주담대 원리금상환액 + 기타대출 이자상환액) / 연간 소득	(모든 대출 원리금상환액) / 연간 소득
활용방식	대출심사시 규제비율로 활용	금융회사 여신관리 과정에서 다양한 활용방안 마련 예정

https://www.hankyung.com

2) 리스크 관리 방식 분석:

(1) 전통적 리스크 관리 방식(정적 분석)

- 분석: 서울시 전체의 주택담보대출비율(LTV) 평균(45%), 주택가격지수(연 5% 상승) 등 거시적이고 정적인 지표를 분석한다.
- 결론: "평균 LTV가 안정적으로 관리되고 있고, 주택가격지수도 꾸준히 상승하고 있으므로, 포트폴리오 전체의 리스크는 '안정(Stable)' 수준이다." 라는 결론을 내린다. 마치 전교생 평균 성적이 올랐으니 모든 학생이 잘하고 있다고 판단하는 것과 같다.

(2) 동적가격 평가 기반 리스크 관리 방식

리스크 관리팀은 서울을 100개의 미시 시장으로 나누고, 각 지역별 동적 지표들을 실시간으로 모니터링하는 '리스크 대시보드'를 운영한다.

미시 시장(지역)	가격 변동성	시장 심도	수요-공급 미스매치	종합 리스크 등급
A(강남구)	낮음(안정)	높음(견고)	낮음(균형)	안전(Safe)
B(마포구)	보통(상승)	보통(양호)	보통(관찰)	관심(Watch)
C(금천구)	매우 높음	급격히 하락	매우 높음	위험(Danger)
D(노원구)	높음	하락 중	매우 높음	경고(Warning)

3) 심층 분석 및 조기 경보(Early Warning)

- (C지역: 금천구) 최근 6개월간 20평형대 신축 빌라 가격이 비정상적으로 급등하며 '가격 변동성 지수'가 위험 단계에 진입했다. 하지만 '매물 소진 기간'이 급격히 길어지며 '시장 심도 지수'는 추락하고 있다. 이는 투기적 수요가 빠져나가면서 시장이 급격히 냉각될 수 있다는 강력한 신호이다.
- (D지역: 노원구) 30대 '영끌' 매수 비중이 높은 지역으로, 최근 금리 인상에 따라 이들이 원하는 소형 평형대의 매물이 급증하고 있다. 그러나 신규 수요는 부족하여 '수요-공급 미스매치 지수'가 위험 수준으로 치솟았다.
- (리스크 전이 분석) 시뮬레이션 결과, C지역의 가격이 10% 하락할 경우, 3개월의 시차를 두고 인접한 E, F 지역으로 리스크가 전이될 확률이 65%로 나타났다.

4) 선제적 리스크 관리 조치 실행

- 전체 시장이 '안정'적으로 보였지만, 동적 분석을 통해 C, D 지역의 잠재 부실 위험을 조기에 인지한다.
- C, D 지역에 대한 신규 주택담보대출의 LTV 한도를 선제적으로 5%p 하향 조정하고, 대출 심사를 강화한다.
- 해당 지역의 기존 대출 자산을 기초로 한 자산유동화증권(ABS) 발행을 통해 위험 자산의 비중을 전략적으로 축소한다.
- 리스크 전이가 예상되는 E, F 지역에 대한 모니터링을 최고 등급으로 격상한다.

5) 결론 및 시사점: 동적가격 평가를 통한 리스크 관리는 미래를 100% 정확하게 예측하는 수정구슬이 아니다. 그것은 시시각각 변하는 시장

의 미세한 신호를 감지하고, 위험이 현실화되기 전에 가장 효과적으로 대응하는 '과학적 대응 시스템'이다.

3. 빅데이터를 활용한 임차인 리스크 평가모델과 가상사례

3.1. 임차인의 미래가치를 읽는 데이터의 혜안

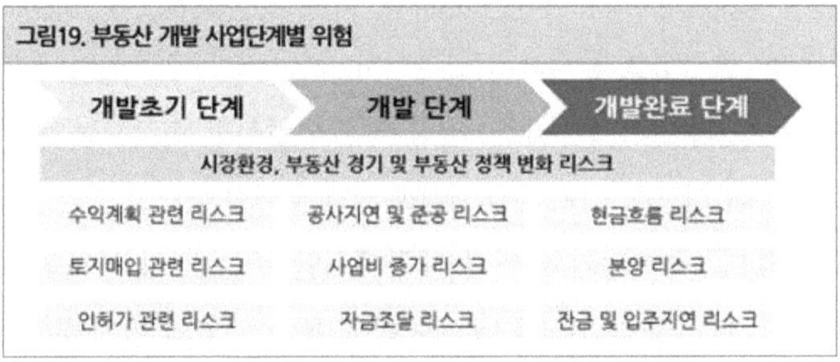

그림19. 부동산 개발 사업단계별 위험

[부동산 PF 속살] 증권사 "디폴트 거의 없어" [https://news.einfomax.co.kr]

상업용 부동산의 가치는 결국 그 공간을 채우는 임차인의 성공에 달려 있다. 전통적인 임차인 리스크 평가는 과거의 재무제표나 브랜드 인지도라는 이력서를 보고 사람을 뽑는 과정과 같았다. 이 방식은 안정적이지만, 재무 상태는 탄탄하지만 미래 성장성이 없는 임차인을 선택하거나, 당장은 불안정해 보여도 폭발적인 잠재력을 가진 새로운 스타를 놓치는 우를 범하기 쉬웠다.

빅데이터 기반의 임차인 리스크 평가모델은 이력서 너머에 있는 지원자의 실제 능력, 즉 미래 현금흐름 창출 능력과 집객 파워를 과학적으로 측정하는 새로운 면접 방식이다. 이는 임차인의 과거 실적을 넘어, 그들이 미래에 얼마나 많은 고객을 끌어 모으고 얼마의 매출을 올릴지를 데이터로 예측하는 혜안과 같은 것이다. 이 절에서는 빅데이터가 어떻게 임차인의 숨겨진 가치와 리스크를 평가하는지, 그 구체적인 모델을 가상 사례를 통해 살펴보고자 한다.

3.1.1. 데이터 기반 임차인 리스크 평가모델의 구성

이 모델은 임차인의 리스크를 '재무 안정성', '운영 역량', '성장 잠재력'이라는 세 가지 차원에서 입체적으로 평가한다.

1) **재무 안정성**(Financial Stability): 전통적인 신용평가에 더해, 실시간 데이터로 안정성을 동적으로 평가한다.

   (1) **분석 데이터**: 재무제표, 신용등급 + 실시간 현금흐름 데이터, 상거래 신용정보(기업 간 거래 대금 연체 이력 등)

   (2) **평가 방식**: 과거의 연간 재무제표만 보는 것이 아니라, 최근의 분기별, 월별 현금흐름 데이터를 통해 기업의 단기 유동성 위기 가능성을 점검한다.

2) **운영 역량**(Operational Capability): 해당 브랜드가 고객을 유치하고 매출을 발생시키는 실제 능력을 평가한다.

   (1) **분석 데이터**: 해당 브랜드의 기존 다른 매장들의 카드 매출 데이터, 매장 주변 유동인구 데이터, 온라인 리뷰 및 평점 데이터

   (2) **평가 방식**: 특정 브랜드가 입점했을 때, 주변 유동인구를 얼마나 매장 안으로 끌어들이는지(집객률), 방문한 고객들이 실제로 얼마나 돈을 쓰는지(전환율 및 객단가)를 데이터로 분석한다. "맛은 있지만 불친절하다"는 등의 고객 리뷰를 분석하여 운영상의 문제점을 파악하기도 한다.

3) **성장 잠재력**(Growth Potential): 현재의 인지도를 넘어, 미래에 얼마나 더 성장할 수 있는지를 예측한다.

(1) **분석 데이터**: SNS 버즈량 및 검색량 추이, 관련 산업 트렌드 데이터, 주요 고객층의 변화 데이터

(2) **평가 방식**: 특정 브랜드에 대한 온라인상의 관심도가 얼마나 빠르게 증가하고 있는지, 해당 브랜드가 속한 산업(예: 마라탕, 탕후루)의 트렌드가 정점인지 성장기인지를 분석한다. 주요 고객층이 구매력 높은 세대로 확산되고 있는지도 중요한 평가 요소가 된다.

3.1.2. 빅데이터 활용 임차인 리스크 평가모델 유형별 비교

구분	재무 안정성 평가	운영 역량 평가	성장 잠재력 평가
목표	임차인이 임대료를 안정적으로 지불할 수 있는 재무적 능력을 객관적으로 평가하는 것을 목표로 한다.	임차인이 실제로 고객을 유치하고 매출을 발생시키는 운영 능력을 데이터 기반으로 측정하는 것을 목표로 한다.	현재의 성과를 넘어, 미래에 얼마나 더 많은 고객의 관심을 끌고 성장할 수 있는지 그 잠재력을 예측하는 것을 목표로 한다.
분석방법 및 기술	- 동적 현금흐름 분석: 분기/월별 현금흐름 데이터를 통해 단기 유동성 위기 가능성을 점검한다. - 상거래 신용 분석: 기업 간 거래의 대금 결제 이력 데이터를 통해 실질적인 신용도를 평가한다. - 주요 기술: 기업신용평가(CB) 데이터, 실시간 회계 데이터 연동	- 집객력 및 전환율 분석: 특정 브랜드 매장의 방문객 수(유동인구 대비) 와 실제 구매 전환율(카드 매출)을 분석한다. - 고객 평판 분석: 온라인 리뷰, 별점 등을 분석하여 서비스 품질과 고객 만족도를 계량화한다. - 주요 기술: 통신/카드 데이터 분석, 텍스트 마이닝, 감성 분석	- 버즈량 및 관심도 분석: SNS 언급량, 포털 검색량의 증가 추이를 분석하여 브랜드의 화제성과 성장 속도를 측정한다. - 산업 트렌드 분석: 해당 브랜드가 속한 산업의 시장 규모, 성장률 등 거시 지표를 분석한다. - 주요 기술: 소셜 리스닝(Social Listening), 시계열 분석, 트렌드 분석
역할	임차인 리스크의 최소한을 보장하는 '안전망(Safety Net)'의 역할을 한다.	임차인의 현재 가치를 증명하는 '성적표(Report Card)'의 역할을 한다.	임차인의 미래가치를 예측하는 '수정구슬(Crystal Ball)'의 역할을 한다.

장점	- 임대료 연체나 채무불이행과 같은 직접적인 재무 리스크를 효과적으로 방어할 수 있다. - 객관적인 재무 지표를 기반으로 하므로 평가의 안정성과 일관성이 높다.	- 재무제표만으로는 알 수 없는 실제 매장의 집객 파워와 운영 노하우를 객관적으로 평가할 수 있다. - 건물 전체의 가치를 높이는 '앵커 테넌트'를 식별하는 데 매우 효과적이다.	- 당장의 재무 상태는 불안정하더라도 미래 성장 가능성이 높은 '숨겨진 보석' 같은 임차인을 발굴할 수 있다. - 빠르게 변하는 소비 트렌드에 부합하는 임차인을 유치하여 자산의 가치를 지속적으로 높일 수 있다.
단점	- 과거의 실적에만 의존하므로, 미래 성장 잠재력이 높은 신생 브랜드를 제대로 평가하기 어렵다. - 재무적으로 안정적이지만, 더 이상 성장하지 않는 임차인을 선택하게 할 수 있다.	- 오프라인 매장이 적은 신생 브랜드의 경우, 분석에 필요한 데이터가 부족할 수 있다. - 특정 매장의 성공이 다른 입지에서도 재현될 것이라고 보장할 수는 없다.	- 유행에 민감한 아이템의 경우, 단기적인 버즈량 증가가 장기적인 성장으로 이어지지 않을 수 있다. - 미래 예측은 본질적으로 불확실성을 내포하며, 예측 모델의 정확도에 크게 의존한다.
도시부동산 활용예시	(오피스 빌딩 임차인 선정) 입주를 희망하는 기업의 최근 3개월간 현금흐름과 주요 거래처에 대한 대금 지급 데이터를 분석하여, 재무제표상 나타나지 않는 단기 부실 위험을 확인하고 임대차 계약을 보류한다.	(리테일 상가 MD 구성) 유사 상권에 입점한 F&B 브랜드들의 실제 카드 매출과 방문객 데이터를 비교 분석하여, 가장 높은 집객 효과와 평당 매출을 기록한 브랜드를 '앵커 테넌트'로 유치한다.	(복합쇼핑몰 팝업스토어 유치) 아직 오프라인 매장은 없지만, 특정 세대에서 SNS 버즈량이 폭발적으로 증가하고 있는 온라인 브랜드를 발굴하여, 팝업스토어를 선제적으로 유치함으로써 쇼핑몰의 트렌디한 이미지를 강화한다.

3.2. 가상사례: 신규 복합쇼핑몰 '더현대 서울'의 핵심 테넌트 선정

복합쇼핑몰이 '미래'···간판서 '백화점' 뗀다 [https://www.fetv.co.kr]

1) 현안 과제: '더현대 서울'이 1층 가장 좋은 위치에 입점할 F&B 브랜드를 선정하는 상황을 가정해보자. 두 개의 브랜드가 최종 후보에 올랐다.

- 후보 A(대기업 프랜차이즈 '캐슬 베이커리'): 전국 300개 매장, 안정적인 재무구조, 높은 인지도
- 후보 B(신생 F&B 스타트업 '얼터너티브 키친'): 성수동의 작은 매장 1개로 시작, SNS에서 폭발적인 인기, 재무적으로는 아직 불안정

2) 평가방식 별 분석 과정:

(1) 전통적 평가 방식의 결론

- 평가: '캐슬 베이커리'는 재무적으로 매우 안정적이며, 높은 인지도를 바탕으로 꾸준한 매출을 보장할 수 있다. 반면, '얼터너티브 키친'은 유행에 민감하고 재무 리스크가 커서, 임대료 연체 가능성이 존재한다.
- 결론: 안정성을 최우선으로 고려하여, '캐슬 베이커리'를 최종 입점 브랜드로 선정한다.

(2) 데이터 기반 리스크 평가모델의 결론

데이터 분석팀은 두 브랜드의 미래가치를 다각적으로 평가한다.

평가 차원	A: 캐슬 베이커리(가상수치)	B: 얼터너티브 키친(가상수치)
재무 안정성	[95점]신용등급 AA, 현금흐름 안정	[40점]신용등급 B-, 부채비율 높음
운영 역량	[70점] - 집객률: 5% (유동인구 100명 중 5명 방문) - 객단가: 15,000원 - 온라인 평점: 3.5/5.0 (맛은 평범하다는 평 다수)	[90점] - 집객률: 25% (유동인구 100명 중 25명 방문) - 객단가: 35,000원 - 온라인 평점: 4.8/5.0 (독창적인 경험이라는 평 다수)

성장 잠재력	[50점] - SNS 버즈량: 지난 1년간 5% 감소 (정체기) - 주 고객층: 40~50대 가족 (구매력 정체)	[98점] - SNS 버즈량: 지난 1년간 800% 폭증(급성장기) - 주 고객층: 20~30대 여성에서 40대 전문직으로 확산 중
종합 평가	안정적이나, 성장이 정체된 '성숙기' 브랜드	재무 리스크는 있으나, 압도적인 집객 파워와 성장성을 지닌 '혁신' 브랜드

3) 최종 분석 결론 및 리스크 관리 방안: '캐슬 베이커리'는 안정적인 임대료 수입은 보장하지만, 쇼핑몰 전체의 활력을 불어넣는 '앵커 테넌트(Anchor Tenant)'로서의 역할은 미미할 것이다. 반면, '얼터너티브 키친'은 "압도적인 집객 파워로 쇼핑몰 전체의 유동인구를 증가시키고, 다른 매장의 매출까지 동반 상승시키는 '분수 효과'"를 일으킬 잠재력이 엄청나다. 재무 리스크는 '임대료 구조 조정(매출 연동 수수료 방식 병행)', '보증금 상향 조정' 등을 통해 충분히 통제 가능하다. 따라서 쇼핑몰의 장기적인 가치 상승을 위해서는, 통제 가능한 재무 리스크를 감수하더라도 '얼터너티브 키친'을 선정하는 것이 압도적으로 유리한 의사결정이다.

4) 시사점: 빅데이터 기반의 임차인 평가모델은 우리에게 새로운 관점을 제시한다. 좋은 임차인은 단순히 재무제표가 깨끗하고 인지도가 높은 기존의 강자가 아닐 수 있다. 데이터의 눈으로 시장을 깊숙이 들여다보면, 지금은 비록 작고 불안정해 보이지만 미래의 고객들을 열광시킬 강력한 DNA를 가진 '숨겨진 보석'을 발견할 수 있다. 이처럼 임차인의 미래가치를 과학적으로 측정하고 그 잠재력에 투자하는 능력이야 말로, 변화하는 상업 부동산 시장에서 살아남아 최고의 자산 가치를 창출하는 핵심적인 역량이 될 것이다.

4. 빅데이터를 활용한 P2P 대출 소액 부동산 투자 리스크 분석방법과 가상사례

4.1. 거인의 어깨 위에서 투자를 시작하는 개미

과거의 부동산 투자는 거액의 자본을 가진 소수 '거인'들의 전유물이었다. 수십, 수백억 원의 문턱은 대다수의 개인 투자자, 즉 '개미'들에게는 넘을 수 없는 벽과 같았다. 그러나 기술은 이 견고한 벽을 허물고 있다. P2P(Peer-to-Peer) 대출 플랫폼은 빅데이터라는 강력한 무기를 통해, 수많은 개인들의 소액 자금을 모아 거대한 부동산 프로젝트에 투자할 수 있는 새로운 길을 열었다.

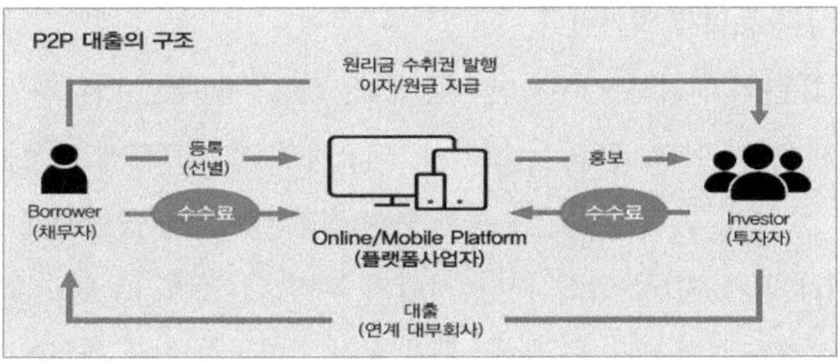

투자 부담 낮추고 대출 안전성 높인 부동산 P2P '포켓펀딩' [https://www.donga.com]

이는 마치 수많은 개미들이 힘을 합쳐 거대한 먹이를 운반하는 것과 같다. 하지만 이 새로운 기회의 이면에는 과거에 없던 새로운 리스크가 존재한다. 빅데이터는 바로 이 리스크를 정밀하게 분석하고 투명하게 공개하여, 개인 투자자들이 '거인의 어깨' 위에서 안전하게 투자할 수 있도록 돕는 가장 중요한 나침반이 된다. 이 절에서는 빅데이터가 어떻게 P2P 소액 부동산 투자의 리스크를 분석하는지를 가상 사례를 통해 살펴보고자 한다.

4.1.1. P2P 부동산 투자 리스크 분석 모델

데이터 기반 P2P(Peer-to-Peer) 부동산 금융 플랫폼은 소액 투자자 보호를 위해 대출 자산의 리스크를 다각적으로 분석하여 제공한다. 이는 대출의 주체(차주), 담보물(자산), 그리고 외부 환경(시장)이라는 세 가지 핵심 요소를 기반으로 한다.

데이터 기반 P2P 플랫폼은 개인 투자자를 보호하기 위해, 투자 대상이 되는 개별 부동산 대출 건의 리스크를 다층적으로 분석하여 투명하게 공개한다. 이 모델은 크게 '차주 리스크', '자산 리스크', '시장 리스크' 세 가지를 종합적으로 평가한다.

1) **차주 리스크(Borrower Risk) 분석**: 돈을 빌리는 주체(시행사, 건축주)의 상환 능력을 평가한다.

(1) **분석 데이터**: 전통적인 재무제표, 신용등급 뿐만 아니라, SNS 평판 데이터, 관련 뉴스 기사, 대표자의 과거 프로젝트 성공/실패 이력, 파트너 건설사 평판 등 비정형 데이터를 종합한다.

(2) **평가 방식**: 머신 러닝 기반의 '대안 신용평가모델(Alternative Credit Scoring)'을 통해, 과거 실적이 부족한 신생 기업이라도 대표자의 평판이나 프로젝트의 혁신성 등 긍정적인 비재무적 요소를 평가에 반영한다.

2) **자산 리스크(Asset Risk) 분석**: 담보가 되는 부동산 자체의 가치와 안정성을 평가한다.

(1) **분석 데이터**: "AI 기반 자동평가모형(AVM, Automated Valuation Model)"을 활용한다. 이는 수백만 건의 실거래가 데이터와 해당 부동산의 물리적 특성, 주변 환경 데이터를 학습하여, 담보 자산의 현재 시세와 미래 예상 가치를 자동으로 산출한다.

(2) **평가 방식:** LTV(담보인정비율)를 계산할 때, 단순히 감정평가사의 주관적인 평가에만 의존하는 것이 아니라, AI가 산출한 객관적인 추정 가치를 교차 검증(Cross-validation) 하여 담보 가치의 거품(Bubble)가능성을 최소화한다.

3) **시장 리스크(Market Risk) 분석:** 프로젝트가 진행되는 지역 부동산 시장의 변동성을 평가한다.

(1) **분석 데이터:** "지역별 동적가격 평가 지표(가격 변동성, 시장 심도, 수요-공급 미스매치 지수)"를 활용한다.

(2) **평가 방식:** 해당 지역의 부동산 시장이 안정적인 성장세인지, 아니면 투기적 수요로 인한 과열 상태인지를 진단한다. 시장이 급격히 냉각될 경우, 담보 자산의 가치가 얼마나 하락할 수 있는지 "스트레스 테스트(Stress Test)"를 통해 시뮬레이션 한다.

구분	차주 리스크 평가	자산 리스크 평가	시장 리스크 평가
분석 대상	대출을 신청한 시행사, 건축 주 등 차주의 상환 능력과 의지를 나타내는 모든 정형·비정형 데이터(재무정보, 신용등급, SNS 평판, 대표자 이력, 파트너사 평판 등)	담보로 제공되는 개별 부동산 자산의 객관적인 현재 가치와 미래 예상 가치(실거래가, 물리적 특성, 입지 환경 데이터 등)	프로젝트가 위치한 지역 부동산 시장의 전반적인 변동성과 안정성(지역별 가격 변동성, 시장 심도, 수요-공급 미스매치 지수 등)
목표	전통적인 재무 지표만으로는 파악하기 어려운 차주의 잠재적 상환 능력과 사업 수행 의지를 종합적으로 평가하여, 부도 가능성을 예측하고 신용등급을 정교 화하는 것을 목표로 한다.	감정평가사의 주관적 판단에 따른 담보가치 고 평가 위험을 배제하고, 데이터 기반의 객관적인 담보가치를 산정하여 적정 LTV(담보인정비율)를 설정하는 것을 목표로 한다.	거시 경제 및 정책 변화로 인해 발생할 수 있는 지역 부동산 시장의 급격한 침체 위험을 선제적으로 측정하고, 담보 가치 하락에 대한 손실 흡수 능력을 평가하는 것을 목표로 한다.

분석 방법	SNS 평판, 뉴스 기사 등 비정형 데이터를 포함한 대안 정보를 머신러닝 알고리즘으로 분석하는 '대안 신용평가 모델(Alternative Credit Scoring)'을 활용하여 차주의 종합 신용도를 산출한다.	수백만 건의 실거래가 및 부동산 특성 데이터를 학습한 'AI 기반 자동평가모형(AVM, Automated Valuation Model)'을 통해 담보물의 시세를 자동으로 산출하고, 이를 기존 감정평가와 교차 검증한다.	지역별 동적가격 평가 지표를 분석하여 시장의 과열 여부를 진단하고, 금리 급등, 미분양 증가 등 외부 충격 발생 시 담보 가치가 얼마나 하락할 수 있는지를 시뮬레이션하는 '스트레스 테스트(Stress Test)'를 시행한다.
역할	채무 불이행(Default)의 근본 원인이 되는 차주의 신용 위험을 관리하는 1차적인 필터 역할을 한다. 특히 업력이 짧은 신생 기업의 잠재력을 평가하는 데 중요한 기능을 수행한다.	대출의 최종 안전장치인 담보물의 가치를 보수적이고 객관적으로 평가하여, 채무 불이행 시 발생할 수 있는 손실 규모(Loss Severity)를 통제하는 핵심적인 역할을 한다.	프로젝트의 개별 리스크를 넘어, 통제 불가능한 외부 환경 변화가 대출 건전성에 미치는 영향을 분석하고, 이에 대한 완충 능력(Buffer)을 확보하도록 하는 거시적 리스크 관리 역할을 한다.
장점	평가의 포용성: 과거 금융 이력이 부족한 차주에게도 비재무적 강점을 기반으로 합리적인 평가 기회를 제공할 수 있다. 예측력 제고: 다각적인 데이터 분석을 통해 잠재적 부실 징후를 조기에 발견할 가능성이 높아진다.	객관성 및 신속성: 사람의 주관이 배제된 데이터 기반 평가로 일관성을 확보할 수 있으며, 평가에 소요되는 시간이 매우 짧다. 비용 절감: 현장 실사 및 감정평가에 수반되는 시간과 비용을 절감할 수 있다.	선제적 리스크 관리: 시장 침체 시나리오별 예상 손실률을 미리 계산하여 위험이 높은 투자를 사전에 회피할 수 있다. 포트폴리오 관리: 지역별 시장 리스크를 기반으로 투자 자산을 분산하여 포트폴리오의 안정성을 높일 수 있다.
단점	데이터 신뢰성 문제: SNS 평판 등 비정형 데이터는 허위 정보나 의도적인 여론 조작에 취약할 수 있다. 모델의 투명성: 머신 러닝 모델의 평가 로직이 복잡하여(블랙박스), 평가 결과의 구체적인 근거를 설명하기 어려울 수 있다.	데이터의 한계: 거래가 드문 비정형 부동산(토지, 공장 등)이나 신축 건물은 학습 데이터 부족으로 평가 정확도가 떨어질 수 있다. 급변 시장 미 반영: 급격한 시장 변화나 정책 발표를 즉각적으로 모델에 반영하는 데 시차가 존재할 수 있다.	예측의 불확실성: 스트레스 테스트는 과거 데이터 기반의 시뮬레이션이므로, 과거에 없었던 새로운 유형의 시장 충격(블랙스완)을 예측하는 데는 한계가 있다. 과도한 보수성: 지나치게 비관적인 시나리오를 적용할 경우, 우량한 투자 기회를 상실할 수 있다.

도시 부동산 활용 예시	신생 시행사 PF 심사: 대규모 PF 경험은 없으나, 대표자가 과거 소규모 개발 사업들을 성공시킨 이력과 긍정적인 업계 평판을 가진 시행사의 프로젝트에 대해 대안 신용평가를 통해 긍정적인 등급을 부여하고 브릿지론을 실행한다.	NPL(부실채권) 담보 대출: 경매로 나온 다세대 주택 묶음을 담보로 PF 대출을 실행할 때, AVM을 활용하여 개별 호실의 시세를 신속하고 객관적으로 평가하고, 이를 합산하여 전체 담보물의 적정 LTV를 산정하는 데 활용된다.	지방 중소도시 아파트 PF: 특정 지방 도시의 아파트 분양 사업 PF 검토 시, 스트레스 테스트 결과 금리 2% 인상 시 해당 지역의 미분양률이 30%까지 급증할 것으로 예측되어, LTV를 기존 60%에서 50%로 하향 조정하고 시공사의 책임준공 확약을 강화한다.

4.2. 가상사례: 개인 투자자 김대리의 P2P 투자 결정

1) 현안 과제: 직장인 김대리는 여유자금 1,000만 원을 투자하기 위해 P2P 부동산 투자 플랫폼 '테라펀딩'에 접속했다. 두 개의 상가 담보 대출 상품이 그의 눈에 들어왔다.

- 상품 A: 강남구 대치동 학원가 상가(예상 수익률 연 8%)
- 상품 B: 마포구 연남동 골목길 상가(예상 수익률 연 12%)

2) 플랫폼의 빅데이터 리스크 분석 리포트

김대리는 각 상품의 상세 페이지에서 플랫폼이 제공하는 빅데이터 기반의 리스크 분석 결과를 확인한다.

리스크 차원	상품 A: 대치동 학원가 상가(가상수치)	상품 B: 연남동 골목길 상가(가상수치)
차주 리스크	- 차주: 20년 경력의 베테랑 학원 원장 - 신용등급: 양호 - 대안 신용: 긍정적 평판 다수 → 종합 점수: 90점(안정)	- 차주: 30대 초반의 신생 F&B 창업가 - 신용등급: 보통 - 대안 신용: SNS에서 높은 인기, 파트너 인테리어사 평판 우수 → 종합 점수: 75점(보통)
자산 리스크	- AI 자동평가(AVM): 감정평가액(20억) 대비 AI 추정 가 19.5억(-2.5%) - LTV: 60% - 담보 안정성: 우수 → 종합 점수: 85점(안정)	- AI 자동평가(AVM): 감정평가액(10억) 대비 AI 추정 가 11억(+10%) - LTV: 70% - 담보 안정성: AI 가치 상승세 뚜렷 → 종합 점수: 80점(양호)

시장 리스크	- 가격 변동성: 낮음(매우 안정) - 시장 심도: 매우 견고함 - 리스크 요인: '학령인구 감소'라는 장기적 구조적 리스크 존재 → 종합 점수: 80점(양호)	- 가격 변동성: 다소 높음 - 시장 심도: 양호 - 리스크 요인: '젠트리피케이션'으로 인한 상권 이동 가능성 존재 → 종합 점수: 70점(보통)
최종 등급	안정형(Stable)	성장형(Growth)

3) 김대리의 최종 투자 의사결정: 과거라면 단순히 수익률이 높은 상품 B를 선택하거나, 혹은 반대로 '강남 불패'라는 막연한 믿음으로 상품 A를 선택했을 것이다. 하지만 김대리는 데이터 리포트를 통해 각 상품의 리스크를 입체적으로 이해하게 된다.

"상품 A는 모든 면에서 안정적이지만, 학령인구 감소라는 장기적 리스크로 인해 미래 성장성은 제한적일 수 있다." "상품 B는 차주의 경력이 짧고 시장 변동성도 있지만, AI가 담보물의 미래가치를 더 높게 평가하고 있고 차주의 성장 잠재력도 데이터로 증명되고 있다." 나의 투자 성향은 '중위험-중수익'을 추구하므로, 1,000만 원 중 700만 원은 안정적인 상품 A에, 나머지 300만 원은 성장 잠재력이 높은 상품 B에 분산 투자하여 안정성과 수익성을 동시에 추구하는 것이 최적의 전략이다." 라는 합리적인 결론을 내린다.

4) 결론 및 시사점: 빅데이터 기반의 P2P 리스크 분석은 개인 투자자에게 '깜깜이 투자'의 시대를 끝내고 '정보에 기반한 투자'의 시대를 열어주었다. 과거 기관 투자자들의 전유물이었던 정교한 리스크 분석 정보를 모든 투자자에게 투명하게 제공함으로써, 정보의 비대칭성을 해소하고 건강한 투자 생태계를 만드는 것이다. 이는 단순히 개인에게 새로운 재테크 수단을 제공하는 것을 넘어, 도시의 잠재력 있는 소규모 프로젝트들이 대중의 신뢰를 바탕으로 성장할 수 있는 자금의 물길

을 터주는 역할을 한다. 결국, 데이터가 만드는 투명성은 도시와 투자자 모두를 건강하게 만드는 가장 강력한 힘이 될 것이다.

5. 도시부동산 프로젝트에서 데이터 마이닝(Data Mining) 기법을 활용한 리스크 탐지 방법과 가상사례

5.1. 원석 속에 숨겨진 균열을 찾아내는 기술

거대한 도시부동산 프로젝트는 마치 거대한 원석과 같다. 겉보기에는 화려하고 완벽해 보이지만, 그 내부에는 눈에 보이지 않는 미세한 균열이나 불순물, 즉 리스크가 잠재되어 있을 수 있다. 전통적인 리스크 분석이 원석의 표면을 관찰하고 무게를 재는 수준이었다면, '데이터 마이닝(Data Mining)'은 원석에 초음파를 쏘고 X-레이를 부과시켜 그 내부 구조와 결합까지 샅샅이 탐색하는 첨단 비 파괴 검사와 같다.

데이터 마이닝은 수백만 개의 데이터라는 원석의 파편 속에서 의미 있는 패턴과 규칙, 그리고 이상 징후를 채굴(Mining) 하여, 프로젝트의 성공을 위협하는 숨겨진 리스크를 사전에 탐지하고 경고하는 역할을 하는 것이다. 이 글에서는 대표적인 데이터 마이닝 기법들이 어떻게 부동산 프로젝트의 리스크를 탐지하는지를 가상 사례를 통해 알아보고자 한다.

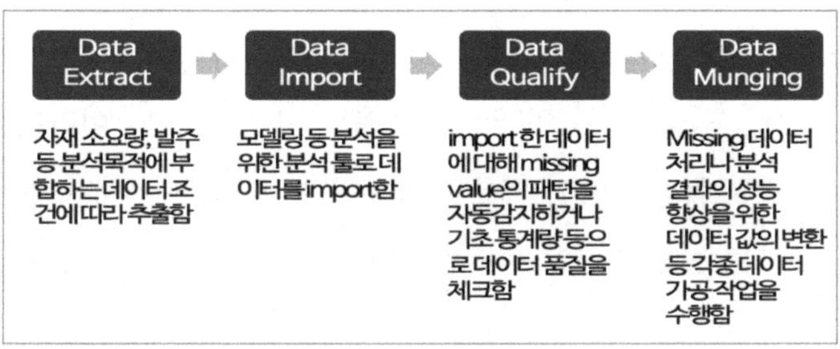

데이터마이닝 개요, 방법, Process - 투브레인 [https://2brain.kr]

5.1.1. 리스크 탐지를 위한 데이터 마이닝 기법

데이터 마이닝은 질문의 성격에 따라 다양한 기법을 활용하여 숨겨진 리스크를 찾아낸다.

1) **분류(Classification)**: 이 프로젝트는 과거 실패 사례와 얼마나 닮았는가?

(1) **원리**: 과거에 성공했거나 실패했던 수많은 프로젝트들의 데이터를 학습하여, 새로운 프로젝트가 어떤 그룹에 속할지를 예측하는 '지도학습(Supervised Learning)' 기법이다. 마치 수많은 환자들의 증상과 진단 결과를 학습한 의사가 새로운 환자의 증상을 보고 특정 질병을 진단하는 것과 같다.

(2) **리스크 탐지**: 새로운 프로젝트의 특성(입지, 규모, 용도, 거시경제 상황 등)을 입력했을 때, 모델이 "과거 실패했던 프로젝트 그룹과 85% 유사합니다"라고 분류한다면, 이는 우리가 미처 인지하지 못한 심각한 리스크가 존재한다는 강력한 경고 신호가 된다.

2) **군집화(Clustering)**: 데이터 속에 숨겨진 위험 그룹은 무엇인가?

(1) **원리**: 데이터의 유사성을 기반으로 자연스럽게 형성되는 그룹, 즉 '군집(Cluster)'을 찾아내는 '비지도학습(Unsupervised Learning)' 기법이다. 사전 정보 없이 데이터를 던져주면, 기계가 스스로 비슷한 특성을 가진 데이터끼리 묶어주는 방식이다.

(2) **리스크 탐지**: 수많은 부동산 대출 데이터를 군집화했더니, '20대', '신축 빌라', '비은행권 대출', 'LTV 70% 이상'이라는 특성을 가진 특정 그룹이 다른 그룹에 비해 연체율이 5배나 높게 나타나는 것을 발견할 수 있다. 이는 해당 특성들의 조합이 잠재적인 부실 리스크의 핵심 요인임을 의미한다.

3) **연관 규칙 분석**(Association Rule Mining): 만약 A가 발생하면, B가 발생할 가능성은?

(1) **원리**: "장바구니 분석"으로도 불리며, "기저귀를 산 사람이 맥주도 함께 산다"처럼, 데이터 항목들 사이에 함께 발생하는 빈번한 패턴, 즉 '연관성'을 찾아내는 기법이다.

(2) **리스크 탐지**: 과거 프로젝트 데이터를 분석하여, "만약 '공사 기간이 10% 지연'되고 '주변에 경쟁 프로젝트가 출현'하면, '초기 분양률이 20% 하락'한다"는 강력한 연관 규칙을 발견할 수 있다. 이를 통해 특정 리스크 요인이 발생했을 때, 연쇄적으로 발생할 수 있는 다른 리스크를 예측하고 대비할 수 있다.

5.1.2. 데이터 마이닝 기법별 리스크 탐지 방법론 비교

구분	분류 분석	군집 분석	연관 규칙 분석
목표	과거의 성공/실패 데이터를 학습하여, 신규 프로젝트가 어떤 그룹에 속할지를 확률적으로 예측하고 리스크 등급을 부여하는 것을 목표로 한다.	사전 정보 없이 데이터 내 유사성을 기반으로 자연스럽게 형성되는 숨겨진 그룹을 발견하여, 특정 리스크를 공유하는 집단의 특성을 정의하는 것을 목표로 한다.	데이터 항목들 사이에서 동시에 발생하는 빈번한 패턴을 발견하여, 특정 리스크 요인이 발생했을 때 연쇄적으로 발생할 다른 리스크를 예측하는 것을 목표로 한다.
분석방법 및 기술	- 지도학습(Supervised Learning) 기반으로, 데이터와 정답(성공/실패)을 함께 학습시킨다. - 주요 기술: 의사결정나무(Decision Tree), 로지스틱 회귀, 서포트 벡터 머신(SVM)	- 비지도학습(Unsupervised Learning) 기반으로, 데이터의 내재적 구조와 패턴을 스스로 찾도록 한다. - 주요 기술: K-평균 군집화(K-Means Clustering), 계층적 군집화	- 장바구니 분석으로도 불리며, 'If A, then B' 형태의 규칙을 지지도, 신뢰도, 향상도 지표로 평가한다. - 주요 기술: Apriori 알고리즘, FP-Growth 알고리즘

역할	과거의 경험을 바탕으로 미래의 위험을 경고하는 '조기 경보 시스템(Early Warning System)'의 역할을 한다.	데이터 속에 숨어있는 리스크 집단의 정체를 밝혀내는 '프로파일러(Profiler)'의 역할을 한다.	하나의 리스크가 다른 리스크를 촉발하는 연쇄 반응을 예측하는 '리스크 전파 예측가(Risk Propagator)'의 역할을 한다.
장점	- 리스크를 '성공/실패 확률'이라는 명확하고 직관적인 수치로 제시하여 의사결정을 돕는다. - 성공 또는 실패에 영향을 미치는 주요 변수가 무엇인지 식별할 수 있다.	- 우리가 미처 인지하지 못했던 새로운 유형의 리스크 그룹을 발견할 수 있다. - 특정 리스크에 집중적으로 노출된 타겟 그룹을 명확히 정의하여 정밀한 대응 전략을 수립하게 한다.	- 단일 리스크가 아닌, 여러 리스크 간의 복합적인 상호작용을 파악할 수 있다. - 특정 사건 발생 시, 연쇄적으로 일어날 일을 예측하고 선제적으로 대비할 수 있다.
단점	- 학습 데이터의 양과 질에 따라 모델의 성능이 크게 좌우된다. - 과거에 없었던 새로운 유형의 리스크를 예측하는 데는 한계가 있다.	- 군집의 개수를 정하거나 결과를 해석하는 데 분석가의 주관이 개입될 수 있다. - 군집이 '왜' 그렇게 형성되었는지에 대한 명확한 인과관계를 설명해주지는 않는다.	- 데이터의 양이 방대할 경우, 의미 없는 우연한 규칙들이 대량으로 발견될 수 있다. - 연관성이 높다고 해서 반드시 인과관계가 있다고 할 수는 없다.
도시부동산 활용예시	(PF 대출 심사) 과거 부실화된 PF 사업들의 공통적인 특성(높은 LTV, 특정 지역, 특정 용도 등)을 학습한 모델을 통해, 신규 PF 신청 건의 미래 부실화 확률을 예측하고 대출 승인을 거절한다.	(임차인 리스크 관리) 상업시설 임차인 데이터를 분석하여 '소자본', '유행 업종', '단기 계약' 특성을 동시에 가진 임차인 그룹이 다른 그룹보다 폐업률이 3배 높다는 사실을 발견하고, 해당 그룹에 대한 임대차 계약 조건을 강화한다.	(건설 공사 리스크 관리) 과거 공사 데이터에서 "만약 [특정 자재의 수급이 지연]되면, [후속 공정들의 도미노 지연]으로 인해 [총공사비가 5% 이상 초과]한다"는 연관 규칙을 발견하고, 해당 자재에 대한 예비 공급망을 미리 확보한다.

5.2. 가상사례: '송도 국제업무지구' 대규모 오피스텔 개발 프로젝트

세계의 중심 인천 송도 '센트로드' 오피스텔 분양 - 뉴스와이어 [https://www.newswire.co.kr]

1) 현안 과제: 한 시행사가 송도 국제업무지구에 1,000실 규모의 대형 오피스텔을 짓는 프로젝트를 추진하고 있다. 전통적인 사업성 분석 결과, 입지가 우수하고 배후 수요가 풍부하여 성공 가능성이 매우 높다는 결론이 나왔다. 그러나 데이터 마이닝 팀이 숨겨진 리스크를 탐지하기 위해 심층 분석에 착수한다.

2) 데이터 마이닝 기법별 리스크 탐지 결과

데이터 마이닝 기법	분석 데이터 및 과정 (가상수치)	탐지된 리스크 (Hidden Risk)
분류 (Classification)	- 학습 데이터: 과거 10년간 수도권에서 공급된 300개의 오피스텔 프로젝트 성공/실패 사례 - 분석 결과: 본 프로젝트를 분류 모델에 입력한 결과, '공급 과잉으로 인해 장기 공실이 발생한 실패 그룹'과 78%의 유사도를 보인다고 분류되었다.	(거시적 시장 포화 리스크) 개별 입지는 우수해 보이나, 송도라는 거시적 권역 전체로 보면 이미 오피스텔 공급이 포화 상태에 진입했을 수 있다는 강력한 경고이다.

군집화 (Clustering)	- 분석 데이터: 송도 지역 기존 오피스텔 임차인 3만 명의 직업, 소득, 연령, 거주지 데이터 - 분석 결과: 임차인들이 4개의 뚜렷한 군집으로 나뉘었다. 그중 가장 큰 군집(45%) 은 '서울로 출퇴근하는 30대 1인 가구'였으나, 이들의 소득 수준은 상대적으로 낮고 주거비 지출에 민감한 특성을 보였다.	(타겟 수요 불일치 리스크) 프로젝트가 계획한 '고급 대형 오피스텔'은 송도의 핵심 임차인 군집의 실제 수요 및 지불 능력과 일치하지 않는다. 이는 잠재적 임차인 풀이 예상보다 훨씬 작을 수 있음을 의미한다.
연관 규칙 분석 (Association Rule)	- 분석 데이터: 전국 오피스텔 시장의 월별 임대료, 공실률, 금리, 입주 물량 데이터 - 분석 결과: "만약 [기준금리가 0.5%p 인상]되고 [해당 지역의 입주 물량이 500실 이상 증가]하면, 6개월 뒤 [월세 100만 원 이상 오피스텔의 공실률이 5%p 상승]한다"는 연관 규칙이 85%의 신뢰도로 발견되었다.	(복합 리스크 증폭 가능성) 현재 금리 인상기와 송도의 대규모 입주 물량이 맞물리는 시점이다. 이 두 가지 리스크 요인이 결합되면, 본 프로젝트와 같은 고가 오피스텔의 공실률이 예측을 뛰어넘어 급격하게 치솟을 수 있다.

3) **최종 분석 결론:** 전통적 분석으로는 'A+' 등급이었던 이 프로젝트는, 데이터 마이닝을 통해 '거시적 공급 과잉', '핵심 수요층과의 미스매치', '금리와 입주 물량의 복합 충격'이라는 세 가지 치명적인 리스크를 품고 있음이 드러났다. 데이터 마이닝 팀은 "현재 계획대로 프로젝트를 강행할 경우, 준공 후 심각한 장기 공실 리스크에 직면할 확률이 매우 높다. 따라서, 세대수를 줄이고 평형을 소형화라며, 타겟 임차인에 맞는 새로운 컨셉을 도입하는 전면적인 사업 재검토가 필요하다"는 최종 결론을 보고한다.

4) **시사점:** 데이터 마이닝은 겉으로 드러난 긍정적인 지표 뒤에 숨어있는 불편한 진실을 파헤친다. 이는 때로 프로젝트의 전면 수정을 요구하는 쓴 약이 될 수 있지만, 치명적인 실패를 막는 가장 효과적인 예방 주사이기도 하다. 도시부동산 개발이라는 거대한 원석을 다루는 우리

에게, 데이터 마이닝은 가장 정직하고 냉철한 조언을 아끼지 않는 최고의 파트너가 될 것이다. 이 파트너의 목소리에 귀 기울이는 능력이야 말로, 미래 프로젝트의 성공을 담보하는 가장 중요한 역량이다.

주제5

도시부동산 가치평가와 빅데이터 모델

1. 전통적 감정평가 방식과 빅데이터 기반 감정평가방식의 비교와 가상사례

1.1. 부동산의 가치를 재는 새로운 저울

부동산의 가치를 평가하는 것은 그 자산의 현재와 미래에 가격표를 붙이는 섬세하고 중요한 작업이다. 전통적인 감정평가는 숙련된 장인이 자신의 경험과 지식이라는 눈금에 의지해 저울질을 하는 '수공예'와 같았다. 거래사례, 원가, 수익이라는 세 가지 저울추를 사용해 균형점을 찾는 이 방식은 오랜 시간 신뢰를 쌓아왔지만, 평가사의 주관이 개입될 여지가 있고 급변하는 시장의 미세한 떨림을 모두 담아 내기에는 한계가 있었다.

그러나 빅데이터는 이 평가의 과정을 수백만 개의 센서가 실시간으로 무게를 측정하고 오차를 보정하는 '디지털 정밀 저울'의 시대로 이끌고 있다. 이는 단순히 과거의 기록을 넘어, 시장의 숨겨진 가치와 미래의 가능성까지 계량하여 부동산의 가치를 입체적으로 측정하는 새로운 패러다임의 시작인 것이다. 이 절에서는 두 감정평가 방식의 차이점을 분석하고, 가상 사례를 통해 빅데이터가 어떻게 더 객관적이고 정확한 가치를 찾아내는지를 탐색하고자 한다.

1.1.1. 감정평가의 두 가지 방식: 예술의 영역 vs 과학의 영역

1) 전통적 감정평가 방식(3방식): 예술적 판단의 산물

(1) **핵심 방법론**: 거래사례비교법, 원가법, 수익환원법이라는 세 가지 방식을 종합하여 가치를 평가한다.

- 거래사례비교법: 평가 대상과 유사한 부동산의 최근 거래사례를 수집하여, 시점, 입지, 특성 등의 차이를 보정하여 가치를 산정한다. 가장 널리 쓰이지만, 비교할 만한 적절한 사례가 없거나 시장이 급변할 때는 정확도가 떨어진다.
- 원가법: 건물을 다시 짓는 데 드는 비용(재조달원가)에서 감가상각을 하여 가치를 구한다. 주로 학교나 관공서처럼 거래사례가 없는 특수 목적 건물에 사용된다.
- 수익환원법: 대상 부동산이 미래에 창출할 것으로 기대되는 순수익을 적정한 환원율로 나누어 현재 가치를 구한다. 상업용 부동산 평가의 핵심이다.

(2) **특징**: 평가사의 전문적인 지식과 경험, 그리고 주관적 판단이 가치 산정 과정에 중요한 역할을 한다. 이는 '예술'의 경지에 이를 수 있으나, 평가사에 따라 결과의 편차가 발생할 수 있는 한계를 내포한다.

2) 빅데이터 기반 감정평가 방식(AVM): 과학적 계산의 결과

(1) **핵심 방법론**: "자동평가모델(AVM, Automated Valuation Model)"이라고 불리는 통계 및 AI 모델을 활용한다.

(2) **분석 데이터**: 수백만 건의 실거래가, 공시지가 등 전통적인 데이터는 물론, 위성사진, 건축물 형태, 주변 유동인구, 상권 변화,

소셜 미디어 평판, 교통량 등 가치에 영향을 미치는 수백 개의 비정형·대안 데이터를 동시에 학습한다.

(3) **특징:** 머신 러닝 알고리즘이 데이터 속에 숨겨진 복잡한 패턴을 학습하여, 특정 부동산의 현재 가치를 객관적이고 통계적인 확률로 제시한다. 인간의 주관이 배제되고, 대량의 부동산 가치를 빠르고 일관되게 평가할 수 있다.

1.1.2. 전통적 감정평가와 빅데이터 기반 감정평가의 방법론 비교

구분	전통적 감정평가 방식	빅데이터 기반 감정평가 방식
목표	평가사의 전문적 지식과 경험을 바탕으로, 특정 시점에서의 부동산 적정 시장가치를 신뢰성 있게 산정하는 것을 목표로 한다.	통계 및 AI 모델을 활용하여, 대량의 부동산 가치를 신속하고 일관되게, 그리고 객관적으로 추정하는 것을 목표로 한다.
분석방법 및 기술	- "3방식(거래사례비교법, 원가법, 수익환원법)"을 주된 방법으로 사용하며, 각 방식의 결과를 종합(시산 가액 조정) 하여 최종 가치를 결정한다. - 주요 기술: 현장조사, 사례 수집, 가치 형성요인 비교, 전문가 판단	- "자동평가모델(AVM, Automated Valuation Model)"을 핵심 엔진으로 사용한다. - 수백 개의 정형·비정형 데이터를 학습한 AI가 대상 부동산의 가치를 확률적으로 추정한다. - 주요 기술: 머신 러닝(회귀분석, 신경망), 공간통계분석, 빅데이터 처리
역할	법원 경매, 담보 평가, 보상 평가 등 법적 효력이 요구되는 상황에서 최종 가치를 확정하는 '가치 인증자(Certifier)'의 역할을 한다.	대규모 자산의 시세 파악, 금융기관의 포트폴리오 관리, 일반 소비자의 시세 참고 등 실시간 가치 측정이 필요한 영역에서 '신속한 가치 측정기(Estimator)'의 역할을 한다.
장점	- 평가사의 현장조사와 전문적 통찰력이 반영되어 개별 부동산의 특수한 장점이나 단점을 가치에 반영할 수 있다. - 오랜 기간 법적, 제도적으로 신뢰성이 검증된 방식이다.	- 대량의 부동산 가치를 빠르고 저렴한 비용으로 산출하여 업무 효율성을 극대화한다. - 평가사의 주관이 배제되고 데이터에 기반하므로 평가 결과의 객관성과 일관성이 높다.

단점	- 평가사에 따라 평가 결과에 편차가 발생할 수 있으며, 주관이 개입될 여지가 있다. - 평가 과정에 시간과 비용이 많이 소요되어 신속한 의사결정에 한계가 있다.	- 거래사례가 드물거나, 특수한 용도의 부동산(사찰, 학교 등)에 대한 평가 정확도가 떨어진다. - 시장의 급격한 변화나 자산의 숨겨진 물리적 결함 등 데이터 화되지 않은 질적 요소를 반영하기 어렵다.
도시부동산 활용예시	(상업용 빌딩 담보대출) 은행이 특정 빌딩을 담보로 PF 대출을 실행하기 전, 공인된 감정평가사가 해당 빌딩의 입지, 임대수익률, 관리상태 등을 종합적으로 분석하여 최종 담보가치를 산정한다.	(부동산 포트폴리오 관리) 자산운용사가 보유한 전국 1만 개의 오피스텔 자산 전체의 현재 시장가치를 AVM을 통해 매일 실시간으로 재산정하고, 이를 기반으로 리스크 관리 및 자산 재조정 전략을 수립한다.

1.2. 가상사례: '망원동' 단독주택 가치 평가의 딜레마

망리단길 10초 매매 19억 5,000 | 당근 부동산 [https://www.daangn.com]

1) 현안 과제: 최근 몇 년 사이 '망리단길'이 뜨면서 낡은 주택가가 젊은 이들의 핫플레이스로 변모한 망원동. 이곳에 위치한 허름한 2층 단독주택을 담보로 은행이 대출 심사를 위한 감정평가를 의뢰했다고 가정해보자.

- 평가 대상: 망원동 골목 안 2층 단독주택(대지 150㎡, 연면적 200㎡)
- 특이사항: 건물 자체는 노후했으나, 최근 SNS에서 '감성 카페'로 개조하기 좋은 곳으로 자주 언급되며, 주말 유동인구가 급증하고 있다.

2) 감정평가 분석:

(1) 전통적 감정평가사의 평가

- 거래사례비교법: 주변에 최근 거래된 단독주택 사례가 부족하다. 1년 전 인근의 유사한 주택이 15억 원에 거래된 사례를 기준으로 삼는다. 시점 수정(가격 상승률)과 개별 요인(접근성, 노후도)을 보정한다.
- 수익환원법: 현재 주택 임대료 기준으로는 월 200만 원의 수익이 전부이다. 이를 환원하면 평가액이 너무 낮아져 주된 평가 방법으로 사용하기 어렵다. '카페로 용도변경 시'의 예상 수익은 너무 불확실하여 반영하기 어렵다.
- 최종 평가 액(가상수치): "비교사례, 지역 요인, 건물의 노후도 등을 종합적으로 고려할 때, 본 부동산의 적정 시장가치는 16억 5,000만 원으로 평가된다." 평가 보고서에는 '최근 상권 활성화 가능성은 가치에 일부 반영하였으나, 그 잠재력을 구체적으로 계량화하기는 어려움'이라는 의견이 덧붙여진다.

(2) 빅데이터 기반 AVM의 평가

AVM은 해당 주택의 주소를 입력 받아, 수백 개의 변수를 종합하여 실시간으로 가치를 분석한다.

분석 데이터 유형	AVM의 심층 분석 결과(가상수치)	가치평가 반영
기본 데이터	- 실거래가 기반 추정 가: 16억 원 - 공시지가 기반 추정 가: 14억 원	전통적 평가와 유사한 기초 가치를 산정한다.

대안 데이터	- (유동인구) 주말 20~30대 유동인구: 최근 1년간 250% 증가 - (소셜 데이터) 인스타그램 내 '#망원동카페', '#주택개조' 키워드와 함께 해당 주택 주변이 언급된 횟수: 최근 3개월간 5,000회 이상 - (소비 데이터) 주변 상권의 F&B 업종 카드 매출액: 전년 동기 대비 80% 성장	(잠재가치 계량화)이러한 비정형 데이터의 성장은 미래의 임대료 상승 잠재력과 직결된다. AVM은 과거 유사한 패턴(예: 성수동, 연남동)을 보였던 지역의 상업용 부동산 가치 상승률(+30%) 패턴을 학습했다.
AI 모델 종합	AI 모델은 기본 가치에 대안 데이터가 증명하는 '상업용 부동산으로의 전환 프리미엄(Conversion Premium)'을 확률적으로 계산하여 가중치를 부여한다.	'전환 프리미엄' 가치: 약 3억 원으로 산출된다.

3) **최종 평가 액(가상수치):** AVM은 분석 결과를 종합하여 다음과 같은 최종 평가액을 제시한다. "본 부동산의 현재 추정 가치는 19억 2,000만 원입니다.(신뢰도 95%, 예상 오차범위 ± 5%)"

4) **결론 및 시사점:** 전통적 감정평가가 평가사의 깊이 있는 통찰력과 노하우라는 강점을 가지고 있다면, 빅데이터 기반 감정평가는 대규모 데이터 처리 능력과 통계적 객관성이라는 강력한 무기를 가지고 있다. 위 사례에서 보듯, AVM은 전통적 방식으로는 측정하기 어려웠던 '상권의 활력'이나 '미래의 가능성'과 같은 무형의 가치를 데이터로 증명하고 숫자로 환산해낸다. 미래의 감정평가는 이 두 방식이 서로를 대체하는 것이 아니라, AI가 제공하는 객관적인 데이터 분석 결과를 바탕으로, 인간 평가사가 최종적인 통찰력을 더해 가치를 판단하는 '인간과 AI의 협업(Human-AI Collaboration)' 모델로 진화하게 될 것이다. 이 두 개의 날개를 모두 가졌을 때, 우리는 비로소 부동산의 진정한 가치를 가장 정확하게 꿰뚫어 볼 수 있을 것이다.

2. 대용량 데이터를 활용한 도시부동산 가치평가 모형과 가상사례

2.1. 도시의 모든 부동산에 바코드를 붙이다

하나의 도시는 수백만 개의 부동산이라는 각기 다른 상품으로 채워진 거대한 백화점과 같다. 과거에는 이 수많은 상품들의 가격표를 붙이기 위해 감정평가사라는 전문가가 일일이 개별 상품을 살펴보는 방식을 사용했다. 하지만 도시 전체의 모든 부동산 가치를 동시에, 그리고 실시간으로 파악하는 것은 불가능에 가까운 일이었다.

대용량 데이터를 활용한 가치평가 모형은 이 백화점의 모든 상품에 고유한 바코드(Barcode)를 부여하고, 스캐너를 통해 그 가치를 순식간에 읽어내는 혁신적인 재고 관리 시스템과 같다. 이 모형은 도시 전체의 부동산을 하나의 거대한 데이터베이스로 보고, 통계와 AI 기법을 활용하여 모든 부동산의 가치를 일관된 기준으로 평가하고 그 변화를 동적으로 추적하는 것을 가능하게 하는 것이다. 이 글에서는 그 대표적인 모형인 '특성가격모형(Hedonic Pricing Model)'의 원리를 살펴보고, 가상 사례를 통해 도시의 가치를 어떻게 측정하는지 알아보고자 한다.

2.1.1. 특성가격모형(Hedonic Pricing Model): 가치를 만드는 DNA를 해독하다

특성가격모형은 "부동산의 가격은 그 부동산을 구성하는 다양한 '특성(Characteristics)'들의 합으로 결정된다"는 단순하지만 강력한 아이디어에서 출발한다. 이는 마치 자동차의 가격이 엔진 성능, 연비, 디자인, 브랜드 등의 개별 특성들이 합쳐져 결정되는 것과 같은 원리이다.

1) 모형의 원리: 부동산의 가격에 영향을 미치는 수많은 특성 변수(X)

들과 실제 부동산 가격(Y) 사이의 관계를 통계적인 '회귀분석(Regression Analysis)'을 통해 하나의 방정식으로 도출해낸다. 이 방정식을 통해 우리는 각 특성 하나하나가 가격에 얼마만큼의 영향을 미치는지, 즉 각 특성의 '암묵가격(Implicit Price)'을 알 수 있게 된다.

2) 가치평가 방정식(예시):

부동산 가격= β0+(β1×면적) +(β2×지하철 거리) +(β3×학군 점수) + (β4×공원 접근성) +⋯+ε

- 여기서 β1, β2, 등은 각 특성(면적, 지하철 거리 등)이 가격에 미치는 영향의 크기를 나타내는 '회귀계수'이다. 예를 들어, β2가 '-500'이라면, 이는 지하철역에서 1미터 멀어질 때마다 가격이 500원씩 하락한다는 것을 의미한다.
- ε은 모델이 설명하지 못하는 오차를 의미한다.

이 방정식을 한번 완성하고 나면, 우리는 도시의 어떤 부동산이든 그 특성 값만 입력하면 해당 부동산의 적정 가치를 즉시 추정해낼 수 있다.

2.1.2. 대용량 데이터를 활용한 도시 부동산 가치 평가 모형 비교

구분	헤도닉 가격 모형	공간 분석 모형	머신 러닝/AI 모형
목표	부동산의 개별 특성(물리적, 입지적)이 가격에 미치는 영향을 측정하고, 이를 통해 가치를 평가하는 것을 목표로 한다.	부동산 가격의 공간적 자기상관성(Spatial Autocorrelation)과 이질성(Heterogeneity)을 고려하여 위치적 특성이 가격에 미치는 영향을 정밀하게 분석하고 예측 정확도를 높이는 것을 목표로 한다.	복잡한 비선형 관계 및 변수 간 상호작용을 학습하여 기존 통계 모형의 한계를 넘는 높은 예측 정확도를 달성하고, 데이터 기반의 정교한 가치 평가를 수행하는 것을 목표로 한다.

분석 방법 및 기술	다중회귀분석(Multiple Regression Analysis)을 핵심 분석 방법으로 사용한다. 대용량 데이터를 활용하여 토지이용, 접근성, 개발 밀도 등 다양한 도시 변수를 포함시켜 모형의 설명력을 높인다.	지리가중회귀분석(GWR), 공간시차모형(SLM), 공간오차모형(SEM) 등을 활용한다. GIS(지리정보시스템) 기술과 결합하여 공간 데이터를 시각화하고 분석에 적극적으로 활용한다.	랜덤 포레스트(Random Forest), 그래디언트 부스팅(Gradient Boosting), 신경망(Neural Networks), 딥러닝(Deep Learning) 등 다양한 알고리즘을 사용한다. 빅데이터 처리 기술 및 고성능 컴퓨팅 환경이 필수적이다.
역할	부동산 가치를 구성하는 핵심 요인을 식별하고, 각 요인의 영향력을 계량적으로 제시하는 역할을 수행한다. 정책 변화(예: 기반시설 공급)의 경제적 효과를 추정하는 데 활용될 수 있다.	특정 위치의 부동산 가치가 주변 지역의 특성에 의해 어떻게 영향을 받는지 명확히 보여준다. 국지적인 시장의 특성과 패턴을 파악하고, 공간적 불균형을 분석하는 역할을 담당한다.	개별 부동산의 가치를 매우 높은 정확도로 예측하고, 잠재적 가치에 영향을 미치는 숨겨진 패턴이나 요인을 발견하는 역할을 수행한다. 자동화된 대규모 가치평가(AVM) 시스템의 핵심 엔진으로 기능한다.
장점	- 모형의 구조가 단순하고 해석이 용이하다. - 각 특성의 가격 기여도를 명확히 파악할 수 있다.	- 위치에 따른 가격 결정 요인의 영향력 차이를 분석할 수 있다. - 공간적 의존성을 통계적으로 처리하여 예측의 정확성을 높인다.	- 매우 높은 예측 정확도를 제공한다. - 데이터의 비선형성, 복잡한 상호작용을 효과적으로 처리할 수 있다. - 대규모 데이터 처리에 용이하다.
단점	- 변수 간의 비선형 관계나 공간적 특성을 반영하기 어렵다. - 데이터의 누락이나 왜곡에 민감하게 반응한다.	- 분석 과정이 복잡하고 높은 수준의 공간 통계 지식이 요구된다. - 결과 해석이 직관적이지 않을 수 있다.	- 모형 내부 작동 방식이 불투명하여(블랙박스) 결과의 해석이 어렵다. - 과적합(Overfitting)의 위험이 있으며, 방대한 데이터와 높은 컴퓨팅 자원을 필요로 한다.

도시 부동산 활용 예시	- 특정 지하철 노선 개통이 주변 아파트 가격에 미치는 영향을 분석한다. - 공원, 학교 등 공공시설의 접근성이 주택 가격에 미치는 경제적 가치를 추정한다. - 건축물의 연식, 면적, 층수 등 물리적 특성에 따른 가격 차이를 분석한다.	- 특정 지역의 상업용 부동산 임대료가 인접 지역의 임대료 수준과 어떠한 상호관계를 맺고 있는지 분석한다. - 동일한 신도시 내에서도 학교나 공원 등 기반시설의 위치에 따라 아파트 가격의 상승률이 어떻게 다르게 나타나는지 지도로 시각화하고 분석한다. - 젠트리피케이션(Gentrification) 현상의 공간적 확산 패턴을 예측한다.	- 대규모 아파트 단지의 모든 세대에 대한 개별적인 추정 시세를 실시간으로 산출하는 AVM(Automated Valuation Model) 서비스를 개발한다. - 과거 실거래가, 소셜 데이터, 유동인구 데이터 등을 종합하여 특정 지역의 미래 부동산 가격 등락을 예측한다. - 위성 이미지와 건축물 데이터를 딥러닝으로 분석하여 대규모 도시 지역의 부동산 가치를 자동으로 평가한다.

2.2. 가상사례: '강남구' 모든 아파트의 가치를 동시에 평가하다

[기획] 강남 집주인이 바뀌고 있다...강남을 떠나는 5070 [https://www.ejanews.co.kr]

1) **현안 과제:** 서울시청 빅데이터 분석과에서 '강남구' 전체 아파트 5만 세대의 부동산 가치를 일관된 기준으로 평가하고, 이를 세금 정책 및 도시 계획의 기초 자료로 활용하기 위한 프로젝트를 진행한다고 가정해보자.

2) 특성가격모형 구축

(1) **데이터 수집**: 지난 5년간 강남구에서 거래된 모든 아파트의 실거래가 데이터(Y)와 함께, 해당 아파트들의 50가지 특성 데이터(X)를 수집한다.

- 건물 특성: 면적, 층수, 건축 연도, 주차 대수, 향(남향 등), 브랜드 등
- 입지 특성: 지하철역까지의 거리, 초등학교까지의 거리, 대형 쇼핑몰까지의 거리, 한강까지의 거리 등
- 환경 특성: 공원 면적, 소음 수준, 범죄율, 학군 점수, 주변 상권 활력도(유동인구) 등

(2) **모델 학습**: 수집된 대용량 데이터를 슈퍼컴퓨터에 입력하여, 50개 특성 변수와 아파트 가격 간의 관계를 가장 잘 설명하는 최적의 회귀방정식을 도출한다.

은마아파트, 서울시 재건축 심의 통과…최고 35층 | 중앙일보
[https://www.joongang.co.kr]

3) '은마아파트' 특정 세대 가치평가 시뮬레이션

이제 구축된 모델을 활용하여, 대치동 '은마아파트' 특정 세대의 현재 가치를 평가해보자.

- 평가 대상: 은마아파트 10동 10층, 전용면적 84㎡ 세대
- 특성 데이터 입력:

특성 변수(X)	입력값 (가상수치)	모델이 산출한 회귀계수(β)	특성 가치 (입력값 × β)
(기본값)	1	50,000,000원	5,000만 원
면적(㎡)	84	+20,000,000원	+16억 8,000만 원
지하철 거리(m)	200	-500,000원	-1억 원
학군 점수(100점 만점)	95	+10,000,000원	+9억 5,000만 원
건축 연도(년)	1979	-5,000,000원	-2억 3,000만 원(46년 경과)
한강 접근성(km)	5	-20,000,000원	-1억 원
...(기타 45개 특성)	...	...	...
모델 추정 총 가치			약 25억 5,000만 원

4) 가치평가 결과 해석: 이 모형을 통해 우리는 이 아파트의 가치가 약 25억 5,000만 원이라고 추정할 수 있을 뿐만 아니라, 그 가치가 어떤 요소들로 구성되어 있는지를 명확히 알 수 있다. 예를 들어, 이 아파트의 가치 중 '면적'이 기여하는 부분은 약 16억 8,000만 원이고, '우수한 학군'이라는 특성이 기여하는 가치는 무려 9억 5,000만 원에 달하지만, '노후된 건축 연도'로 인해 2억 3,000만 원의 가치가 차감된다는 식의 해석이 가능한 것이다. 이와 같은 방식으로, 강남구 5만 세대 전체의 가치를 단 몇 분 만에 모두 산출하고 비교 분석할 수 있다.

5) 시사점: 대용량 데이터를 활용한 가치평가 모형은 단순히 부동산의 가격을 매기는 기술을 넘어, 도시의 구조와 가치 형성의 메커니즘을

이해하는 '새로운 언어'를 우리에게 제공한다. 우리는 이 언어를 통해 어떤 도시 정책이 부동산 가치에 긍정적인 영향을 미치는지, 어느 지역이 불균형적으로 고 평가 또는 저평가되어 있는지를 과학적으로 분석할 수 있다. 이는 더 공정하고 효율적인 세금 정책을 설계하고, 더 합리적인 도시 계획을 수립하며, 더 투명한 부동산 시장을 만들어 나가는 가장 강력한 도구가 될 것이다. 결국, 도시의 모든 부동산에 바코드를 붙이는 이 기술은 도시 전체를 더 현명하게 관리하는 새로운 시대의 서막을 여는 것이다.

3. 빅데이터 기반의 주거용 부동산 가치 및 상업용 부동산 가치 분석방법과 가상사례

3.1. 빅데이터, 주거용 부동산의 숨겨진 가치를 드러낸다

전통적인 주거용 부동산 가치 분석은 아파트의 면적, 층수, 건축 연도, 그리고 역세권과 같은 정형화된 물리적 데이터에 의존해왔다. 그러나 우리가 살아가는 도시의 공간 가치는 단순히 벽돌과 시멘트로만 결정되지 않는다.

빅데이터는 바로 이 보이지 않는 도시의 맥락(Context)과 라이프스타일의 동역학(Dynamics)을 숫자로 번역하여 부동산의 잠재 가치를 측정하는 혁명적인 렌즈가 된다.

핵심은 '자동화 가치평가 모델(Automated Valuation Model, AVM)'의 진화에 있다. 과거의 AVM이 단순히 실 거래가와 건축물대장 정보의 통계적 조합이었다면, 빅데이터 기반의 AVM은 살아 숨 쉬는 도시의 데이터를 실시간으로 흡수한다. 예를 들어, 특정 지역의 소셜미디어(SNS)에서 '맛집', '데이트코스', '공원 산책'과 같은 키워드의 언급 빈도를 분석하여 '동네의 매력도(Neighborhood Amenity Score)'를 산출한다. 또한, 통신사 데이터를 활용해 주중과 주말, 주간과 야간의 유동인구 패턴을 분석하고, 온라인 쇼핑몰의 배달 주소지 데이터를 통해 실질적인 소비 계층의 거주 현황을 파악한다.

이러한 데이터들은 서로 결합하여 놀라운 통찰력을 제공한다. 가령, 비슷한 물리적 조건을 가진 두 아파트 단지가 있다고 가정하자. A단지는 전통적인 역세권이지만, B단지는 역과는 다소 거리가 있다. 하지만 빅데이터 분석 결과, B단지 주변으로 젊은 세대가 선호하는 독립 서점, 카페, 공방이 밀집되어 있고, SNS상의 긍정적 언급 량이 A단지를 압도하며, 주말 주간의 유동인구가 집중되는 것으로 나타났다.

■ **AVM 내 '동네 매력도(Neighborhood Amenity Score)' 산출 방법 분석**

구분	내용
목표	전통적인 평가 방식으로는 측정하기 어려웠던 지역의 사회·문화적 가치, 즉 '동네의 활력과 트렌드 함'을 객관적인 데이터로 지수 화하는 것을 목표로 한다. 이를 통해 부동산의 물리적 가치를 넘어선 잠재적, 무형적 가치를 가치평가 모델에 핵심 변수로 반영한다.
분석 방법	소셜 미디어(SNS), 블로그 등에서 특정 지역과 연관된 키워드(예: '맛집', '데이트코스', '공원 산책')의 언급 빈도, 긍·부정 감성 등을 자연어 처리(NLP) 기술로 분석한다. 여기에 통신사의 시간대별 유동인구 데이터, 온라인 쇼핑몰의 배달 주소지 데이터(실 거주 소비계층 특성) 등을 다층적으로 결합한다. 이렇게 수집된 이종데이터를 종합하여 가중치를 부여하고, 최종적인 '동네 매력도 점수'를 산출한다.
역할	자동화 가치평가 모델(AVM) 내에서 건축물의 물리적 특성(면적, 층수, 연식 등) 외에 부동산 가격에 실질적 영향을 미치는 핵심적인 비정형 변수(Variable)로 기능한다. 특히, 부동산 가격 변동의 선행지표 역할을 수행하며, 특정 지역의 젠트리피케이션(Gentrification) 현상이나 성장 가능성을 조기에 진단하는 역할을 한다.

장점	실시간성 및 현장성: 대중의 관심사와 지역의 활력을 실시간으로 반영하여, 통계 데이터가 갖는 시차를 극복하고 시장의 최신 트렌드를 즉각적으로 평가에 적용할 수 있다. 잠재가치 측정: 현재의 물리적 가치 뿐만 아니라 향후 인구 유입과 상권 활성화 가능성이 높은 지역, 즉 미래 성장 잠재력을 발굴하는 데 매우 유용하다.
단점	데이터 편향성(Bias): SNS를 활발하게 사용하는 특정 연령층이나 집단의 의견이 과대 대표될 수 있으며, 의도적인 바이럴 마케팅 활동에 의해 점수가 왜곡될 가능성이 존재한다. 신뢰성 문제: 온라인상의 화제성이나 단기적인 유행이 실제 지역의 장기적이고 안정적인 자산 가치와 항상 비례한다고 단정하기는 어렵다.
도시 부동산 활용 예시	상업용 부동산(리테일) 입지 선정: 특정 F&B 프랜차이즈가 20대 여성 유동인구가 많고 '데이트코스', '인생샷' 키워드 언급 량이 높은 지역을 '동네 매력도 점수'를 통해 발굴하여 신규 지점의 입지를 결정하는 데 활용된다. 주거용 부동산 가치평가: 물리적 스펙이 거의 동일한 두 아파트 단지 중, '공원 산책', '아이와 가볼 만한 곳' 등 정주여건 관련 키워드 언급 량이 높은 단지의 AVM 평가 가치를 더 높게 산정하여 투자 및 대출 심사의 참고자료로 제공한다.

이는 B단지가 공식적인 교통 편의성을 넘어 '경험적 가치'와 '문화적 자본'이 높은 지역임을 의미한다. 빅데이터 기반 분석은 이러한 비정형적 가치를 계량화하여 B단지의 미래 가치 상승 잠재력이 더 높다고 예측할 수 있는 것이다. 이처럼 빅데이터는 부동산을 고정된 자산이 아닌, 도시의 문화와 사회적 흐름 속에서 끊임없이 가치가 재창조되는 유기체로 분석하게 만드는 강력한 도구이다.

3.1.1. 빅데이터 기반 주거용 부동산 가치 분석 방법 비교

구분	헤도닉 가격 모형 기반	공간 분석 모형 기반	머신 러닝/AI 모형 기반
목표	주택을 구성하는 개별 특성(물리적, 입지적, 환경적)들이 주택 가격에 각각 얼마만큼의 영향을 미치는지를 계량적으로 측정하고 분리해내는 것을 목표로 한다.	주택 가격이 인근 지역의 주택 가격에 의해 영향을 받는 '공간적 자기상관성'과 지역별로 가격 결정 요인의 영향력이 다르게 나타나는 '공간적 이질성'을 모형에 반영하여 분석의 현실성과 정확도를 높이는 것을 목표로 한다.	데이터 내에 존재하는 복잡한 비선형적 관계와 변수 간 상호작용을 스스로 학습하여, 개별 주거용 부동산의 가치를 가장 높은 정확도로 예측하고 자동화된 평가 시스템을 구축하는 것을 목표로 한다.

분석방법 및 기술	다중회귀분석이 핵심 기술이다. 실거래가, 건축물대장 등 정형 데이터에 교통 접근성, 학군 정보, 공원 면적, 편의시설 수 등 대규모 도시 데이터를 변수로 추가하여 모형의 설명력을 극대화한다.	지리가중회귀(GWR), 공간시차모형(SLM) 등 공간 계량경제모형을 활용한다. 모든 데이터에 좌표를 부여하는 GIS(지리정보시스템) 기술과 결합하여 위치 특성을 분석에 직접적으로 반영한다.	랜덤 포레스트, 그래디언트 부스팅(XGBoost, LightGBM), 딥러닝(DNN, CNN) 등 다양한 알고리즘을 사용한다. 정형 데이터 뿐 아니라 주택 이미지, 소셜 데이터, 리뷰 텍스트 등 비정형 데이터까지 통합 분석한다.
역할	주택 가격을 결정하는 핵심 요인이 무엇인지 식별하고, 각 요인의 "경제적 가치(한계가격)"를 명확하게 제시하는 역할을 수행한다. 정책 효과 분석의 기초자료로 활용된다.	특정 입지적 요인(예: 공원)의 영향력이 거리에 따라 어떻게 변화하는지, 특정 개발 호재가 주변 지역에 어떠한 파급 효과를 미치는지 등 가치의 공간적 패턴을 분석하고 시각 화하는 역할을 담당한다.	은행의 담보대출 심사, 부동산 플랫폼의 시세 제공 등 대규모 주택에 대한 자동화 가치평가(AVM) 시스템의 핵심 엔진 역할을 수행한다. 잠재적 가치에 영향을 미치는 미시적 요인을 발굴한다.
장점	- 결과에 대한 해석이 직관적이고 명료하다. - 어떤 요인이 가격에 긍정적/부정적 영향을 주는지 쉽게 파악할 수 있다.	- 지역적 맥락을 고려하여 보다 현실적인 가격 추정이 가능하다. - 국지적인 부동산 시장의 특성을 세밀하게 파악할 수 있다.	- 현존하는 분석 방법 중 가장 높은 예측 정확도를 보여준다. - 데이터의 형태에 구애받지 않고 다양한 정보를 활용할 수 있다.
단점	- 변수 간 복잡한 상호작용이나 공간적 특성을 반영하는 데 한계가 있다.	- 분석 과정이 복잡하고 공간 통계에 대한 전문성이 요구된다. - 변수가 많아질 경우 모델의 안정성이 저하될 수 있다.	- 예측 과정이 불투명하여(블랙박스) 결과를 설명하기 어렵다. - 방대한 데이터와 고성능 컴퓨팅 자원을 필요로 한다.
도시부동산 활용예시	- 특정 학군이 아파트 가격에 미치는 프리미엄을 수치로 계산한다. - GTX 노선 신설 계획 발표가 정차역으로부터 거리별로 아파트 가격에 미친 영향을 분석한다. - 한강 조망권의 유무가 동일 단지 내 아파트 가격에 미치는 차이를 정량적으로 산출한다.	- 특정 동네의 아파트 가격이 상승할 때, 인접한 동네의 아파트 가격에 미치는 공간적 파급 효과(Spillover Effect)의 범위와 크기를 분석한다. - 스타벅스, 올리브영과 같은 특정 프랜차이즈의 입점이 주변 주택 가격에 미치는 영향을 지역별로 비교 분석한다.	- 특정 아파트의 내부 사진(인테리어, 수리 상태)을 이미지 분석하여 실 거래가를 오차범위 내에서 자동으로 추정하는 AVM 서비스를 개발한다. - 통신 데이터로 분석한 특정 지역의 인구 특성(연령, 소득 수준) 변화 패턴을 학습하여 3년 후 아파트 가격 상승률을 예측한다.

3.2. 상업용 부동산, 데이터로 소비의 흐름을 예측한다

상업용 부동산의 가치는 곧 '수익성'에서 비롯된다. 빅데이터는 이 수익성을 과거의 임대료 이력이나 단순한 유동인구 수치가 아닌, 훨씬 더 정교하고 다 차원적인 방식으로 예측하게 한다. 분석의 핵심은 '소비자 행동 데이터'와 '공간 데이터'의 융합에 있다.

가장 대표적인 데이터는 신용카드사와 제휴하여 얻는 POS(Point of Sales) 데이터이다. 특정 상권 내에서 어떤 업종의 매출이 어느 시간대에 집중되는지, 고객들의 평균 소비 단가(객 단가)는 얼마인지, 재방문율은 어느 정도인지를 분석하면 해당 상권의 구체적인 힘, 즉 '상권 활성도 지수(Commercial Vitality Index)'를 측정할 수 있다. 여기에 통신사 기지국 정보를 활용한 유동인구 데이터를 결합하되, 단순히 머무는 인구가 아닌 실제 해당 지역에서 통화, 데이터 사용 등 '의미 있는 활동(Meaningful Stay)'을 한 인구를 추출하여 분석의 정확도를 높인다.

3.2.1. 상업용 부동산의 미래의 잠재적 가치를 예측하기 위한 예측 분석 (Predictive Analytics) 기법

더 나아가, 미래의 잠재적 가치를 예측하기 위해 예측 분석(Predictive Analytics) 기법이 활용된다. 빅데이터를 활용한 예측 분석(Predictive Analytics)은 상업용 부동산의 미래 잠재 가치에 영향을 미치는 복합적인 변수들을 분석하여, 투자 및 개발 의사결정의 불확실성을 줄이고 수익을 극대화하는 데 핵심적인 역할을 한다.

예를 들어, 특정 지역에 새로운 지하철 노선이 개통될 계획이 발표되었다고 가정하자. 과거 유사한 개발 사례에서 나타난 상권 변화 데이터를 머신 러닝 알고리즘에 학습시킨다. 알고리즘은 단순히 유동인구 증가 뿐 아니라, 인구의 연령대 변화, 그에 따른 선호 업종의 변화, 그리고 임대료 상승 곡선의 패턴까지 예측하여 미래의 '최적 임차 업종(Optimal Tenant Mix)'과 '기대수익률(Expected Rate of Return)'을 시뮬레이션해 보여주는 것이다.

■ 빅데이터 기반 상업용 부동산 가치 예측 분석 방법론의 대상, 목표, 기술, 장단점 및 활용 예시

구분	특성 가격 모델	시계열 예측 모델	머신 러닝 앙상블 모델
예측분석의 대상	부동산의 물리적 특성(면적, 층수), 입지적 특성(접근성, 주변 환경), 사회·문화적 특성(동네 매력도) 등 부동산 가치를 구성하는 내재적 요인들	과거부터 현재까지 축적된 상업용 부동산의 가격, 거래량, 공실률, 임대료 등 시간의 흐름에 따른 순차적 데이터	부동산의 내재적 특성, 시계열 데이터, 거시 경제 지표, 시장 심리 데이터 등 미래 가치에 영향을 미칠 수 있는 모든 정형·비정형 데이터
목표	부동산을 구성하는 다양한 특성(변수)들이 가격에 각각 얼마만큼의 영향을 미치는지를 통계적으로 분석하고, 이를 통해 특정 부동산의 적정 가치를 추정하는 것을 목표로 한다.	과거 데이터의 패턴(추세, 계절성)을 식별하여, 이를 미래로 연장함으로써 단기 또는 중기적인 시장의 가격 및 임대료 변동 방향성을 예측하는 것을 목표로 한다.	여러 개의 개별 예측 모델을 결합하여 단일 모델의 한계를 극복하고, 변수 간의 복잡한 비선형 관계를 학습함으로써 가장 높은 수준의 예측 정확도를 달성하는 것을 목표로 한다.
분석방법 및 기술	다중회귀분석(Multiple Regression Analysis)을 핵심 기술로 사용한다. 가격을 종속변수로, 각 특성을 독립변수로 설정하여 각 변수가 가격에 미치는 영향력(회귀계수)을 추정한다.	ARIMA(자기회귀누적이동평균), SARIMA(계절성 ARIMA), LSTM(장단기 메모리) 등 통계적 시계열 분석 기법과 딥러닝 알고리즘을 활용하여 미래 시점의 값을 예측한다.	랜덤 포레스트(Random Forest), 그래디언트 부스팅(Gradient Boosting), XGBoost 등 여러 개의 의사결정나무(Decision Tree) 모델을 결합하는 앙상블(Ensemble) 기법을 활용한다.
역할	특정 부동산의 현재 시점 적정 가치를 산정하고, 유사한 부동산 가치를 비교 평가하는 가치평가(Valuation)의 기본 프레임워크 역할을 한다. 리모델링 시 가치 상승분을 예측하는 데도 활용된다.	시장의 단기적인 등락을 예측하여 최적의 매입·매각 시점을 포착하고, 임대료 변동 추이를 예측하여 안정적인 현금흐름을 계획하는 역할을 한다.	AVM(자동화 가치평가 모델)의 핵심 엔진으로서 가장 정교한 미래 잠재 가치를 예측하는 역할을 한다. 다양한 변수를 종합하여 특정 자산의 미래 가격 상승률이 시장 평균을 상회할지(Outperform) 여부를 판단한다.

장점	해석의 용이성: 각 특성(예: '지하철역과의 거리 100m 감소')이 가격에 미치는 영향을 직관적으로 이해하기 쉽다. 안정성: 부동산 경제학에서 오랜 기간 검증된 모델로 안정성과 신뢰성이 높다.	단기 예측 정확도: 안정적인 패턴을 보이는 시장의 단기적 변화를 예측하는 데 효과적이다. 간결성: 가격, 거래량 등 제한된 데이터만으로도 의미 있는 예측이 가능하다.	높은 예측 정확도: 개별 모델의 오류를 상호 보완하므로 현존하는 예측 모델 중 가장 높은 정확도를 보인다. 변수 중요도 파악: 미래 가치 예측에 어떤 변수가 가장 큰 영향을 미쳤는지 정량적으로 파악할 수 있다.
단점	비선형 관계 미반영: 변수들이 가격에 독립적이고 선형적으로 영향을 미친다고 가정하여, 변수 간 복잡한 상호작용을 반영하지 못한다. 시점의 한계: 과거 데이터를 기반으로 현재 가치를 추정할 뿐, 미래의 동적인 변화를 예측하기 어렵다.	외부 충격 반영의 한계: 금리 급등, 정책 변화 등 갑작스러운 외부 충격으로 패턴이 깨질 경우 예측력이 급격히 저하된다. 장기 예측의 불확실성: 예측 기간이 길어질수록 오차가 누적되어 신뢰도가 낮아진다.	과적합(Overfitting) 위험: 학습 데이터에 모델이 과도하게 최적화되어, 새로운 데이터에 대한 예측 성능이 오히려 떨어질 수 있다. 해석의 어려움(블랙박스): 모델 내부의 작동 방식이 복잡하여 예측 결과가 도출된 구체적인 이유를 설명하기 어렵다.
도시부동산 활용예시	오피스 빌딩 가치 평가: 강남역 인근 오피스 빌딩의 가치를 평가할 때, '지하철역 연결 여부', '공실률', '주변 상권 활력도' 등 핵심 특성 변수들의 가중치를 적용하여 적정 매매가격을 산출하는 데 활용된다.	물류센터 임대료 예측: 과거 5년간의 수도권 물류센터 임대료 데이터를 시계열 모델로 분석하여, 향후 2년간의 분기별 평균 임대료 상승률을 예측하고 이를 기반으로 PF 사업의 미래 현금흐름을 추정한다.	리테일 상가 투자 결정: 특정 상권의 미래 잠재 가치를 예측하기 위해, 주변 아파트 세대수, 유동인구, SNS 언급량, 금리 등 수십 개의 변수를 앙상블 모델로 분석한다. 이를 통해 향후 3년 내 자산 가치 상승률이 가장 높을 것으로 예측되는 A 빌딩을 최종 투자 대상으로 선정한다.

이러한 분석은 한 걸음 더 나아가 개별 상가의 가치를 세밀하게 평가한다. 같은 건물 내의 1층 상가라도, 도로에서의 가시성(Visibility), 보행자 동선과의 접근성, 심지어는 특정 시간대의 그림자 분포까지 GIS(지리정보시스템)와 3D 시뮬레이션으로 분석하여 임대료를 차등적으로 산정하는 근거를 마련한다. 결국 빅데이터 기반의 상업용 부동산 가치 분석이

란, 상권의 현재 매출을 넘어 미래 소비의 흐름과 공간의 잠재력을 정확히 읽어내는 과정인 것이다.

3.2.2. 빅데이터 기반 상업용 부동산 가치 분석 방법 비교

구분	헤도닉 및 수익환원법 혼합 모형	공간분석 기반 상권분석 모형	머신 러닝/AI 기반 예측 모형
목표	부동산의 물리적 특성, 입지적 우위성, 가시성 등이 임대료와 자산가치에 미치는 영향을 계량적으로 분석하고, 이를 통해 객관적인 시장 가치를 산정하는 것을 목표로 한다.	특정 상업용 부동산의 유효 상권 범위를 설정하고, 상권 내 유동인구의 특성, 소비 패턴, 경쟁 강도, 업종 분포 등을 분석하여 상권의 현재 가치와 잠재력을 평가하는 것을 목표로 한다.	상권, 입지, 경제 변수 등 가치에 영향을 미치는 모든 데이터를 통합 학습하여 개별 부동산의 미래 매출, 공실률, 최적 임대료, 투자수익률 등을 높은 정확도로 예측하는 것을 목표로 한다.
분석방법 및 기술	다중회귀분석을 통해 임대료나 자본환원율(Cap. Rate)을 종속변수로 설정한다. 건축물 정보에 유동인구 데이터, 도로 접근성, 주변 업종의 다양성 지수(HHI) 등 빅데이터를 독립변수로 활용한다.	'GIS(지리정보시스템)'를 핵심 도구로 사용한다. '커널 밀도 분석(KDE)'으로 상권의 중심지를, '허프 모델(Huff Model)'로 점포의 시장점유율을 추정한다. 통신사 유동인구, 신용카드 매출 데이터를 활용해 고객의 출발지-목적지(O-D)를 분석한다.	그래디언트 부스팅(XGBoost), 시계열 분석(LSTM) 등의 알고리즘을 활용한다. POS 매출 데이터, 소셜미디어 언급량, 온라인 검색 트렌드, 거시경제지표 등 정형·비정형 데이터를 총망라하여 미래 가치를 예측한다. 위성·항공 이미지로 개발 현황을 파악하는 컴퓨터 비전 기술도 활용된다.
역할	특정 상업용 부동산의 적정 임대료 수준을 산정하고, 자산 가치를 평가하는 기초자료를 제공한다. 리모델링이나 MD 구성 변경이 가치에 미칠 영향을 시뮬레이션 하는 역할을 수행한다.	특정 입지에 '가장 적합한 업종(Tenant Mix)'이 무엇인지 제시하고, 신규 출점 전략 수립 및 마케팅 활동의 효율성을 제고하는 역할을 한다. 상권의 성장 또는 쇠퇴 단계를 진단한다.	부동산 투자 의사결정 시 미래의 현금흐름(Cash Flow)과 리스크를 자동으로 예측하고 정량 화하는 역할을 수행한다. 잠재력 있는 저평가된 투자처를 발굴하는 스크리닝(Screening) 도구로 기능한다.

장점	- 가치 결정 요인을 명확히 식별하고 그 영향력을 해석하기 용이하다. - 전통적 평가 방법과 결합하여 설득력이 높다.	- 상권의 공간적 구조와 경쟁 환경을 직관적으로 파악할 수 있다. - 실질적인 소비자 행동에 기반하여 분석의 현실성이 높다.	- 가장 높은 수준의 예측 정확도를 제공한다. - 인간이 인지하기 어려운 숨겨진 패턴을 발견하여 새로운 투자 기회를 창출한다.
단점	- 시장의 급격한 변화나 미래의 잠재 수요를 반영하기 어렵다.	- 데이터 확보 비용이 높고, 개인정보보호 규제의 영향을 받는다.	- 모델이 '블랙박스'로 작동하여 예측의 근거를 설명하기 어렵다. - 지속적인 데이터 관리와 모델 업데이트가 필수적이다.
도시부동산 활용예시	- 서울 명동 상권에서 1층 코너 점포의 임대료가 이면도로의 2층 점포보다 몇 %의 프리미엄을 갖는지 정량적으로 산출한다. - 지하철역 출구와의 보행 거리, 버스정류장 노선 수가 상가 임대료에 미치는 영향을 분석하여 적정 분양가를 산정한다.	- 특정 지역의 신용카드 매출 데이터를 분석하여 '20대 여성, 점심시간, 1만 원 이하 결제'가 집중되는 지역을 파악하고, 해당 고객층을 타겟으로 하는 저가 커피 전문점의 최적 입지를 선정한다. - 경쟁 쇼핑몰의 고객 주소지 데이터를 분석하여 우리의 마케팅이 취약한 지역을 발견하고, 해당 지역에 대한 타겟 광고를 집행한다.	- 특정 상권의 유동인구, 소비 데이터, 주변 개발 계획 등을 종합하여 3년 후 해당 상권의 예상 매출액과 임대료 상승률을 예측하고 투자 우선순위를 결정한다. - 소셜미디어에서 '힙스터', '핫플레이스' 등의 키워드 언급 량이 급증하는 지역을 '미래 유망 상권'으로 예측하여 선제적으로 부동산을 매입하는 전략을 수립한다.

3.3. 가상사례: 데이터로 미래를 읽는 스마트시티 '메트로폴리스X' 투자

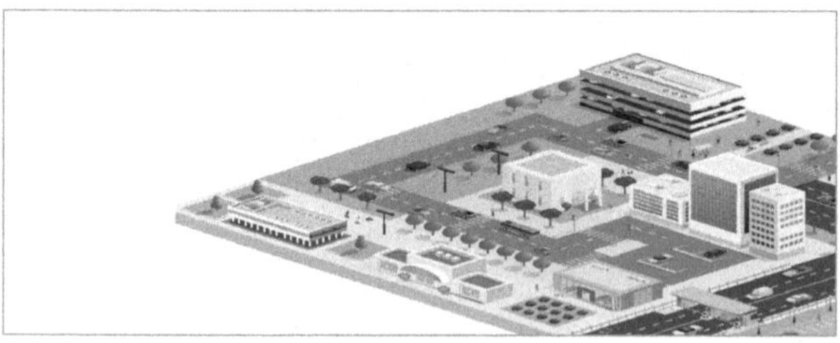

AI로 스마트 시티와 공간 구축 | NVIDIA [https://www.nvidia.com/ko-kr]

1) 미래 과제: 2035년, 대한민국이 야심 차게 조성한 인공지능 기반의 스마트시티 '메트로폴리스X'. 최첨단 기술과 친환경 에너지가 결합된 이 도시는 전 세계의 투자자들에게 가장 매력적인 투자처로 떠올랐다. 당신은 글로벌 부동산 투자금융사 '퀀텀 파트너스'의 펀드매니저이다. 회사는 메트로폴리스X의 중심상업지구에 대규모 복합 쇼핑몰 및 오피스 타워를 개발하는 프로젝트에 1조 원을 투자하기로 결정했다. 문제는 최종 후보지로 오른 두 개의 구역, 'A-존(Zone)'과 'B-존' 중 어디를 선택하는가 하는 것이다.

2) A-존과 B-존의 가상 데이터 비교

분석 항목	A-존(전통적 도심)	B-존(신 기술지구)	데이터 소스
공시지가(1㎡당)	1억 2,000만 원	8,000만 원	국토교통부
현재 지하철 연결	3개 노선 환승	1개 노선	메트로폴리스X 교통국
주요 배후 시설	시청, 대형 백화점, 컨벤션센터	국립 AI 연구소, 데이터센터, R&D 캠퍼스	건축물대장
(Big Data) 24시간 실시간 유동인구	12만 명 (주말 집중)	9만 명 (주중 주간 집중)	통신사 기지국 데이터
(Big Data) 소셜미디어 버즈량(긍정/부정)	긍정 65% (키워드: 쇼핑, 약속)	긍정 85%(키워드: 혁신, 컨퍼런스, 영감)	SNS 크롤링 데이터
(Big Data) e-커머스 배송 밀집도	10(평균 수준)	18(최상위 수준, 고가 상품 비중 높음)	물류 데이터
(Big Data) AI 예측 5년 후 교통 접근성 지수	120 (현재 대비 +15%)	185(현재 대비 +90%, 자율주행 셔틀 허브 예정)	교통 시뮬레이션 AI
(Big Data) AI 예측 5년 후 상주인구 소득수준	1억 2천만 원	2억 5천만 원	소득 예측 모델

전통적인 관점에서 본다면 A-존은 명백히 우월한 입지이다. 공시지가가 높고, 교통이 편리하며, 이미 검증된 상권을 갖추고 있기 때문이다. 대부분의 보수적인 투자자는 A-존의 안정성을 선택할 것이다.

그러나 당신의 팀은 빅데이터 기반의 AI 가치평가 모델 '퀀텀-아이(Quantum-Eye)'를 가동한다. 퀀텀-아이는 단순히 현재의 데이터를 보는 것을 넘어, 데이터 간의 복잡한 상호작용을 분석하여 미래의 가치를 예측하도록 설계되었다.

분석이 시작되자, 퀀텀-아이는 B-존의 잠재력에 주목한다.

- 첫째, B-존의 유동인구는 양적으로는 적지만, AI 연구소와 R&D 캠퍼스에 상주하는 '질적으로 우수한' 인구이다. e-커머스 배송 밀집도와 고가 상품 비중 데이터는 이들의 높은 구매력을 명백히 증명한다.
- 둘째, 소셜미디어 버즈량은 B-존이 단순한 소비 공간이 아니라 '지식과 혁신이 창출되는 공간'으로 인식되고 있음을 보여준다. 이는 미래에 지식 기반 산업의 종사자들을 끌어모으는 강력한 자석이 될 것이다.
- 셋째, 가장 결정적인 데이터는 AI가 예측한 교통 접근성 지수와 상주인구 소득수준이다. 5년 후 자율주행 셔틀 허브가 들어서면 B-존의 물리적 고립은 완벽히 해소되며, 고소득 기술 인력의 유입은 폭발적으로 증가할 것이다. 이는 곧 상업시설의 매출 및 오피스의 임대료 상승과 직결되는 핵심 동인이다.

3) 최종 투자 시뮬레이션 결과를 도출: 퀀텀-아이는 이러한 변수들을 종합하여 최종 투자 시뮬레이션 결과를 도출한다.

"A-존 투자 시 10년 기대수익률(IRR): 연 7.5%(안정적, 제한적 성장)"
"B-존 투자 시 10년 기대수익률(IRR): 연 14.2%(초기 변동성 존재, 기하급수적 성장 가능)"

4) 결론 및 시사점: 결과는 명확하다. 전통적 데이터가 A-존의 '현재 가치'를 가리킬 때, 빅데이터는 B-존의 '미래 가치'를 보여준 것이다. 당신은 이 데이터를 근거로 이사회를 설득하여 과감하게 B-존에 투자를 결정한다. 이는 단순한 감이나 경험에 의존한 투자가 아니라, 수십억 개의 데이터 포인트가 엮어낸 미래 시나리오에 기반한 철저한 과학적 의사결정이다. 이처럼 빅데이터는 도시부동산 투자금융의 패러다임을 바꾸는 가장 환상적이고 강력한 도구인 것이다.

4. 빅데이터 기반 시뮬레이션에 의한 도시부동산 가치 예측 방법과 가상사례

4.1. 빅데이터 기반 시뮬레이션에 의한 도시부동산 가치 예측 방법

전통적인 부동산 가치 분석이 과거와 현재의 데이터를 통해 미래를 '추정'하는 방식이었다면, 빅데이터 기반 시뮬레이션은 가상의 디지털 공간에 현실의 도시를 복제한 '디지털 트윈(Digital Twin)'을 구축하고, 이곳에서 발생 가능한 수만 가지의 미래 시나리오를 '실험'하여 가장 확률 높은 미래 가치를 예측하는 혁신적인 방법론이다. 이는 마치 체스 챔피언이 머릿속으로 수십 가지 경우의 수를 미리 시뮬레이션해보고 최적의 수를 찾는 것과 같은 원리이다.

분석의 핵심은 현실 세계의 역동성을 디지털 트윈에 실시간으로 동기화하는 데 있다. 도시 전역의 교통카드 사용 데이터, 통신사의 유동인구 데이터, 신용카드의 소비 데이터, 소셜미디어의 여론 데이터, 그리고 정부의 도시계획 및 거시경제 변수까지, 살아 숨 쉬는 도시의 모든 데이터가 디지털 트윈의 혈액처럼 흐르게 된다. 이 가상 도시 속에서 우리는 특정 변수를 통제하고 미래에 발생할 변화의 파급 효과를 시뮬레이션 할 수 있다. 예를 들어, 'A 지역에 신규 지하철 노선이 개통된다면?', 'B 지역에 대규모 R&D 센터가 들어선다면?', 'C 지역의 용도지역이 상향 조정된다면?' 과 같은 '만약(What-if)' 시나리오를 가상으로 실행하는 것이다.

이 시뮬레이션은 단순히 1차원적인 가치 상승을 계산하는 것을 넘어선다. 지하철 개통이라는 단일 이벤트가 유발하는 복합적인 연쇄 반응, 즉 '시스템 다이내믹스(System Dynamics)'를 예측한다. 지하철 개통은 ① 유동인구 증가를 유발하고, 이는 ② 주변 상권의 매출 증대로 이어지며, ③ 이는 다시 상업용 부동산의 임대료 상승을 견인한다. 동시에 ④ 직주근접을 선호하는 인구가 유입되면서 ⑤ 주거용 부동산의 수요가 증가하고, 이는 ⑥ 주택 가격 상승으로 이어진다.

시뮬레이션 모델은 이러한 복잡한 인과관계를 수백만 번의 연산을 통해 계산하여, 5년, 10년 후 해당 지역 부동산의 자산 가치를 확률 분포의 형태로 정밀하게 예측해내는 것이다. 결국 이 방법은 도시를 하나의 거대한 유기체로 보고, 정책과 시장의 변화라는 자극에 도시가 어떻게 반응할지를 미리 탐험하는 가장 진보된 형태의 가치 예측 방법이다.

4.1.1. 빅데이터 기반 시뮬레이션에 의한 도시부동산 가치 예측 방법 비교

구분	행위자기반모형	시스템 다이내믹스 모형	디지털 트윈 및 시나리오 시뮬레이션
목표	가구, 기업, 투자자 등 개별 경제주체(Agent)의 미시적 의사결정과 상호작용이 전체 부동산 시장의 거시적 질서(가격, 공간분포 등)를 어떻게 형성해 나가는지, 그 창발(Emergence) 현상을 규명하고 예측하는 것을 목표로 한다.	인구, 주택공급, 금리, 정책 등 부동산 시장을 구성하는 핵심 변수들 간의 인과관계와 피드백 루프(Feedback Loop)를 구조적으로 모델링하여, 시장의 장기적이고 순환적인 동태 변화를 이해하고 예측하는 것을 목표로 한다.	현실 도시를 가상공간에 실시간으로 동기화되는 쌍둥이(Digital Twin)로 구축하고, 특정 개발 계획이나 정책 시나리오를 가상으로 실행하여 발생 가능한 모든 변화를 통합적으로 시뮬레이션하고 최적의 대안을 도출하는 것을 목표로 한다.

분석방법 및 기술	개별 행위자에게 소득, 선호, 의사결정 규칙 등을 부여하고, 이들이 가상 공간 내에서 상호작용하는 과정을 시뮬레이션 한다. NetLogo, Repast 등 전문 S/W와 Python을 활용한다. 빅데이터는 행위자의 초기 속성과 행동 패턴을 현실적으로 설정하는 데 사용된다.	시장 시스템의 변수들을 '저량(Stock)과 유량(Flow)'으로 정의하고, 이들 간의 관계를 미분방정식 기반의 인과지도(Causal Loop Diagram)로 설계한다. Vensim, Stella 등의 S/W를 사용한다. 과거 시계열 빅데이터는 변수 간의 관계식을 보정(Calibration)하는 데 활용된다.	GIS, 3D 모델링(BIM), IoT 센서 데이터를 기반으로 도시의 물리적 환경과 활동을 가상으로 복제한다. 여기에 행위자기반모형, 시스템 다이내믹스, 교통류 시뮬레이션 등 다수의 모델을 결합하여 특정 시나리오의 파급효과를 종합적으로 분석한다.
역할	부동산 시장의 쏠림 현상, 젠트리피케이션의 확산 과정, 주거 분리 등 복잡한 시장 현상의 근본적인 발생 메커니즘을 설명하는 역할을 수행한다. '상향식(Bottom-up)' 접근법에 해당한다.	부동산 시장의 장기적인 경기 순환(Boom-Bust Cycle) 패턴을 예측하고, 정부의 공급 정책이나 금융 규제 변화가 시장 안정성에 미치는 영향을 분석하는 정책 실험 도구의 역할을 수행한다. '하향식(Top-down)' 접근법에 해당한다.	대규모 도시개발 프로젝트나 스마트시티 계획 수립 시, 사전에 여러 대안의 성과와 리스크를 정량적으로 비교 평가하는 가상 실험실(Virtual Lab) 역할을 수행한다. 가장 진보된 형태의 의사결정 지원 도구이다.
장점	- 시장 참여자의 이질성과 복잡한 상호작용을 현실적으로 모사할 수 있다. - 미시적 변화가 거시적 시장에 미치는 영향을 탐색하는 데 탁월하다.	- 시스템의 전체 구조와 동태적 흐름을 직관적으로 이해하기 용이하다. - 정책 변화의 장기적인 파급 효과를 분석하는 데 효과적이다.	- 가장 높은 수준의 현실성과 예측 정확도를 제공한다. - 복합적인 도시 문제를 다차원적으로 분석하고 시각 화할 수 있다.
단점	- 행위자의 행동 규칙 설정에 따라 결과의 민감도가 높다. - 연산 량이 많아 분석에 많은 시간이 소요된다.	- 개별 행위자의 다양한 특성이나 공간적 세밀함을 반영하기 어렵다.	- 구축 및 유지보수에 천문학적인 비용과 시간이 소요된다. - 방대한 데이터 인프라와 고도의 전문 기술을 필요로 한다.

도시부동산 활용예시	- 정부의 LTV(주택담보대출비율) 규제 강화가 소득 수준이 다른 가구(Agent)들의 주택 구매 의사결정에 어떤 영향을 미치고, 이것이 서울의 지역별 아파트 가격 변화로 어떻게 이어지는지를 시뮬레이션 한다.	- '인구 유입 증가 → 주택 수요 증가 → 가격 상승 → 신규 건설 투자 증가 → 공급 증가 → 가격 안정 → 인구 유입 증가'로 이어지는 서울 주택시장의 장기 순환 사이클을 모델링하고, 공급 정책의 시점이 시장 안정에 미치는 효과를 분석한다.	- 용산국제업무지구 개발 계획(A, B안)을 디지털 트윈에 각각 적용하여, 20년간의 교통량, 상권 매출, 주변 지역 부동산 가격, 공원 이용률, 탄소배출량 등의 변화를 종합적으로 시뮬레이션하고 최적의 마스터플랜을 최종 선정한다.

4.2. 가상사례: 디지털 트윈으로 재개발의 미래를 시뮬레이션 하다 – '용산 국제업무지구 2045' 프로젝트

뉴욕의 새 명물 '허드슨 야드' | 동아일보 [https://www.donga.com]

1) 미래 과제: 2028년, 대한민국 서울의 심장부인 '용산 국제업무지구' 개발 프로젝트가 마침내 본궤도에 올랐다. 정부와 서울시는 이곳을 뉴욕의 허드슨 야드나 런던의 카나리 워프를 뛰어넘는 글로벌 비즈니스 및 라이프스타일 허브로 조성할 계획이다. 당신은 글로벌 연기금을 운용하는 투자 총괄 책임자이며, 이 역사적인 프로젝트에 10조 원 규모의 투자를 집행해야 한다. 현재 최종 개발 마스터플랜으로 두 가지 안이 치열하게 경합 중이다.

(1) A안(The 'Global Finance' Plan): 전통적인 금융 허브 모델이다. 초고층 오피스 빌딩을 중심으로 세계적인 투자은행, 자산운용사, 컨설팅펌을 유치하고, 최고급 호텔과 백화점을 배치하여 비즈니스 기능에 집중하는 계획이다.

(2) B안(The 'Creative-Tech' Plan): 융복합 기술 허브 모델이다. 오피스 빌딩의 높이를 다소 낮추는 대신, 저층부에는 인공지능(AI) 및 모빌리티 R&D 센터, 미디어 콘텐츠 제작 스튜디오, 1인 크리에이터를 위한 공유 오피스를 대규모로 조성하고, 수변 공간에는 시민들을 위한 복합문화공간과 스마트 공원을 배치하는 계획이다.

전통적인 관점에서는 A안이 안정적이다. 그러나 당신의 팀은 단순한 재무적 타당성 분석을 넘어, 서울시가 구축한 "디지털 트윈 시뮬레이션 플랫폼 'SEOUL-SIM'"을 통해 두 계획이 가져올 2045년의 미래를 예측하기로 결정한다.

런던 금융허브 '카나리 워프'도 공실로 골치 - CityTimes
[https://www.citytimes.co.kr]

2) 'SEOUL-SIM' 시뮬레이션을 위한 가상 빅데이터 입력 변수

데이터 유형	입력 변수(가상 수치)	데이터 소스
산업/경제	- 글로벌 금융 산업 연평균 성장률 예측: 1.5% - 글로벌 AI/콘텐츠 산업 연평균 성장률 예측: 8.5%	KDI, 글로벌 경제연구소
인구/노동	- A안 유치 예상 인력: 금융 전문가 5만 명 (평균 연령 45세) - B안 유치 예상 인력: 테크/크리에이터 8만 명 (평균 연령 32세)	통계청 장래인구추계, 링크드인 채용 데이터
교통/ 모빌리티	- UAM(도심항공교통) 노선 연결 시뮬레이션 - 공유 모빌리티 및 자율주행 셔틀 수요 예측	TMAP 모빌리티 데이터, 국토교통부
소비/상권	- A안 배후지 예상 소비: 법인카드, 명품, 고급 요식업 - B안 배후지 예상 소비: 개인카드, 체험형 소비, F&B	신한카드 소비 데이터
사회/여론	- 소셜미디어 '워라밸', '창의성', '혁신' 키워드 관심도: 연 12% 증가 - '금융', '연봉' 키워드 관심도: 연 2% 증가	인스타그램, 블로그 데이터 크롤링

시뮬레이션이 시작되자, 디지털 트윈 속의 가상 용산은 2045년을 향해 빠르게 시간을 압축하여 변화를 보여준다.

(1) **A안 시뮬레이션 결과:** 초기 5년간은 글로벌 금융사 유치로 오피스 임대료가 급등하며 안정적인 수익률을 보인다. 그러나 2035년을 기점으로 금융 산업의 성장 둔화와 원격 근무 확산 트렌드가 맞물리며 오피스 공실률이 점차 증가하기 시작한다. 주중 주간에는 활발하지만, 주말과 야간에는 도시가 비워 버리는 '공동화(空洞化)' 현상이 뚜렷하게 예측된다.

(2) **B안 시뮬레이션 결과:** 초기 임대료 상승은 A안보다 더디지만, 2033년 이후 AI 및 콘텐츠 기업들이 클러스터를 형성하며 폭발적인 성장을 보인다. 젊고 창의적인 인재들이 24시간 머무르며 일하고, 즐기고, 거주하는 '직주락(職住樂)' 도시가 형성된다. 이

들이 만들어내는 새로운 기술과 문화가 다시 고급 인재와 기업을 끌어들이는 '네트워크 효과(Network Effect)'가 발생하며, 자산 가치가 비선형적으로 증폭되는 모습이 관찰된다.

3) 그래프. 2028-2045년 용산 국제업무지구 자산가치 예측 시뮬레이션 결과

"A안(금융 허브) 2045년 총자산가치 예측: 350조 원(연평균 수익률 5.8%)" "
B안(기술 허브) 2045년 총자산가치 예측: 520조 원(연평균 수익률 8.2%, 변동성 존재)"

4) 결론과 시사점: 시뮬레이션 결과는 명백하다. 단기적 안정성을 넘어 장기적이고 폭발적인 성장을 위해서는 B안이 최적의 선택이다. 당신은 이 시뮬레이션 결과를 바탕으로 투자위원회를 설득하고, 용산의 미래를 '창의-기술 허브'로 만드는 데 10조 원을 투자하기로 최종 결정한다. 이것은 더 이상 감이나 직관에 의존하는 투자가 아니다. 이는 빅데이터와 디지털 트윈을 통해 수만 개의 가능한 미래를 미리 살아보고, 그중 가장 찬란한 현실을 선택하는, 과학이자 예술인 것이다.

주제6
가격 흥정의 종말: 빅데이터 자동 가치평가 모델(AVM)

1. 실거래가 데이터를 활용한 자동 가치평가 모델(AVM) 기법과 가상사례

1.1. 실거래가 데이터를 활용한 자동 가치평가 모델(AVM) 기법

자동 가치평가 모델(AVM: Automated Valuation Model)은 대규모 데이터와 통계적 알고리즘을 결합하여 부동산의 가치를 신속하고 객관적으로 산정하는 첨단 기법이다. 이는 마치 수천 명의 베테랑 감정평가사가 가진 경험과 지식을 하나의 인공지능(AI)으로 응축시킨 '디지털 감정평가사'와 같다. AVM은 인간의 주관적 판단이나 제한된 정보에서 오는 오류를 최소화하고, 데이터에 기반한 일관성 있는 가치

공공 주택 기관의 자동가치산정모형(AVM) 활용 [https://xai.land]

평가를 대규모로 수행하는 것을 목표로 한다.

AVM의 심장은 '실거래가 데이터'이다. 시장에서 실제로 거래된 수백만 건의 가격 정보는 모델이 부동산의 가치를 학습하는 가장 확실한 정답지(Ground Truth)가 된다. 모델은 이 정답지를 기준으로 특정 부동산의 다양한 특성들이 가격에 어떻게 반영되는지를 학습한다.

1.1.1. AVM에 투입되는 데이터

부동산 고유 데이터: 면적, 층, 향, 방 개수, 건축 연도, 용적률, 세대수 등 건축물대장에서 추출할 수 있는 정형 데이터이다.

입지 및 공간 데이터: GIS(지리정보시스템)를 통해 처리되는 데이터로, 가장 가까운 지하철역까지의 거리, 초등학교 배정 학군, 대형마트 및 공원까지의 접근성, 한강 조망권 여부 등 공간적 특성을 포함한다.

시점 및 동태 데이터: 거래 시점, 기준금리 변화, 부동산 정책 변수, 주변 지역의 개발 계획 등 시간의 흐름에 따라 변화하는 동태적 요인을 의미한다.

초기 AVM은 이러한 변수들을 '다중회귀분석(Hedonic Price Model)'을 통해 분석하는 통계적 방식에 머물렀다. 그러나 최근의 AVM은 한 단계 진화하여 머신 러닝(Machine Learning) 기술을 핵심 엔진으로 사용한다. 랜덤 포레스트(Random Forest), 그래디언트 부스팅(Gradient Boosting)과 같은 알고리즘은 변수 간의 복잡하고 비 선형적인 관계까지 학습할 수 있다.

예를 들어, '지하철역과의 거리가 가까울수록 가격이 비싸다'는 단순한 선형 관계를 넘어, '역에서 도보 5~10분 거리가 가장 선호도가 높고, 오히려 역에 너무 가까우면 소음 등으로 가치가 일부 감소한다'는 복잡한 패턴까지 발견해 내는 것이다. 이처럼 머신 러닝 기반 AVM은 방대한 실거래가 데이터를 바탕으로 부동산의 현재 가치를 정밀하게 추정하는 가장 강력한 도구이다.

측면	AVM	전통적 평가
시간	몇 초 또는 몇 분 내에 결과를 제공합니다	완료하는 데 며칠이 걸립니다
비용 효율성	비용이 저렴하고, 직접 방문할 필요가 없습니다.	감정사 수수료로 인해 비용이 더 많이 듭니다.
능률	매우 빠르고 효율적입니다	시간이 많이 걸리고 비용이 많이 듭니다

AVM - 부동산 자동가치평가 시스템 [https://www.klv.kr]

1.1.2. 실거래가 데이터를 활용한 자동 가치평가 모델(AVM) 기법 비교

구분	다중회귀분석 기반 모형(헤도닉 가격 모형)	공간계량모형	머신 러닝 기반 앙상블 모형	딥러닝/AI 기반 모형
목표	부동산의 개별 특성 변수(면적, 층, 연식 등)가 가격에 미치는 독립적인 영향력을 통계적으로 측정하고, 이를 선형적으로 조합하여 가치를 설명하고 추정하는 것을 목표로 한다.	부동산 가치가 주변 지역의 특성 및 가격에 의해 영향을 받는 공간적 의존성(Spatial Dependency) 을 모형에 명시적으로 반영하여 추정의 정확성과 현실성을 제고하는 것을 목표로 한다.	변수 간의 복잡한 비선형 관계 및 상호작용을 데이터로부터 직접 학습하여, 기존 통계 모형의 한계를 뛰어넘는 최고 수준의 예측 정확도를 달성하는 것을 목표로 한다.	이미지, 텍스트 등 비정형 데이터까지 분석 범위에 포함하여 인간의 직관과 유사한 방식으로 부동산의 미묘한 질적 가치(인테리어, 조망, 분위기 등)를 포착하고 가치평가에 반영하는 것을 목표로 한다.
분석방법 및 기술	'다중 선형회귀분석(Multiple Linear Regression)'이 핵심 기술이다. 실거래가를 종속변수로, 부동산의 주요 특성을 독립변수로 사용하여 각 변수의 회귀계수(가격 영향력)를 추정한다.	'지리가중회귀(GWR)'나 공간자기회귀모형(SAR) 등 공간통계 및 계량경제 기법을 활용한다. GIS를 통해 변수의 공간적 가중치를 계산하고 모형에 적용한다.	랜덤 포레스트(Random Forest), 그래디언트 부스팅(XGBoost, LightGBM) 등 다수의 의사결정나무를 결합하는 앙상블(Ensemble) 학습 기법을 주로 사용한다.	'합성곱 신경망(CNN)'을 통해 부동산 내·외부 이미지를 분석하고, 자연어 처리(NLP) 기술로 매물 설명 텍스트를 분석하여 잠재적 가치 요인을 추출하고 이를 가치평가에 통합한다.

역할	AVM의 가장 기초적인 형태로, 가치 결정 요인의 영향력을 해석하고 이해하는 데 중점을 둔다. 정책 효과 분석 등 연구 목적으로 주로 활용된다.	특정 입지 요인의 영향력이 지역에 따라 어떻게 달라지는지 분석하는 등 부동산 시장의 국지적(Local) 특성을 진단하고 설명하는 역할을 수행한다.	금융권의 담보대출 심사, 핀테크 및 프롭테크 기업의 실시간 시세 제공 서비스 등 높은 정확도가 요구되는 상업적 AVM의 핵심 엔진 역할을 담당한다.	시장에 아직 가격으로 반영되지 않은 숨겨진 가치를 발굴하고, 감정평가사의 질적 판단 영역 일부를 자동화하는 차세대 AVM의 선도적 역할을 수행한다.
장점	- 모형이 단순하고 결과의 해석이 매우 용이하다. - 각 변수의 영향력을 명확한 수치로 제시할 수 있다.	- 공간적 효과를 고려하므로 단순 회귀모형보다 정확도가 높다. - 지역별 시장 이질성을 통계적으로 검증할 수 있다.	- 현존하는 기법 중 정형 데이터 기반의 예측 정확도가 가장 뛰어나다. - 데이터 전처리 과정이 비교적 단순하고 과적합 제어에 용이하다.	- 정형 데이터가 담지 못하는 질적, 감성적 가치를 평가에 반영할 수 있다. - 잠재력 있는 새로운 가치 결정 요인을 발굴할 수 있다.
단점	- 복잡한 현실 시장의 비선형 관계를 반영하지 못해 예측 정확도에 한계가 있다.	- 분석 과정이 복잡하고 공간 데이터 구축에 많은 노력이 요구된다.	- 모형의 내부 작동 방식이 복잡하여(블랙박스) 결과의 해석이 어렵다.	- 방대한 양의 비정형 데이터와 고사양 컴퓨팅 자원이 필수적이다. - 모델의 해석이 가장 어렵고, 데이터 편향에 취약할 수 있다.
도시부동산 활용예시	서울 지역 아파트의 '층수'가 1개 층 증가할 때마다 평균적으로 가격이 약 0.5% 상승한다는 관계식을 도출한다.	'한강 조망권'의 가치가 강남구에서는 3억 원의 프리미엄을 갖지만, 마포구에서는 2억 원의 프리미엄을 갖는 등 지역별 차등 효과를 분석한다.	특정 아파트의 면적, 층수, 연식, 학군, 교통 등 150여 개 변수를 종합하여, 오차율 5% 이내의 실시간 추정 시세를 은행 및 부동산 플랫폼에 제공한다.	아파트 내부 사진을 AI가 분석하여 '최신 리모델링', '고급 마감재 사용'을 인식하고, 이를 기반으로 기본 추정가에 1억 원의 가치 프리미엄을 추가로 부여한다.

1.2. 가상사례: AI 감정평가사 '밸류- 파인더(Value-Finder)', 잠자는 아파트를 찾아내다

1) **현안 과제:** 2026년, 당신은 국내 최고의 프롭테크(Prop-Tech) 기업 '데이터노믹스'의 핵심 인재이다. 당신의 팀은 지난 3년간 서울시의 모든 부동산 실거래가 데이터와 200종류가 넘는 도시 데이터를 학습시킨 AVM, '밸류-파인더(Value-Finder)' 개발에 성공했다. '밸류-파인더'의 목표는 단순한 시세 조회가 아니다. 바로, 시장의 편견과 정보의 비대칭성 속에 숨겨진 저평가 우량 부동산을 발굴하여 투자 기회를 창출하는 것이다.

어느 날, 한 자산운용사로부터 1,000억 원의 자금을 활용하여 서울 내 가장 상승 잠재력이 높은 아파트 단지를 찾아달라는 의뢰가 들어온다. 시장의 모든 전문가는 재건축 이슈가 있는 강남의 은마아파트나 압구정 현대아파트를 추천한다. 하지만 당신은 '밸류-파인더'의 객관적인 판단을 믿고, 서울시 전체 180만 세대 아파트를 대상으로 전수 분석을 시작한다.

2) **분석 과정:** '밸류-파인더'는 일반적인 정보 외에 다음과 같은 '대안 데이터(Alternative Data)'까지 분석 변수로 활용한다.

- 최근 3년간 해당 아파트 단지에서 발생한 인테리어 공사 신고 건수(거주민의 자발적 가치 개선 의지 측정)
- 단지 내 상가의 업종 변화 패턴(예: 세탁소 → 브런치 카페, 동네 슈퍼 → 와인샵)
- 반경 500m 이내 지역에 대한 소셜미디어(인스타그램, 블로그) 긍정 키워드 언급량 변화

• 세대당 주차 대수 및 전기차 충전기 설치 비율

수억 개의 데이터 포인트를 분석한 지 수 시간 후, '밸류-파인더'는 모두의 예상을 뒤엎는 의외의 결과를 제시한다. 바로 강남이 아닌 성동구 성수동의 한강 변에 위치한 1990년대 구축 아파트, '서울숲 블루윙즈' 단지이다.

성수동 트렌드 도시재생 [https://blog.naver.com]

3) 분석 결과: '밸류-파인더'의 서울숲 블루윙즈 아파트 분석 결과

분석 항목	분석 결과	AI의 해석(Value Driver)
현재 시장 실거래가 (32평형 기준)	18억 원	시장의 평균적인 평가가 반영된 가격이다.
'밸류-파인더' 추정 잠재 가치	22.5억 원	+25%(4.5억 원)의 상승 잠재력이 존재하는 것으로 분석된다.
① 거주 환경 개선 에너지	최근 3년간 인테리어 신고 건수가 서울시 평균 대비 280% 높다.	재건축 연한은 멀었지만, 거주민들이 자발적으로 주거 환경을 최고 수준으로 개선하고 있어 숨겨진 자산 가치가 높다.
② 주변 상권의 질적 변화	단지 주변 상권의 F&B 업종 월평균 객단가가 2년 전 대비 40% 상승했다.	성수동 카페거리의 고급 문화 상권이 단지 주변으로 확산되며, 이는 고소득층의 신규 유입을 유도하는 강력한 신호이다.
③ 숨겨진 교통 호재	GIS 분석 결과, 단지 후문과 서울숲을 잇는 보행자 전용도로 신설 계획의 행정 절차 진행률이 85%에 달한다.	이 정보는 아직 시장에 널리 알려지지 않아 가격에 미 반영된 상태이며, 개통 시 '숲세권' 가치가 극대화될 것이다.

4) 결론 및 시사점: '밸류-파인더'의 분석은 명확했다. 시장은 '서울숲 블루윙즈'를 그저 '성수동의 낡은 아파트'로 보고 있었지만, 데이터는 그 속에서 꿈틀대는 '가치 상승의 에너지'를 정확히 읽어낸 것이다. 당신의 팀은 이 보고서를 근거로 자산운용사를 설득하여 '서울숲 블루윙즈'에 대한 집중 투자를 실행한다.

6개월 후, 서울시가 서울 숲 보행 전용도로 신설 계획을 공식적으로 발표하자 '서울숲 블루윙즈'의 가격은 단숨에 23억 원을 돌파한다. 이는 인간의 직관이 아닌, 오직 데이터만이 발견할 수 있었던 예견된 미래였다. 이처럼 AVM은 단순한 가격 계산기를 넘어, 도시의 숨겨진 보물을 찾아내는 가장 정교한 나침반이 되는 것이다.

2. 빅데이터와 생성형 AI 기반의 자동 가치평가 모델(AVM) 기법과 가상사례

2.1. 빅데이터와 생성형 AI 기반의 자동 가치평가 모델(AVM) 기법

2.1.1 생성형 AI 기반 AVM의 핵심은 거대 언어 모델(LLM)과 이미지 생성 모델(Image Diffusion Model)'의 결합에 있다.

기존의 자동 가치평가 모델(AVM)이 주어진 데이터를 학습하여 미래를 '예측'하는 데 중점을 두었다면, 생성형 AI(Generative AI) 기반의 AVM은 한 걸음 더 나아가 데이터의 숨겨진 맥락을 '이해'하고, 이를 바탕으로 새로운 가능성을 '창조'하여 가치를 평가하는 혁신적 패러다임을 제시한다. 이는 마치 뛰어난 분석가와 창의적인 건축가가 결합된 하나의 지능체와 같다.

생성형 AI 기반 AVM의 핵심은 거대 언어 모델(LLM)과 이미지 생성 모델(Image Diffusion Model)'의 결합에 있다.

첫째, 거대 언어 모델(LLM)은 비정형 텍스트 데이터에 담긴 미묘한 뉘앙스와 질적 정보를 이해하는 능력이 탁월하다. 기존 AVM이 '지하철역 300m'라는 정량적 정보에 집중했다면, LLM 기반 AVM은 부동산 매물 설명에 있는 "햇살이 가득 들어오는 남향집", "밤에는 시티뷰가 아름답게 펼쳐짐", "조용한 숲을 마주한 고즈넉한 분위기"와 같은 감성적이고 정성적인 표현의 가치를 학습한다.

또한, 지역 커뮤니티의 온라인 게시글, 뉴스 기사, 도시계획 보고서 등을 분석하여 특정 지역의 평판, 개발 호재의 실현 가능성, 주민들의 만족도와 같은 사회적 맥락까지 파악하여 가치 평가에 반영하는 것이다.

조용한 숲을 마주한 고즈넉한 분위기 [https://trippers.me]

둘째, 이미지 생성 및 분석 모델은 부동산의 시각적 가치를 평가하고 잠재력을 시뮬레이션한다. AI가 수백만 장의 인테리어 사진을 학습하여 특정 아파트의 내부 사진만 보고도 리모델링의 수준과 마감재의 등급을 판단하여 가치에 반영한다. 더 나아가, 생성(Generative) 능력은 가치 평가의 방식을 근본적으로 바꾼다.

예를 들어, 낡은 단독주택의 사진을 입력하고 "이 주택을 30대 부부가 선호하는 모던 스타일로 리모델링했을 때의 예상 모습과 그에 따른 가치 상승액을 예측하라"고 명령할 수 있다. AI는 즉시 사실적인 리모델링 후의 이미지를 여러 개 생성하고, 주변 유사 사례의 빅데이터와 비교 분석하여 '가치 부가(Value-add)' 잠재력을 구체적인 금액으로 제시한다.

결론적으로, 생성형 AI 기반 AVM은 단순히 과거의 실거래가를 바탕으로 현재 가치를 추정하는 것을 넘어선다. 도시의 사회문화적 맥락을 이해하고, 미래의 가장 이상적인 모습을 직접 그려본 뒤, 그 창조된 미래의 가치를 현재로 가져와 평가하는 궁극의 가치 평가 도구인 것이다.

2.1.2. 빅데이터와 생성형 AI 기반 자동 가치평가 모델(AVM) 기법 비교

생성형 AI(Generative AI)는 기존 빅데이터 기반 자동 가치평가 모델(AVM)의 패러다임을 전환시키고 있다. 과거의 예측형 모델이 정량적 데이터의 패턴을 학습하는 데 집중했다면, 생성형 AI 기반 AVM은 텍스트, 이미지 등 비정형 데이터의 맥락을 '이해'하고, 새로운 가치 시나리오를 '생성'함으로써 평가의 차원을 확장한다. 각 기법은 기술의 진화 단계에 따라 뚜렷한 차이를 보인다.

구분	머신러닝 기반 예측형 AVM	거대 언어 모델 (LLM) 강화형 AVM	생성형 비전 모델 기반 AVM	멀티모달 (Multimodal) 생성형 AI AVM
목표	실거래가, 건축물대장 등 정형 데이터를 기반으로 부동산의 현재 시장가치를 가장 높은 정확도로 '예측'하는 것을 목표로 한다.	텍스트 데이터에 내재된 "사회적, 감성적 맥락을 '이해'"하여 정량적 수치만으로는 포착할 수 없는 가치를 평가에 반영하고 설명력을 높이는 것을 목표로 한다.	이미지 데이터의 "시각적 특징과 잠재력을 '인식'하고 '생성'"하여 부동산의 질적 상태, 미학적 가치, 그리고 미래 개선 가능성을 가치에 반영하는 것을 목표로 한다.	인간의 종합적 사고와 같이 텍스트, 이미지, 수치 등 모든 형태의 데이터를 "통합적으로 '이해'하고 '추론'"하여, 최적의 미래가치 시나리오를 '창조'하고 제안하는 것을 목표로 한다.

분석방법 및 기술	그래디언트 부스팅(XGBoost) 등 앙상블 머신러닝 알고리즘을 활용하여 수치 데이터 간의 비선형 관계를 학습한다.	GPT, Llama와 같은 "거대 언어 모델(LLM)"을 활용한 자연어 처리(NLP) 기술로 매물 설명, 뉴스, 소셜미디어 텍스트의 긍정/부정 뉘앙스 및 핵심 토픽을 추출한다.	'CNN(합성곱 신경망)'으로 이미지를 분류 및 인식하고, '생성적 적대 신경망(GAN)'이나 '디퓨전 모델(Diffusion Model)'로 사실적인 가상 이미지를 생성한다.	LLM과 비전 모델이 결합된 멀티모달 AI 아키텍처를 기반으로 한다. 텍스트로 이미지를 생성하거나, 이미지를 보고 텍스트로 설명하며 복합적인 추론을 수행한다.
역할	빠르고 정확한 '가격 계산기(Price Calculator)' 역할을 수행하며, 대량의 부동산 가치를 일괄적으로 산정하는 데 핵심적인 기능을 담당한다.	시장의 평판이나 심리, 특정 단어에 담긴 뉘앙스 등 보이지 않는 질적 정보를 포착하는 '컨텍스트 분석가(Context Analyst)'의 역할을 수행한다.	부동산의 현재 상태를 진단하고 미래의 개선된 모습을 시각화하여 가치 상승 잠재력을 제시하는 '디지털 건축가(Digital Architect)'의 역할을 담당한다.	주어진 부동산의 잠재력을 극대화하는 새로운 개발 시나리오와 브랜딩 전략까지 제안하는 '전략적 파트너(Strategic Partner)'의 역할을 수행한다.
장점	- 정형 데이터에 대한 예측 정확도가 매우 높고 안정적이다.	- 평가 결과에 대한 논리적 설명과 근거 제시 능력이 향상된다.	- 인테리어, 조망 등 시각적 요소의 가치를 객관화할 수 있다. - '가치 부가(Value-add)' 전략 수립에 매우 효과적이다.	- 인간의 창의성과 전문성을 가장 유사하게 모방하며, 새로운 투자 아이디어를 창출한다.
단점	- '왜' 그런 가격이 나왔는지 설명하기 어려운 블랙박스이며, 질적 가치를 반영하지 못한다.	- 텍스트 데이터의 진위나 편향에 따라 평가 결과가 왜곡될 수 있다.	- 고품질의 이미지 데이터 확보가 필수적이며, 연산 비용이 높다.	- 기술적 복잡성이 가장 높고, 구축 및 운영 비용이 막대하다.

도시부동산 활용예시	특정 아파트의 전용면적, 층, 연식, 역세권 거리 등의 변수를 입력하여 5초 이내에 오차율 3%대의 정확한 시세를 산출한다.	A, B 두 아파트의 물리적 조건이 동일할 때, A 아파트 주변의 온라인 커뮤니티에서 '조용함', '안전함' 언급이 많다는 것을 근거로 B보다 높은 가치를 부여한다.	낡은 상가 건물의 외부 사진을 입력하면, 트렌디한 카페로 리모델링했을 때의 가상 조감도와 예상 가치 상승액(After Renovation Value) 을 자동으로 계산해준다.	저 이용 중인 도심의 낡은 창고 부지에 대해, AI가 주변 상권과 역사적 맥락을 분석한 후 '미디어아트 갤러리와 F&B가 결합된 복합문화공간'이라는 최적의 개발 콘셉트와 조감도, 예상 수익률 보고서를 스스로 생성하여 제출한다.

2.2. 가상사례: 생성형 AI '아키텍스트(Architext)', 도시의 미래를 그려 가치를 창조하다

구로공단이 아닙니다. 이젠 구로디지털단지입니다 [https://photohistory.tistory.com]

1) 미래 과제: 2030년, 당신은 도시재생 전문 투자사 '어반 퓨처(Urban Future)'의 수석 애널리스트이다. 당신의 회사는 업계 최고의 생성형 AI 기반 AVM인 '아키텍스트(Architext)'를 운용한다. '아키텍스트'는 도시의 모든 빅데이터를 분석할 뿐만 아니라, 가장 잠재력 높은 미래의 모습을 스스로 구상하고 설계하여 투자 가치를 극대화하는 솔루션이다.

이번 투자 대상은 서울의 마지막 남은 회색지대, 과거 구로공단의 흔적이 남은 낡은 공장 지대이다. 정부의 규제 완화로 해당 부지를 상업 및 주거용으로 재개발할 기회가 열렸지만, 대부분의 투자사는 사업성이 불투명하다며 투자를 기피하고 있다. 당신은 '아키텍스트'를 가동하여 이 버려진 땅의 숨겨진 미래 가치를 탐색하기 시작한다.

2) 단계 별 가치탐색:

- 1단계: 텍스트 분석을 통한 맥락의 이해(LLM)

  '아키텍스트'는 먼저 수십 년간 축적된 텍스트 데이터를 심층적으로 분석한다.

  (1) **역사·문화 데이터**: 1970년대 산업화 시절의 신문 기사, 노동자들의 수기, 건축 도면 등을 분석하여 이 지역이 가진 '산업 유산(Industrial Heritage)'의 역사적 중요성을 파악한다.

  (2) **정책·사회 데이터**: 서울시의 최신 도시계획, 디자인 정책, 인근 지역의 소셜미디어 데이터를 분석한다. 그 결과, 젊은 세대를 중심으로 낡은 공장의 모습을 그대로 살린 '인더스트리얼 인테리어'와 '뉴트로(New-tro)' 문화에 대한 폭발적인 관심이 감지된다.

  (3) **종합 결론**: '아키텍스트'는 결론을 내린다. "이 지역의 잠재력은 모든 것을 허물고 새로 짓는 '완전 재개발'이 아닌, 과거의 역사와 현재의 문화를 융합하는 '창조적 재생'에 있다."

- 2단계: 이미지 생성을 통한 미래의 창조(Image Diffusion Model)

  당신은 '아키텍스트'에게 명령을 내린다. "분석 결과를 바탕으로, 이 부지의 가치를 극대화할 수 있는 3가지 재개발 시나리오의 마스터플랜과 예상 조감도를 생성하라." 몇 분 후, '아키텍스트'는 다음과 같은 놀라운 결과물을 제시한다.

• 시나리오 A(일반적 개발): 고층 아파트와 오피스 빌딩으로 구성된 평범한 개발안.

• 시나리오 B(문화 중심 재생): 기존 공장의 붉은 벽돌 구조를 살려 갤러리, 공연장, 브루어리를 만들고, 주변에는 예술가들을 위한 레지던스를 배치하는 안.

• 시나리오 C(기술·문화 융합 재생): '아키텍스트'의 최종 추천안. 낡은 공장 건물은 미디어 아트 전시관과 F&B 공간으로 리모델링하고, 그 사이사이에 최첨단 유리 구조의 스마트 오피스와 연구소, 그리고 루프탑에는 드론 택시 정류장을 배치하는 미래지향적 융합 개발안이다.

■ 3단계: 생성된 미래에 대한 가치 평가(Generative AVM)

'아키텍스트'는 스스로 생성한 시나리오 C에 대해 최종 가치평가를 수행한다.

3) 생성형 AVM '아키텍스트'의 최종 가치평가 보고서

평가 항목	시나리오 A (일반 개발)	시나리오 C (융합 재생)
현재 부지 가치	2,000억 원	2,000억 원
5년 후 예상 총자산가치	4,500억 원	8,000억 원
주요 가치 동인	- 주택 시장 상승 분	- 기술-문화 융합에 따른 '창조 프리미엄'(+1,500억) - 산업 유산 보존에 따른 '브랜드 가치'(+1,000억) - AI 생성 디자인 최적화로 인한 임대 수익 증대 (+500억)
예상 내부수익률 (IRR)	15%	32%
AI 리스크 분석	부동산 경기 침체 시 가치 하락 위험 높음	초기 공실 리스크 존재하나, 장기적으로는 경기 변동에 강한 독점적 자산 가치 형성 가능

4) 결론 및 시사점: 보고서는 충격적이다. 생성형 AI는 단순히 주어진 조건에서 최적의 답을 찾는 것을 넘어, 아무도 생각하지 못한 창의적인 대안을 스스로 '창조'하고 그 미래 가치를 증명해낸 것이다. 당신의 회사는 이 보고서를 바탕으로 과감한 투자를 결정한다. 이는 더 이상 단순한 부동산 투자가 아니다. AI와 함께 도시의 미래를 설계하고, 그 가치를 현실로 만들어내는 환상적인 과정인 것이다.

3. 학군, 교통, 조망권 등 비정형적 데이터를 자동 가치평가 모델(AVM)에 계량화하는 방법과 가상사례

3.1. 학군, 교통, 조망권 등 비정형적 데이터를 자동 가치평가 모델(AVM)에 계량화하는 방법

부동산의 가치는 단순히 면적이나 층수와 같은 물리적 요인만으로 결정되지 않는다. 오히려 '우수한 학군', '편리한 교통', '아름다운 조망'과 같은 눈에 보이지 않는 비정형적(Unstructured) 자산이 가격을 결정하는 핵심 동인이 되는 경우가 많다. 자동 가치평가 모델(AVM)이 인간 전문가의 통찰력을 뛰어넘기 위해서는, 바로 이러한 추상적인 개념들을 컴퓨터가 이해할 수 있는 구체적인 숫자로 번역하는, 즉 '계량화(Quantification)' 과정이 필수적이다. 빅데이터는 이 불가능해 보였던 번역을 가능하게 하는 혁신적인 도구이다.

3.1.1. '학군'의 계량화: 평판을 숫자로 바꾸다

'좋은 학군'이라는 막연한 평판은 다양한 대리 변수(Proxy Variable)를 통해 측정될 수 있다. 첫째, 대학수학능력시험 표준점수, 특목고 진학률 등 교육청에서 제공하는 정량적 데이터는 학군의 학업 성취도를 직접적으로 보여주는 핵심 지표가 된다. 둘째, GIS(지리정보시스템)를 활용하여 특정 아파트 단지 반경 1km 이내에 위치한 사설 학원(Hagwon)의 수와 종류, 강사 수준 등을 분석하여 '사교육 접근성 점수'를 산출한다.

마지막으로, 온라인 학부모 커뮤니티나 소셜미디어의 게시글을 텍스트 마이닝(Text Mining) 하여 특정 학교나 학군에 대한 "긍정 및 부정 키워드의 빈도와 감성 점수(Sentiment Score)"를 측정한다. 이 점수들을 가중평균하여 최종 '학군 종합 지수'를 생성하고, 이를 AVM의 독립변수로 활용하는 것이다.

3.1.2. '교통'의 계량화: 시간과 연결성을 측정하다

'교통 편의성'은 단순히 지하철역까지의 물리적 거리만으로 평가되지 않는다. 첫째, 내비게이션 앱의 API를 활용하여 특정 주소지에서 서울의 3대 핵심 업무지구(GBD, CBD, YBD) 까지 출퇴근 시간대의 실제 평균 소요 시간을 계산한다. 이는 정체 상황까지 반영한 가장 현실적인 교통 편의성 지표가 된다.

둘째, 단순히 역의 개수가 아닌, 도보 5분 거리 내 지하철 노선의 수, 버스 노선의 다양성, 광역버스 정류장의 유무 등을 종합하여 '대중교통 네트워크 지수'를 산출한다. 셋째, GIS의 네트워크 분석을 통해 도시 전체 도로망에서 해당 지역이 얼마나 중심적인 위치를 차지하는지를 나타내는 '네트워크 중심성(Network Centrality)' 지수를 계산하여 자가용 이용 편의성까지 평가에 반영한다.

3.1.3. '조망권'의 계량화: 보이는 것을 정량 화하다

가장 추상적인 가치인 조망권 역시 첨단 기술로 계량화가 가능하다. 핵심은 3D 공간 분석 기술이다. 먼저, 국토지리정보원이 제공하는 수치

표고모델(DEM)과 3D 건물 데이터를 기반으로 도시 전체를 가상의 3차원 공간으로 구현한다.

그 후, 특정 아파트의 특정 세대(예: 101동 2503호)의 창문 위치를 좌표로 설정하고, 그 위치에서 보이는 풍경을 시뮬레이션 하는 '가시권 분석(Viewshed Analysis)'을 실행한다. 이를 통해 '한강이 시야에서 차지하는 면적(m^2)', '공원이나 산이 보이는 각도(°)', '전방의 다른 건물에 의해 시야가 막히지 않는 정도를 나타내는 개방 감 지수(%)' 등을 정확하게 계산해낼 수 있다. 더 나아가, 수만 장의 조망 사진을 AI(CNN)에 학습시켜 '파노라마뷰', '시티뷰' 등 조망의 질적 수준을 점수화하고 가격에 차등적으로 반영하는 단계까지 발전하고 있다.

3.1.4. 비정형 데이터의 AVM 계량화 방법 비교

자동 가치평가 모델(AVM)의 정교함은 학군, 교통, 조망권과 같이 형태가 없는 비정형적 데이터의 가치를 얼마나 객관적인 숫자로 변환하여 분석에 반영할 수 있는지에 따라 결정된다. 각 비정형 데이터는 고유한 특성을 가지므로, 그 가치를 계량화하기 위해 각기 다른 빅데이터와 분석 기술이 적용된다.

구분	학군 데이터 계량화	교통 데이터 계량화	조망 권 및 환경쾌적성 데이터 계량화
목표	'교육 환경이 우수하다'는 사회적 평판과 선호도를 객관적인 지표로 변환하여, 주택 가격에 미치는 '교육 프리미엄'을 정밀하게 측정하는 것을 목표로 한다.	특정 주거지에서 주요 업무 및 상업 중심지까지의 접근성을 시간적, 심리적 비용까지 고려하여 종합적인 '교통 편의성 지수'로 산출하는 것을 목표로 한다.	한강 조망, 공원 및 녹지 접근성, 일조량 등 삶의 질과 직결되는 '환경적·경관적 가치'를 정량 화하여 가격에 반영하고, 개별 주택의 고유한 가치를 차별화하는 것을 목표로 한다.

분석방법 및 기술	GIS로 특정 주택의 초·중학교 배정 구역을 확정하고, 반경 1km 내 학원가 밀집도를 분석한다. 웹 스크레이핑으로 학교별 대학 진학률, 학업 성취도 데이터를 수집하고, 자연어 처리(NLP) 기술로 온라인 커뮤니티의 학군 평판을 감성 분석하여 종합 점수 화한다.	GIS 네트워크 분석을 통해 다수의 지하철, 버스 노선 접근성을 평가하는 '대중교통 중심성'을 측정한다. 내비게이션 API를 활용해 주요 업무지구(GBD, CBD, YBD) 까지의 출퇴근 시간대 실제 평균 소요 시간을 추출하여 지수 화한다.	3D 도시 모델링과 'GIS 가시권 분석(Viewshed Analysis)'을 통해 개별 세대의 창문에서 보이는 한강, 산, 공원의 면적(m^2)과 개방감을 계산한다. '위성영상(NDVI)'으로 녹지 비율을 분석하고, 컴퓨터 비전(CNN) 기술로 조망 사진의 미학적 품질을 점수 화한다.
역할	물리적 조건이 유사하더라도 학군에 따라 발생하는 가격 격차의 원인을 규명하고, 신규 학교 설립이나 학군 개편 등 정책 변화의 파급 효과를 예측하는 역할을 수행한다.	부동산의 입지적 가치를 '직주근접'이라는 실질적 효용 관점에서 평가한다. GTX, 신규 지하철 노선 등 교통 인프라 투자의 경제적 효과를 사전 시뮬레이션 하는 역할을 담당한다.	같은 아파트 단지, 같은 동에서도 층과 향에 따라 발생하는 가격 차이를 객관적으로 설명하는 핵심적인 역할을 한다. 쾌적한 주거 환경에 대한 수요 변화를 가치에 반영한다.
장점	- 주택 선택의 핵심 고려사항인 교육 수요를 가치평가에 직접 반영할 수 있다.	- 실제 생활 패턴에 기반한 가장 현실적인 편의성 측정이 가능하다.	- 개별 부동산의 고유한 희소성과 차별점을 가치에 정밀하게 반영할 수 있다.
단점	- 데이터(진학률 등)가 비공식적이거나 파편화되어 있어 수집 및 표준화에 어려움이 따른다.	- 실시간 교통 API 사용 비용이 높고, 교통 상황의 변동성이 커 데이터 정제 과정이 복잡하다.	- 3D 도시 데이터 구축 등 기술적 난이도와 비용이 가장 높다.
도시부동산 활용예시	서울 강남구 대치동 아파트의 가치를 평가할 때, 인근 명문고교 진학률과 학원가 밀집도를 조합한 '대치 학군 프리미엄 지수(8.5점/10점)'를 AVM의 핵심 변수로 적용하여, 타 지역 유사 평형 아파트 대비 40% 높은 가치를 산정한다.	경기도 동탄의 특정 아파트에서 서울 강남역까지의 광역버스 및 자차 평균 소요 시간을 계산하여 'GBD 접근성 점수'를 부여하고, 이를 기반으로 GTX 개통 이후의 예상 시간 단축 분(30분) 을 '미래가치 상승 분'으로 예측한다.	성수동 트리마제의 특정 세대(101동 3502호)를 대상으로 3D 가시권 분석을 실행한 결과, '한강 가시 면적 12,500m^2', '서울 숲 가시 면적 33,000m^2'라는 계량 화된 수치를 확보하고, 이를 통해 약 5억 원의 '파노라마 조망 프리미엄'이 존재함을 증명한다.

3.2. 가상사례: 보이지 않는 가치를 찾아내는 AVM '퀀텀-뷰(Quantum-View)', 마포의 숨은 진주를 발견하다

공덕동 대장 아파트 '마포자이힐스테이트 라첼스' [https://www.sedaily.com]

1) **미래 과제:** 2027년, 한 자산운용사가 '가격 대비 삶의 질이 가장 높은 잠재력을 가진 아파트'를 발굴해달라며 당신의 팀에 의뢰했다. 당신의 팀은 비정형 데이터 계량화에 특화된 최첨단 AVM '퀀텀-뷰(Quantum-View)'를 이용해 분석을 시작한다. 최종 후보는 마포구에 위치한, 가격과 면적, 연식이 거의 동일한 두 아파트 단지로 좁혀졌다.

(1) A 아파트(강변 팰리스): 한강 변에 위치하여 전통적으로 조망권 가치를 높게 인정받아 온 단지이다.

(2) B 아파트(도심 포레스트): 한강과 다소 떨어져 있지만, 도심 접근성이 좋은 숲 인근의 단지이다.

시장의 평판과 일반적인 상식으로는 당연히 A 아파트의 가치가 더 높아야 한다. 그러나 '퀀텀-뷰'가 수백 개의 빅데이터 변수를 분석한 결과는 모두의 예상을 뒤엎는 것이었다.

2) '퀀텀-뷰' AVM의 비정형 가치 비교 분석

분석 항목	A 아파트 (강변 팰리스)	B 아파트 (도심 포레스트)	AI의 계량화 분석 결과
현재 시장가격 (33평형)	25억 원	25억 원	동일한 가격으로 시장에서 거래되고 있다.
학군 종합 지수	82점	91점	B 아파트가 명문 중학교에 배정될 확률이 높고, 반경 1km 내 특목고 전문 학원 수가 3배 더 많은 것으로 분석된다.
교통 편의성 지수 (출퇴근 시간 기준)	75점(여의도 35분, 광화문 45분)	95점(여의도 15분, 광화문 20분)	B 아파트가 지하철 4개 노선 환승역에 인접하여, 실제 출퇴근 소요 시간이 압도적으로 짧고 네트워크 중심성이 높다.
조망권 가치 지수	65점	88점	[반전의 핵심] A 아파트는 저층부 세대의 경우, 전면의 다른 동에 의해 한강 조망이 70% 차폐되는 것으로 3D 시뮬레이션 결과가 나온다. B 아파트는 고층부 세대에서 북한산과 안산으로 이어지는 '영구 녹지 조망권'이 파노라마로 확보되며, 개방감 지수가 오히려 더 높은 것으로 분석된다.
'퀀텀-뷰' 최종 추정 가치	25.5억 원 (적정 평가)	30.0억 원 (+20% 저평가)	A 아파트는 시장에서 제값을 받고 있으나, B 아파트는 교통, 학군, 그리고 숨겨진 녹지 조망권의 가치가 아직 가격에 충분히 반영되지 않았다.

3) 결론 및 시사점: 분석 결과는 명확했다. 시장은 '한강 변'이라는 상징적인 이름값에 프리미엄을 부여했지만, 실질적인 데이터는 B 아파트의 '삶의 질' 가치가 훨씬 높다는 사실을 증명하고 있었다. '퀀텀-뷰'는 3D 시뮬레이션을 통해 A 아파트의 명목상 조망권이 가진 허상을 간파하고, B 아파트의 숨겨진 영구 조망권이라는 보석을 찾아낸 것이다. 당신의 팀은 이 데이터를 근거로 B 아파트에 대한 투자를 강력히 추천한다. 이는 인간의 직관과 평판을 넘어, 보이지 않는 가치를 정밀하게 저울질하는 데이터 과학의 위대한 승리인 것이다.

4. 빅데이터와 AI 융합 알고리즘 기반의 AVM모델과 가상사례

4.1. 빅데이터와 AI 융합 알고리즘 기반의 AVM 모델

최첨단 자동 가치평가 모델(AVM)은 단 하나의 완벽한 알고리즘에 의존하지 않는다. 이는 마치 최고의 전문가들이 모여 협업하는 자문단처럼, 각기 다른 강점을 가진 여러 AI 알고리즘을 '융합(Convergence)'하여 개별 모델의 한계를 극복하고 인간의 통찰력에 가장 근접한, 혹은 그를 뛰어넘는 종합적인 결론을 도출하는 방식으로 진화하고 있다. 이 융합 모델은 부동산의 가치를 다각적이고 입체적으로 분석하는 궁극의 AVM이라 할 수 있다.

4.1.1. AI 융합 알고리즘 기반의 AVM의 세 가지 전문화된 AI 모델

AI 융합 알고리즘 기반의 AVM은 크게 세 가지 전문화된 AI 모델의 유기적인 결합으로 구성된다.

1) **예측가**(The Predictor) - **그래디언트 부스팅 머신**(Gradient Boosting Machine): 이 모델은 팀의 핵심 데이터 과학자이다. 가격, 면적, 용적률, 거리 등 모든 정량적(Quantitative) 데이터를 학습하여 부동산의 기준 가치를 가장 정확하게 예측하는 역할을 담당한다. XGBoost, LightGBM과 같은 알고리즘을 통해 수백 개의 변수들 사이에 존재하는 복잡한 패턴을 찾아내고, 가격에 대한 고도의 예측 정확도를 확보하는, 모델의 근간이 되는 존재이다.

2) **해석가**(The Interpreter) - **거대 언어 모델**(Large Language Models): 이 모델은 팀의 사회문화 분석가이다. 뉴스 기사, 소셜미디어 게시글, 정책 보고서, 온라인 커뮤니티의 토론 등 모든 텍스트(Text) 데이터를

읽고 그 안에 담긴 맥락과 감성, 미래의 가능성을 이해하는 역할을 수행한다. '살기 좋다'는 지역의 긍정적 평판, 특정 개발 계획에 대한 기대감, 혹은 숨겨진 불편함에 대한 불만 등 숫자로 표현되지 않는 도시의 '서사(Narrative)'와 '분위기(Sentiment)'를 가치에 반영한다.

3) 비전가(The Visionary) - **컴퓨터 비전 모델**(Computer Vision Models): 이 모델은 팀의 건축가이자 도시계획가이다. 위성사진, 항공사진, 거리뷰(Street View), 그리고 개별 부동산의 내외부 사진 등 모든 시각(Visual) 데이터를 분석한다. 건물의 노후도, 디자인의 미학적 수준, 거리의 청결도와 활력, 그리고 녹지 공간의 비율 등 눈으로 보이는 도시의 '품질(Quality)'을 정량화하고, 미래의 공간 변화를 예측하는 역할을 담당한다.

이 세 전문 모델이 도출한 각각의 분석 결과는 마지막 단계에서 '메타 학습 모델(Meta-learning Model)'에 의해 다시 한번 융합된다. 메타 모델은 각 분석 결과의 중요도에 가중치를 부여하고 최종적으로 가장 정교하고 종합적인 단일 가치를 산출한다. 이는 정량적 예측, 텍스트적 맥락, 시각적 품질이라는 세 가지 차원에서 부동산을 완벽하게 이해하려는 시도인 것이다.

4.1.2. 빅데이터와 AI 융합 알고리즘 기반의 AVM모델 비교

빅데이터와 AI 융합 알고리즘 기반의 AVM(자동 가치평가 모델)은 단일 모델의 한계를 극복하고, 다양한 유형의 데이터를 종합적으로 분석하여 인간의 복합적인 사고 과정에 근접한 가치 평가를 수행하는 것을 목표로 한다. 각 융합 모델은 기술적 구성과 분석 접근법에 따라 뚜렷한 특징을 보인다.

구분	앙상블 머신 러닝 모델	공간정보 결합 하이브리드 모델	멀티모달 AI 융합 모델
목표	서로 다른 머신 러닝 예측 모델 여러 개를 결합하여 단일 모델이 가질 수 있는 편향(Bias)과 분산(Variance) 을 줄이고, 예측의 안정성과 정확성을 극대화하는 것을 목표로 한다.	머신 러닝의 높은 예측력과 공간계량경제학의 공간적 해석력을 결합하여, 부동산 가격의 공간적 자기상관성 및 이질성을 명시적으로 반영하고 예측 오차를 보정하는 것을 목표로 한다.	인간의 오감처럼 정형(숫자), 텍스트, 이미지 등 다양한 형태(Modality)의 데이터를 동시에 이해하고 종합적으로 추론하여, 부동산의 다차원적 가치를 가장 완전하게 평가하는 것을 목표로 한다.
분석방법 및 기술	개별 모델의 예측 결과를 투표(Voting) 나 평균으로 결합하는 배깅(Bagging, 예: 랜덤포레스트), 이전 모델의 오차를 보완하며 순차적으로 학습하는 부스팅(Boosting, 예: XGBoost, LightGBM), 여러 모델의 예측값을 다시 입력 데이터로 삼아 최종 예측하는 스태킹(Stacking) 기법을 활용한다.	1단계에서 XGBoost 등 머신러닝 모델로 기준 가격을 예측한 후, 2단계에서 발생한 예측 오차(Residual)를 '지리가중회귀분석(GWR)'이나 '크리깅(Kriging)'과 같은 공간통계기법으로 분석하여 공간적 패턴을 보정하는 2단계 하이브리드 접근법을 사용한다.	정형 데이터는 '머신 러닝 예측기(Predictor)'가, 텍스트는 '거대언어모델(LLM) 해석기(Interpreter)'가, 이미지는 '컴퓨터비전(CNN) 인식기(Visionary)'가 각각 분석한다. 이 결과를 최종 '융합 계층(Fusion Layer)'에서 가중 결합하여 단일 가치를 도출하는 멀티모달 아키텍처를 기반으로 한다.
역할	AVM의 예측 성능을 극한으로 끌어올리는 '핵심 예측 엔진(Core Prediction Engine)'의 역할을 수행한다. 현대적 AVM의 통계적 근간을 이룬다.	예측 결과의 공간적 편향을 진단하고 보정하는 '지역 맥락 보정기(Context-Aware Corrector)'의 역할을 담당한다. 국지적 시장의 특성을 평가에 반영한다.	숫자로 표현되지 않는 질적, 심미적, 사회적 가치까지 종합하여 최종 의사결정을 지원하는 '통합적 의사결정 시스템(Holistic Decision-Making System)' 역할을 수행한다.
장점	- 단일 모델 대비 월등히 높은 예측 정확도와 일반화 성능을 보인다. - 과적합(Overfitting) 방지에 효과적이다.	- 공간적 특성에 기인하는 예측 오차를 체계적으로 줄일 수 있다. - 특정 지역에서 예측이 왜 빗나가는지에 대한 설명력을 제공한다.	- 가장 완전하고 깊이 있는 가치 분석이 가능하다. - 새로운 투자 아이디어나 개발 콘셉트를 도출할 수 있다.
단점	- 여전히 블랙박스 모델이며, 질적 데이터를 직접 처리하지 못한다.	- 분석 절차가 2단계로 복잡하고, 공간통계에 대한 높은 이해도가 필요하다.	- 기술적 복잡성과 데이터 처리 비용이 가장 높으며, 극단적인 블랙박스 모델이다.

도시부동산 활용예시	은행의 주택담보대출 심사용 AVM에 스태킹 앙상블 모델을 적용한다. 랜덤포레스트와 LightGBM 모델이 각각 예측한 아파트값을 최종 메타 모델이 결합하여 97% 수준의 신뢰도를 가진 담보가치를 산출한다.	연남동, 성수동 등 신흥 상권의 상가 가치를 평가할 때, 머신 러닝 모델이 예측한 가치와 실제 임대료 간의 오차를 공간 분석하여 '젠트리피케이션 핫스팟'을 발견하고 해당 지역의 가치를 상향 조정한다.	도심 속 낡은 공장 부지를 평가할 때, 예측기는 토지 가치를, 해석기는 도시재생 정책과 소셜 미디어 여론을, 비전기는 건축물의 역사적·미학적 가치를 각각 분석한다. 융합 모델은 이를 종합하여 '철거 후 신축'보다 '보존형 복합문화공간' 개발 시나리오의 가치가 40% 더 높다는 결론을 도출한다.

4.2. 가상사례: 융합 AI '오라클(ORACLE)', 서울의 미래 지도를 다시 그리다

길 잃은 창작촌 골목…예술은 떠나고 카페만 북적 문래동 문래예술창작촌 골목
[https://www.seouland.com]

1) 미래 과제: 2029년, 한 국부펀드가 '향후 50년간 서울의 성장 에너지를 주도할 단 하나의 지역'에 50조 원 규모의 선제적 투자를 단행하기로 결정했다. 최종 후보지는 과거 공업지대에서 문화예술 지구로 변모하고 있는 '성수동'과 '문래동'. 두 지역 모두 무한한 잠재력을 가졌지만, 50년의 미래를 담보할 진정한 승자는 누가 될 것인가? 펀드는 이 중대한 결정을 위해 최첨단 융합 AI AVM인 '오라클(ORACLE)'을 가동한다.

'오라클'은 예측가(XGBoost), 해석가(LLM), 비전가(Vision AI) 세 개의 엔진이 융합된 모델이다.

2) 단계 별 분석:

- **1단계: 예측가(Predictor)(XGBoost)의 정량 분석**

  먼저 예측가 엔진이 지난 20년간의 실거래가, 인구 이동, 사업체 수, 용도지역 변경 등 모든 정량 데이터를 분석한다.

  - 분석 결과: "성수동이 문래동 대비 최근 5년간의 평균 자산가치 상승률(12.5%)과 상업시설 거래량(3.2배)에서 근소한 우위를 보인다. 수치상으로는 성수동이 현재의 모멘텀을 유지할 가능성이 높다."

- **2단계: 해석가(Interpreter)(LLM)의 텍스트 분석**

  다음으로 해석가 엔진이 수억 건의 뉴스, 블로그, 정책 문서, 학술 논문 등 텍스트 데이터를 분석하여 두 지역의 서사를 심층적으로 이해한다.

  - 성수동 분석: '명품', '팝업스토어', '연예인', '대기업' 등 소비 중심적, 트렌드 의존적 키워드가 다수 발견된다. 긍정적 평판이 높지만 유행의 변화에 민감한 특성을 보인다.
  - 문래동 분석: '장인정신', '예술가', '기술 스타트업', '자생적 생태계', '도시재생' 등 생산 중심적, 내재적 가치 관련 키워드가 지배적이다. 특히, 도시계획 관련 정책 보고서에서 '4차 산업혁명 시대의 창조적 기술-문화 융합 클러스터'로서의 잠재력이 반복적으로 언급된다.

- **3단계: 비전가(Visionary)(Vision AI)의 시각 분석**

  마지막으로 비전가 엔진이 위성 및 거리뷰 이미지를 통해 두 지역의 도시 구조와 건축 환경의 질적 변화를 분석한다.

- 성수동 분석: 오래된 공장들이 철거되고 신축 건물로 대체되는 '대체형 개발(Replacement)' 패턴이 주를 이룬다. 도시의 모습이 빠르게 세련되어 지지만, 과거의 정체성은 점차 사라지는 모습이다.
- 문래동 분석: 낡은 철공소 건물 골격을 그대로 유지한 채 내부를 리모델링하거나, 오래된 건물 사이에 새로운 건축물이 조화롭게 삽입되는 '공생형 개발(Symbiosis)' 패턴이 뚜렷하게 나타난다. '건축적 다양성'과 '역사적 연속성' 지수에서 월등히 높은 점수를 받는다.

■ 최종 단계: 메타 모델의 융합 및 결론

'오라클'의 메타 학습 모델이 세 엔진의 분석 결과를 최종적으로 융합하여 미래 잠재력 종합 점수를 산출한다.

3) 융합 AI '오라클'의 최종 투자 잠재력 평가

분석 엔진	성수동 잠재력 점수(/100)	문래동 잠재력 점수(/100)	AI의 핵심 판단 근거
예측가 (과거-현재 모멘텀)	88	80	과거 데이터의 추세는 성수동이 우세하다.
해석가 (미래 서사의 깊이)	75	95	문래동의 성장 서사는 일시적 유행이 아닌, 생산과 혁신에 기반하여 훨씬 더 근본적이고 지속 가능하다.
비전가 (도시 구조의 회복탄력성)	70	98	문래동의 공생형 도시재생 방식은 역사성을 보존하며 창의적 인재를 유인하는, 훨씬 더 높은 회복탄력성을 가진다.
〈최종 융합 점수〉	79점	93점	

4) 결론과 시사점: 결론은 놀라웠다. 단기적인 수치와 현재의 화려함은 성수동을 가리켰지만, 도시의 깊은 서사와 미래지향적인 도시 구조를 읽어낸 AI의 종합적인 지성은 문래동을 최종 투자처로 지목했다. '오라클'은 문래동의 가치가 소비가 아닌 창조에서 나오며, 대체가 아닌 공생에서 지속된다는 사실을 간파한 것이다. 국부펀드는 이 분석을 기반으로 서울의 미래 지도를 다시 그릴 위대한 투자를 결정한다. 이는 데이터와 AI의 완벽한 융합만이 내릴 수 있는, 미래를 향한 가장 깊이 있는 통찰인 것이다.

주제7

빅데이터 기반 도시부동산 포트폴리오 최적화 방안

1. 포트폴리오 최적화를 위한 빅데이터 수집 및 통합 관리 시스템과 가상사례

1.1. 빅데이터 수집 및 통합 관리 시스템의 핵심은 파편화된 데이터를 하나의 거대한 저장소, 즉 '데이터 레이크(Data Lake)' 또는 '데이터 웨어하우스(Data Warehouse)'에 유기적으로 통합하는 것이다

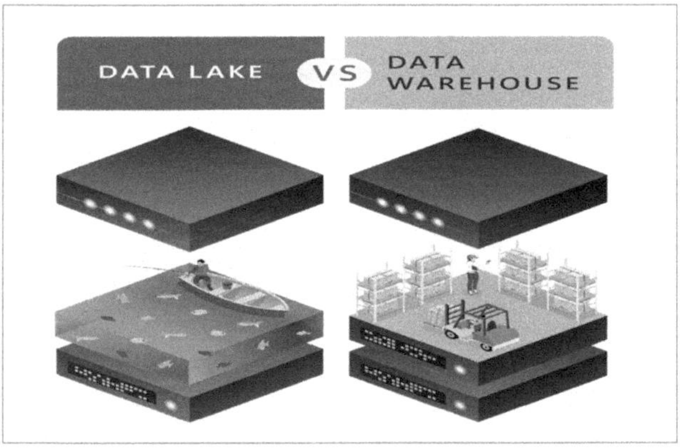

데이터 웨어하우스 VS 데이터 레이크, 뭐가 다를까? [https://biviz.ai/blog]

성공적인 부동산 투자는 개별 자산(Asset)의 가치를 평가하는 것을 넘어, 여러 자산을 하나의 '포트폴리오(Portfolio)'로 구성하여 위험은 낮추고 수익은 극대화하는 '자산 배분'의 과학에 있다. 이러한 포트폴리오 최적화의 대전제는 시장의 모든 정보를 정확하고 신속하게 확보하여, 위험과 기회를 남들보다 한발 앞서 포착하는 것이다. 이를 위해 구축하는 것이 바로 '빅데이터 수집 및 통합 관리 시스템'이며, 이는 부동산 투자 기관의 두뇌이자 중앙 신경망과 같은 역할을 수행한다.

이 시스템의 핵심은 파편화된 데이터를 하나의 거대한 저장소, 즉 '데이터 레이크(Data Lake)' 또는 '데이터 웨어하우스(Data Warehouse)'에 유기적으로 통합하는 것이다. 세상에 존재하는 모든 종류의 데이터를 수집하여, 서로 다른 언어로 말하던 데이터들이 하나의 표준화된 언어로 소통하게 만드는 과정이다. 이 시스템은 크게 세 단계로 작동한다.

1.1.1. '빅데이터 수집 및 통합 관리 시스템'의 세 단계 작동 과정

1) **데이터 수집**(Data Collection): 투자 의사결정에 필요한 모든 데이터를 실시간으로 수집하는 단계이다.

(1) **내부 자산 데이터**: 포트폴리오에 편입된 개별 부동산의 매입가, 임대차 현황(Rent Roll), 운영 비용(OPEX), 공실률, 담보대출 조건 등 내부 회계 시스템의 데이터이다.

(2) **외부 시장 데이터**: 국토교통부 실거래가, 신규 건축 인허가 물량, 상업용 부동산 임대 동향 조사 등 공공 데이터와 민간 부동산 정보 업체가 제공하는 시장 데이터이다.

(3) **대체 데이터**(Alternative Data): 통신사의 유동인구 데이터, 신용카드의 상권별 매출 데이터, 내비게이션 앱의 교통량 데이터,

소셜미디어의 지역 평판 데이터, 그리고 금리·환율·GDP 성장률과 같은 거시경제지표까지 포함하는 빅데이터이다.

2) **데이터 통합 및 관리**(Data Integration & Management): 수집된 원시 데이터를 정제하고 가공하여 분석에 즉시 활용할 수 있는 '스마트 데이터'로 변환하는 단계이다. 이 과정은 ETL(추출·변환·적재) 기술을 통해 자동화된다. 예를 들어, 특정 오피스 빌딩의 주소지를 기준으로, 해당 위치의 시간대별 유동인구 데이터, 주변 상권의 카드 매출 데이터, 그리고 SNS상의 긍정·부정 여론 데이터를 자동으로 연결(Mapping)하여 '종합 입지 잠재력 점수'와 같은 새로운 지표를 생성한다.

3) **데이터 활용 및 분석**(Data Utilization & Analysis): 통합된 데이터를 기반으로 포트폴리오를 진단하고 최적의 투자 전략을 도출하는 단계이다. 이 시스템은 자동 가치평가 모델(AVM), 리스크 분석 모델, 그리고 최적화 알고리즘의 연료가 된다. 예를 들어, '금리가 1% 상승할 경우, 우리 포트폴리오 내 오피스 자산과 물류센터 자산의 가치 변동률은 각각 어떻게 될 것인가?' 와 같은 스트레스 테스트(Stress Test)를 시뮬레이션하고, 위험을 최소화하기 위한 최적의 자산 매각 및 매입 전략을 추천 받는 것이다.

구분	데이터 수집	데이터 통합 및 관리	데이터 활용 및 분석
데이터 유형	내부 자산 데이터(임대차 현황, 운영비용), 외부 시장 데이터(실거래가, 인허가 물량), 그리고 통신, 카드, SNS 데이터 등 대체 데이터(Alternative Data)를 포함하는 모든 원시 데이터	수집된 원시 데이터를 정제하고 서로 다른 형식의 데이터를 결합하여 생성한 '스마트 데이터'(예: 종합 입지 잠재력 점수)	통합된 데이터를 기반으로 분석 모델을 통해 도출된 예측 및 진단 정보, 시뮬레이션 결과, 최적화된 전략

목표	부동산의 가치와 리스크에 영향을 미칠 수 있는 모든 종류의 정형·비정형 데이터를 최대한 광범위하고 신속하게 확보하는 것을 목표로 한다.	다양한 출처로부터 수집된 원시 데이터의 오류를 제거하고 형식을 표준 화하며, 데이터 간의 연관성을 부여하여 분석에 즉시 활용 가능한 고품질의 데이터로 변환하는 것을 목표로 한다.	스마트 데이터를 활용하여 부동산 자산 및 포트폴리오의 현재 상태를 진단하고 미래를 예측하며, 데이터 기반의 최적 투자 전략을 도출하여 의사결정을 지원하는 것을 목표로 한다.
분석방법 및 기술	웹 스크레이핑(Web Scraping), API(Application Programming Interface) 연동, IoT 센서 등 자동화된 기술을 통해 공공 및 민간 데이터 소스로부터 실시간으로 데이터를 추출하고 수집한다.	ETL(추출·변환·적재) 파이프라인 기술을 핵심으로 사용한다. 주소 기반의 지오코딩(Geocoding) 기술을 통해 위치 기준으로 이종 데이터를 결합(Mapping)하고 새로운 파생 변수를 생성한다.	자동 가치평가 모델(AVM), 리스크 분석 모델, 포트폴리오 최적화 알고리즘 등 예측 분석(Predictive Analytics) 및 처방적 분석(Prescriptive Analytics) 기법을 활용하여 시나리오 기반의 시뮬레이션을 수행한다.
역할	전체 데이터 분석 시스템의 가장 기본적인 원료(Raw Material)를 공급하는 시작점 역할을 한다. 수집된 데이터의 양과 질이 전체 시스템의 성능을 좌우한다.	원시 데이터를 분석 가능한 '연료'로 가공하는 데이터 정유 공장(Data Refinery) 역할을 한다. 데이터의 품질과 신뢰도를 확보하여 분석 결과의 오류를 최소화하는 핵심적인 중간 과정이다.	정제된 데이터를 바탕으로 실질적인 통찰력과 actionable intelligence를 생성하는 최종 엔진 역할을 한다. 데이터가 실제 투자 의사결정으로 이어지게 하는 최종 단계이다.
장점	의사결정의 폭 확장: 과거에 활용하지 못했던 대체 데이터를 통해 시장을 다각도로 분석할 수 있다. 신속성: 시장 변화를 실시간으로 감지하고 신속하게 대응할 수 있다.	분석 효율성 증대: 분석가가 데이터 정제에 들이는 시간을 최소화하고 분석 자체에 집중할 수 있게 한다. 데이터 품질 향상: 표준화되고 검증된 데이터를 사용함으로써 분석 결과의 신뢰도를 높인다.	객관적 의사결정: 직관이나 경험이 아닌 데이터에 기반하여 투자 판단을 내리므로 객관성과 합리성을 확보할 수 있다. 미래 리스크 관리: 다양한 시나리오를 시뮬레이션 하여 미래의 잠재적 위험에 선제적으로 대비할 수 있다.

단점	데이터 수집 비용: 양질의 민간 데이터나 대체 데이터는 구매 비용이 높다. 개인정보보호 이슈: 개인을 식별할 수 있는 민감한 데이터를 수집하고 활용하는 데 법적, 윤리적 제약이 따른다.	초기 구축의 복잡성: ETL 파이프라인과 데이터 웨어하우스를 설계하고 구축하는 데 높은 수준의 기술력과 많은 시간이 소요된다. 데이터 표준화의 어려움: 출처마다 다른 데이터 형식과 기준을 통일하는 표준화 작업이 매우 복잡하다.	모델의 복잡성(블랙박스): AI 분석 모델의 내부 작동 원리를 완벽하게 이해하기 어려워, 결과의 신뢰성에 대한 문제가 제기될 수 있다. 과거 데이터 의존성: 과거 데이터에 없는 새로운 패턴의 위기(블랙스완)를 예측하는 데는 한계가 있다.
도시부동산 활용예시	서울 성수동의 특정 부지 개발을 위해, 해당 부지의 토지대장(내부), 서울시 실거래가(외부), 그리고 SNS상 '성수동 핫플' 언급량과 주말 유동인구(대체) 데이터를 실시간으로 수집한다.	성수동 부지의 주소를 기준으로, ETL 시스템이 주변 상권의 카드 매출 데이터와 유동인구 데이터를 자동으로 매핑하여, 해당 입지의 '리테일 잠재력 점수'라는 새로운 지표를 생성하고 데이터베이스에 저장한다.	생성된 '리테일 잠재력 점수'와 금리 변동 시나리오를 리스크 분석 모델에 입력한다. '금리 1% 인상 시, 예상 임대수익 하락률'을 시뮬레이션하고, 이를 바탕으로 최적의 개발 규모와 임대료를 결정한다.

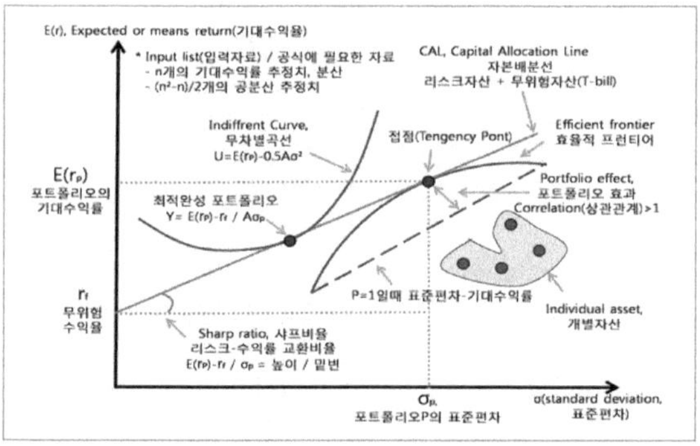

포트폴리오 최적화Daum 증권 [https://board2.finance.daum.net]

1.1.2. 포트폴리오 최적화를 위한 빅데이터 수집 및 통합 관리 시스템 별 목표, 분석방법 및 기술, 역할, 장단점, 도시부동산 활용예시

포트폴리오 최적화를 위한 빅데이터 수집 및 통합 관리 시스템은 단일 기술이 아닌, 데이터의 수집, 처리, 분석에 이르는 전 과정을 포괄하는 유기적인 파이프라인이다. 각 시스템은 명확히 구분된 목표와 기술을 바탕으로 상호 보완적인 역할을 수행하며, 최종적으로 데이터 기반의 과학적 투자 의사결정을 지원한다.

구분	데이터 수집 시스템	데이터 통합 및 처리 시스템	데이터 분석 및 최적화 시스템
목표	포트폴리오 최적화에 필요한 내·외부의 모든 정형, 비정형 데이터를 다양한 출처로부터 자동화된 방식으로 빠짐없이 수집하여 분석의 원재료를 확보하는 것을 목표로 한다.	수집된 혼돈 상태의 원시 데이터(Raw Data)를 정제, 변환, 결합하여 표준화된 구조로 저장함으로써, 분석가가 즉시 활용 가능한 고품질의 '단일 진실 공급원(Single Source of Truth)'을 구축하는 것을 목표로 한다.	통합된 데이터를 기반으로 포트폴리오의 현재 상태를 진단하고, 미래 시장 변화에 따른 리스크와 수익을 시뮬레이션 하며, 최적의 위험 대비 수익률을 달성하기 위한 구체적인 자산 배분 전략을 도출하는 것을 목표로 한다.
분석방법 및 기술	웹 크롤링/스크레이핑 기술로 온라인 뉴스 및 매물 정보를 수집하고, 정부 및 민간 기업이 제공하는 'API(Application Programming Interface)'를 연동하여 실거래가, 유동인구 등의 데이터를 실시간으로 수신한다. IoT 센서를 통해 개별 자산의 에너지 사용량 등도 수집한다.	ETL(추출·변환·적재) 또는 ELT 파이프라인을 설계하여 데이터 처리 과정을 자동화한다. '데이터 웨어하우스(예: BigQuery, Snowflake)'나 "데이터 레이크(예: Hadoop)"와 같은 중앙 저장소를 구축하여 데이터를 물리적·논리적으로 통합 관리한다.	현대 포트폴리오 이론(MPT) 기반의 최적화 알고리즘, 미래 시나리오 분석을 위한 몬테카를로 시뮬레이션, 개별 자산 가치 평가를 위한 AVM, 시장 예측을 위한 시계열 분석(Time-series Analysis), 그리고 분석 결과를 시각 화하는 BI(Business Intelligence) 툴을 활용한다.
역할	투자 기관의 '감각 기관(Sensory Organs)' 역할을 수행한다. 시장에서 일어나는 모든 변화와 개별 자산의 상태를 데이터의 형태로 감지하고 포착한다.	데이터 생태계의 '중앙 신경망(Central Nervous System)' 역할을 담당한다. 파편화된 정보를 한 곳으로 모아 연결하고, 분석 가능한 유의미한 정보로 가공하여 전달한다.	투자 의사결정의 '두뇌(Brain)'이자 '전략 관제탑(Strategic Control Tower)' 역할을 수행한다. 데이터를 기반으로 미래를 예측하고 가장 합리적인 행동 계획을 제시한다.

장점	- 의사결정에 필요한 정보의 범위를 극적으로 확장 시킬 수 있다. - 데이터 수집 과정을 자동화하여 효율성을 높인다.	- 전사적으로 데이터 일관성을 확보하고 분석의 신뢰도를 높인다. - 데이터 분석가가 데이터 탐색 및 모델링에 집중할 수 있는 환경을 제공한다.	- 감이나 경험이 아닌 데이터에 기반한 객관적이고 과학적인 투자가 가능하다. - 시장 변화에 대한 선제적이고 신속한 대응 능력을 갖추게 된다.
단점	- 데이터 소스마다 품질이 상이하고, 비정형 데이터의 노이즈가 많아 초기 관리가 어렵다.	- 데이터 파이프라인 설계 및 구축에 높은 수준의 기술 전문성과 초기 투자 비용이 요구된다.	- 분석 모델의 품질이 통합된 데이터의 품질에 절대적으로 의존한다 (Garbage In, Garbage Out).
도시부동산 활용예시	부동산 투자펀드의 데이터 수집 시스템이 매일 자정, 국토교통부 실거래가 API, 한국은행 금리 API, 주요 뉴스 포털의 부동산 섹션을 자동으로 크롤링하여 원시 데이터를 수집한다.	ETL 파이프라인이 수집된 실 거래 데이터의 주소를 기준으로 통신사 유동인구 데이터, 카드사 매출 데이터를 자동으로 결합하여 '자산별 잠재력 스코어'를 생성하고, 이를 데이터 웨어하우스에 저장한다.	AVM이 데이터 웨어하우스의 데이터를 이용해 포트폴리오 내 모든 자산의 가치를 매일 재평가하고, 몬테카를로 시뮬레이션 엔진이 금리 2% 인상 시나리오에서 포트폴리오 전체 가치가 15% 하락할 위험이 있음을 경고하며, 특정 리테일 자산의 매각을 추천한다.

1.2. 가상사례: 데이터 통합 플랫폼 '시냅스(SYNAPSE)', 위기를 기회로 바꾸는 포트폴리오 항해술

1) 미래 과제: 2026년 가을, 글로벌 공급망 쇼크로 인한 스태그플레이션(Stagflation) 공포가 전 세계를 휩쓸고 있다. 당신은 대한민국 최대 부동산 투자펀드 '퀀텀 에쿼티'의 포트폴리오 매니저이다. 펀드는 강남의 프라임 오피스, 명동의 리테일 상가, 그리고 인천의 첨단 물류센터 등 수십 조 원 규모의 자산을 운용하고 있다. 시장의 불확실성이 극에 달한 상황, 잘못된 판단 한 번에 포트폴리오 전체가 좌초될 수 있는 절체절명의 위기이다.

당신은 회사의 독자적인 빅데이터 통합 관리 및 분석 플랫폼인 '시냅스(SYNAPSE)'에 접속한다. '시냅스'는 펀드가 보유한 모든 자산과 외부 시장, 대체 데이터를 실시간으로 연결하여 포트폴리오의 건강 상태와 미래 리스크를 종합적으로 진단하는 시스템이다.

2) 분석 과정:

- 1단계: 실시간 리스크 탐지

  '시냅스'의 리스크 대시보드에 접속하자마자, 경고등이 깜박인다. '명동 리테일 자산군, 위험 노출도 8.7/10. 심각.' '시냅스'가 이러한 판단을 내린 근거는 다음과 같이 다차원적 데이터에 기반한다.

  - [대체 데이터] 인천국제공항 출입국 관리 데이터 API와 연동 결과, 핵심 소비층인 외국인 관광객 입국자 수가 전월 대비 40% 급감했다.
  - [시장 데이터] 제휴 신용카드사의 명동 지역 외국인 매출 데이터 역시 35% 감소하며 동반 하락세를 보였다.
  - [내부 자산 데이터] 우리가 보유한 명동 상가의 임차인 중 65%가 화장품 및 패션 업종으로, 관광객 의존도가 극히 높아 임대료 연체 리스크가 급증하고 있다.

- 2단계: 새로운 기회 발견

  반면, 대시보드의 다른 한편에서는 녹색 신호가 들어온다. '인천 로지스틱스 자산군, 기회 지수 9.2/10. 강력 매수 추천.'

  - [대체 데이터] 통계청의 온라인 쇼핑 동향 데이터에서 신선식품 새벽배송 거래액이 전년 대비 50% 폭증하는 것이 포착된다.
  - [시장 데이터] 글로벌 물류 데이터 분석 결과, 기업들이 공급망

불안에 대응하기 위해 재고 보유 기간을 늘리면서, 특히 저온 보관이 가능한 '콜드체인(Cold Chain)' 물류센터의 수요가 폭발적으로 증가하고 있다.

- [내부 자산 데이터] 우리가 보유한 인천 물류센터의 임차 문의 중 80%가 콜드체인 증설에 관한 것으로 확인된다.

■ 3단계: 포트폴리오 최적화 시뮬레이션

당신은 '시냅스'의 최적화 엔진에 명령을 내린다. "현재 시장 상황을 반영하여, 향후 2년간의 포트폴리오 손실을 최소화하고 5%의 목표 수익률을 달성하기 위한 최적의 자산 리밸런싱(Rebalancing) 전략을 제시하라."

'시냅스'는 수만 번의 몬테카를로 시뮬레이션을 통해 다음과 같은 명쾌한 실행 계획을 보고한다.

3) '시냅스'의 포트폴리오 리밸런싱 제안

실행 전략	대상 자산	가상 수치 분석	AI의 판단 근거
매각 (SELL)	명동 리테일 상가 (2개 동)	- 1년 후 예상 가치 변동: -18% - 포트폴리오 위험 기여도: 65%	관광객 수요 회복이 불투명하며, 공실 장기화 및 자산가치 하락 리스크가 매우 높다.
보유 (HOLD)	강남 프라임 오-스 (3개 동)	- 1년 후 예상 가치 변동: +1.5% - 포트폴리오 위험 기여도: 15%	국내 우량 기업의 장기 임차 계약으로 현금흐름이 안정적이며, 경기 방어적 성격이 강하다.
매입 (BUY)	인천항 인근 신규 콜드체인 물류센터	- 1년 후 예상 가치 변동: +22% - 포트폴리오 위험 기여도: 20%(분산 효과)	이커머스 구조적 성장 및 공급망 재편의 최대 수혜 자산으로, 높은 임대 수익과 자산가치 상승이 기대된다.

4) 결론 및 시사점: 당신은 이 데이터 기반의 명확한 항해 지도를 바탕으로, 시장의 공포에 휩쓸리지 않고 과감한 포트폴리오 재조정을 단행

한다. 1년 후, 당신의 예측대로 명동 상권은 침체의 늪에 빠지지만, 물류센터 자산의 가치는 폭등한다. 퀀텀 에쿼티의 포트폴리오는 위기 속에서 오히려 경쟁자 들과의 격차를 벌리며 최고의 성과를 기록한다. 이는 감이 아닌 데이터로 시장의 폭풍우를 항해한, 시스템의 위대한 승리인 것이다.

2. 투자 유망지역 및 자산유형 분석을 통한 포트폴리오 최적화 방안과 가상사례

2.1. 부동산 포트폴리오 최적화는 거시적 통찰력과 미시적 정교함이 결합된 고도의 전략이다

부동산 포트폴리오 최적화는 단순히 좋은 입지의 개별 부동산을 사 모으는 행위를 넘어선다. 이는 마치 유능한 장수가 군대를 지휘하듯, 가장 잠재력 있는 전쟁터(유망지역)를 먼저 선점하고, 그곳의 지형과 적군에 맞춰 최적의 병력(자산유형)을 전략적으로 배치하는, 거시적 통찰력과 미시적 정교함이 결합된 고도의 전략이다. 빅데이터와 AI는 바로 이 전쟁의 승패를 가늠할 미래의 전장 지도를 미리 그려 보여주는 가장 강력한 무기이다.

2.1.1. 부동산 포트폴리오 최적화를 위한 전략적 접근법

미래 성장 잠재력이 높은 '투자 유망지역'을 발굴하기 위한 거시적 분석은 과거의 가격 데이터가 아닌, 미래의 수요와 가치를 창출할 선행지표를 포착하는 데 중점을 둔다. 인공지능(AI)은 도시 빅데이터를 분석하여 미래 성장의 신호를 감지한다. 이 전략적 접근법은 두 가지 핵심 분석 축으로 구성된다.

1) 거시적 분석: 미래가치를 품은 '투자 유망지역'을 발굴한다.

과거의 가격 상승률이라는 후행지표가 아닌, 미래의 성장을 견인할 '선행지표(Leading Indicator)'를 포착하는 것이 핵심이다. AI는 도시 전역에 흩어진 빅데이터 속에서 미래 성장의 신호를 감지한다.

(1) **인구 및 일자리 동역학 분석:** 통신사의 기지국 데이터와 채용 플랫폼의 데이터를 융합하여, 특정 지역으로 고소득 전문직(예: AI 개발자, 바이오 연구원) 인구가 얼마나 순 유입되는지를 분석한다. 인구의 양적 증가 뿐 아니라 질적 변화를 추적하는 것은 미래 주택 및 오피스 수요를 예측하는 가장 정확한 방법이다.

(2) **혁신 및 자본 흐름 분석:** 특정 지역에서 발생하는 신규 창업 기업의 수, 벤처 캐피탈의 투자금액 규모, 그리고 특허 출원 동향을 분석한다. 자본과 아이디어가 집중되는 곳은 필연적으로 미래의 혁신 클러스터로 성장하게 된다.

(3) **도시 인프라 확장성 분석:** 정부가 발표하는 광역교통망(GTX 등) 계획, 도시재생 뉴딜 사업, 신규 산업단지 지정 등 미래의 도시 골격을 바꿀 거대 계획들을 분석한다. AI는 이러한 계획들이 서로 연계되었을 때 발생하는 '시너지 효과'를 계량화하여 잠재력을 평가한다.

구분	인구 및 일자리 동역학 분석	혁신 및 자본 흐름 분석	도시 인프라 확장성 분석
목표	특정 지역으로 유입되는 인구의 양적 증가를 넘어, 고소득 전문직 등 인구의 질적 변화를 추적하여 미래의 유효 주거 및 업무 수요를 가장 정확하게 예측하는 것을 목표로 한다.	특정 지역에 집중되는 아이디어(특허), 사람(창업), 돈(벤처 투자)의 흐름을 분석하여, 해당 지역이 미래의 혁신 클러스터로 성장할 잠재력을 객관적으로 평가하는 것을 목표로 한다.	정부 및 지자체의 거대 도시계획들이 단일 효과를 넘어 상호 연계되었을 때 발생하는 시너지 효과를 계량화하고, 이를 통해 도시의 미래 골격 변화와 잠재 가치를 예측하는 것을 목표로 한다.

분석방법 및 기술	통신사의 기지국 데이터(상주인구 분석)와 채용 플랫폼의 직종별 채용 공고 데이터를 공간적으로 융합(Spatial Join) 분석한다. 시계열 분석을 통해 특정 지역·특정 직군 인구의 순 유입(Net Inflow) 규모와 추세를 도출한다.	특정 지역의 신규 법인 등기 데이터, 벤처 캐피탈의 투자 포트폴리오 데이터, 특허청의 출원 데이터 등을 수집한다. 네트워크 분석 및 군집 분석을 통해 혁신 자본과 기술이 집중되는 허브(Hub) 지역을 식별한다.	GIS(지리정보시스템)를 활용하여 광역교통망 계획, 도시재생 사업, 산업단지 지정 등 다양한 도시계획의 공간정보를 중첩(Overlay) 분석한다. 각 계획의 파급 효과를 계량화하고 시뮬레이션하여 통합 잠재력 점수를 산출한다.
역할	부동산 가치의 가장 근본적인 동력인 '수요'의 미래 변화를 예측하는 역할을 한다. 특히 구매력 높은 핵심 수요층의 이동을 포착하여 시장을 선도하는 투자 전략 수립의 근거가 된다.	미래의 핵심 산업과 양질의 일자리가 창출될 지역을 예측하는 역할을 한다. 이는 업무 및 주거용 부동산의 장기적인 가치 상승을 견인할 성장 동력을 파악하는 데 결정적인 정보를 제공한다.	도시의 물리적, 기능적 환경 변화, 즉 '공급' 측면에서의 대규모 가치 상승 요인을 예측하는 역할을 한다. 인프라 확충에 따른 접근성 개선과 토지 가치 상승 잠재력을 평가하는 데 핵심적인 기능을 수행한다.
장점	수요 예측의 정확성: 실제 거주 및 근무 인구의 변화를 직접 추적하므로 부동산 수요 예측에 있어 가장 정확하고 신뢰도 높은 선행지표가 된다. 미시적 분석 가능: 광역 지역 뿐만 아니라 행정동 단위의 미시적인 인구 이동 패턴까지 분석할 수 있다.	성장 잠재력 조기 포착: 부동산 가격에 반영되기 전, 산업 생태계가 형성되는 초기 단계의 성장 신호를 포착하여 시장을 선점할 기회를 제공한다. 질적 성장 평가: 단순히 건물이 늘어나는 것이 아닌, 도시의 질적 성장을 견인할 혁신 동력을 평가할 수 있다.	정책 기반의 안정성: 정부의 확정된 계획을 기반으로 분석하므로, 불확실성이 낮고 장기적으로 실현될 가능성이 높은 가치를 예측할 수 있다. 거시적 통찰력: 개별 호재가 아닌, 도시 전체의 구조적 변화를 읽고 거시적인 투자 방향성을 설정하는 데 유용하다.
단점	데이터 접근성: 개인정보보호 문제로 인해 상세한 통신 및 채용 데이터는 비용이 매우 높고 접근이 제한적이다. 인과관계의 복잡성: 인구 유입이 부동산 가격 상승의 원인인지, 아니면 가격 상승이 인구 유입의 결과인지 인과관계를 명확히 하기 어렵다.	장기적 불확실성: 신생 창업 기업의 성공 가능성은 매우 낮으며, 투자가 반드시 지역의 성장으로 이어진다는 보장이 없다. 데이터 파편화: 창업, 투자, 특허 데이터가 각각 다른 기관에 흩어져 있어 통합적인 수집 및 분석에 어려움이 있다.	계획의 변동성 및 지연: 정부 정책은 사회·정치적 요인에 따라 변경되거나 지연될 리스크가 상존한다. 효과 계량화의 어려움: 시너지 효과를 객관적인 수치로 전환하는 모델을 개발하는 데 높은 수준의 전문성과 복잡한 가정이 요구된다.

도시부동산 활용예시	판교, 마곡지구 가치 평가: AI 개발자, 바이오 연구원 등 고소득 전문직 인구가 판교와 마곡지구로 순유입되는 규모가 지속적으로 증가하는 것을 분석하고, 해당 지역의 고급 주거시설 및 프라임급 오피스의 미래 임대료 상승률을 높게 예측하여 투자 비중을 확대한다.	성수동 클러스터 성장 예측: 성수동 지역의 소셜벤처 창업 기업 수와 이들 기업에 대한 투자 금액이 급증하는 패턴을 분석한다. 이를 통해 성수동이 향후 'ESG 혁신 클러스터'로 성장할 것을 예측하고, 초기 단계에 업무 및 상업용 부동산을 선매입하는 전략을 수립한다.	GTX-A 노선 잠재력 분석: GTX-A 노선 계획과 용인 플랫폼시티, 평택 고덕 산업단지 계획을 GIS 상에서 중첩 분석한다. 교통망 확충과 일자리 증가의 시너지 효과가 가장 클 것으로 예상되는 동탄역 인근을 최적의 물류센터 개발 부지로 선정한다.

2) 미시적 분석: 유망지역에 최적화된 '자산유형'을 선택한다.

거시적 분석을 통해 발굴된 투자 유망지역 내에서, 최적의 수익을 창출할 수 있는 자산 유형을 선택하기 위해 미시적 분석이 수행된다. 이는 해당 지역의 인구통계학적, 산업적 특성과 개별 부동산 유형의 잠재력을 정밀하게 연결(Matching)하는 과정이다.

미래의 전쟁터를 찾았다면, 다음은 그곳에서 가장 큰 승리를 가져다 줄 무기를 선택하는 단계이다. 이는 발굴된 유망지역의 인구통계학적, 산업적 특성에 맞춰 최적의 부동산 자산유형을 연결(Matching)하는 과정이다.

(1) **주거용 부동산(Residential)**: 30대 고소득 전문직 인구의 순유입이 많은 지역이라면, 이들의 라이프스타일에 맞는 최첨단 IoT 기술이 적용된 오피스텔이나 중소형 고급 아파트의 잠재력이 높다고 판단된다.

(2) **상업용 부동산(Retail)**: 유동인구 데이터와 신용카드 매출 데이터 분석 결과, 20-30대 소비가 F&B(식음료) 및 체험형 공간에 집중된다면, 대형 쇼핑몰보다는 이들의 취향에 맞는 '라이프스타일 상업시설'의 성장성이 높다고 분석된다.

(3) **업무용 부동산(Office)**: 벤처 캐피탈의 투자를 받은 기술 스타트 업이 급증하는 지역이라면, 이들의 유연한 근무 형태를 지원할 수 있는 공유 오피스나 중소형 오피스(Class B)의 수요가 폭발할 것을 예측할 수 있다.

구분	주거용 부동산 분석	상업용 부동산 분석	업무용 부동산 분석
목표	유망지역으로 유입되는 핵심 인구 집단의 소득 수준, 연령, 라이프스타일을 분석하여, 이들의 니즈에 가장 부합하는 최적의 주거 상품 유형과 스펙을 도출하는 것을 목표로 한다.	특정 상권의 유동인구 특성과 실제 소비 행태를 분석하여, 미래 성장성이 가장 높을 것으로 예상되는 차별화된 상업시설의 종류와 컨셉(MD)을 결정하는 것을 목표로 한다.	유망지역의 핵심 성장 산업과 기업들의 특성(규모, 근무 형태)을 분석하여, 이들이 필요로 하는 최적의 업무 공간 유형과 규모를 예측하고 시장을 선점하는 것을 목표로 한다.
분석방법 및 기술	통신사 데이터(상주인구 분석), 채용 플랫폼 데이터(소득 수준 추정), 소셜미디어 데이터(라이프스타일 분석)를 "융합하여 핵심 수요층을 프로파일링(Profiling)"한다. 이를 통해 수요가 집중될 주택의 유형, 면적, 필요한 기술(예: IoT) 등을 특정한다.	특정 지역의 시간대별 유동인구 데이터와 신용카드 업종별 매출 데이터를 공간적으로 중첩(Overlay) 분석한다. "연관 규칙 분석(Association Rule Mining)"을 통해 특정 연령대가 선호하는 업종 조합을 찾아내고 최적의 MD 구성을 도출한다.	특정 지역의 신규 창업 기업 데이터, 벤처 캐피탈 투자 데이터, 채용 데이터 등을 네트워크 분석한다. 이를 통해 급성장하는 스타트 업들의 군집을 식별하고, 이들의 예상 성장 속도에 기반한 미래 사무실 수요 면적을 예측한다.
역할	유망지역 내에서 가장 높은 임대료와 자산 가치 상승을 기대할 수 있는 주거 상품을 pinpoint하는 역할을 한다. 단순한 주택 공급을 넘어, 수요에 최적화된 상품 기획을 통해 미분양 리스크를 최소화한다.	백화점, 쇼핑몰 등 전통적인 상업시설 기획에서 벗어나, 지역의 특성과 소비 트렌드에 맞는 특화된 상업 공간을 기획하는 역할을 한다. 이를 통해 공실률을 낮추고 지속가능한 임대 수익을 확보한다.	해당 지역의 산업 생태계 변화에 선제적으로 대응하는 역할을 한다. 미래의 핵심 임차인이 될 기업들의 수요를 예측하고 이들에게 최적화된 업무 공간을 공급함으로써 안정적인 임차인을 선점할 수 있게 한다.

장점	수요-공급 미스매치 최소화: 실제 거주할 사람들의 특성을 정밀하게 분석하므로, 과잉 공급이나 불필요한 스펙으로 인한 낭비를 줄일 수 있다. 높은 자산 가치 상승 기대: 핵심 수요층의 선호도가 높은 주거 상품은 향후 지역 내에서 랜드마크로 자리 잡아 높은 가치 상승을 기대할 수 있다.	차별화를 통한 경쟁력 확보: 데이터 분석을 통해 주변 상권에 없는 새로운 유형의 '앵커 테넌트(Anchor Tenant)'를 유치하여 상권 전체를 활성화할 수 있다. 안정적 현금흐름: 소비 트렌드에 부합하는 상업시설은 경기 변동에 상대적으로 둔감하여 안정적인 임대수익 창출이 가능하다.	선점 효과: 기업들이 성장하기 전에 미리 이들의 니즈에 맞는 오피스를 공급함으로써, 향후 수년간의 임대차 계약을 조기에 확보할 수 있다. 낮은 공실 리스크: 급성장하는 산업군의 기업들은 임차 수요가 꾸준하므로 공실 리스크를 현저히 낮출 수 있다.
단점	라이프스타일의 빠른 변화: 특정 시점의 라이프스타일 트렌드는 빠르게 변할 수 있어, 장기적인 예측에는 불확실성이 존재한다. 과도한 타겟팅의 위험: 지나치게 특정 계층에만 초점을 맞출 경우, 시장의 전반적인 변화에 대응하지 못하는 위험이 있다.	온라인 시장의 위협: 이커머스(E-commerce)의 성장은 오프라인 상업시설의 입지를 지속적으로 위협하는 외부 변수로 작용한다. 트렌드의 단기성: 특정 F&B나 체험형 공간의 유행은 수명이 짧아, 지속적인 MD 개편에 대한 부담이 존재한다.	신생 기업의 높은 변동성: 스타트 업은 성장성도 높지만 폐업률 또한 매우 높아, 안정적인 장기 임차인으로 보기에는 불확실성이 크다. 〈경기 민감성: 업무용 부동산 시장은 경기 변동에 가장 민감하게 반응하므로, 경기 침체 시 수요가 급격히 위축될 수 있다.
도시부동산 활용예시	서울 마곡지구: 30-40대 바이오 연구원 등 고소득 전문직 인구 유입이 많은 특성을 분석하여, 중대형 평형의 고급 아파트와 최첨단 IoT 기술 및 커뮤니티 시설이 적용된 오피스텔을 최적 자산으로 선택하여 개발한다.	서울 성수동: 20-30대 유동인구가 F&B와 패션 편집샵, 팝업스토어 등 체험형 공간에 소비를 집중하는 패턴을 분석한다. 이에 따라 대형 쇼핑몰 대신, 개성 있는 소규모 브랜드들이 입점할 수 있는 '라이프스타일 복합문화공간'을 최적 자산으로 판단한다.	경기도 판교: AI 및 게임 분야의 기술 스타트 업이 기하급수적으로 증가하는 것을 분석한다. 이들의 잦은 인력 변동과 유연 근무 형태를 지원할 수 있는 "공유 오피스와, 100인 미만 기업을 위한 분할 가능한 중소형 오피스(Class B)"를 최적 투자 자산으로 선정한다.

이러한 거시적·미시적 분석을 통해 도출된 다양한 투자 대안들을 현대 포트폴리오 이론(Modern Portfolio Theory)에 기반한 최적화 알고리

즘에 적용함으로써, 최종적으로 위험은 분산시키고 기대수익률은 극대화하는 최상의 포트폴리오 조합을 구성하게 되는 것이다.

2.1.2. 투자 유망지역 및 자산유형 분석을 통한 포트폴리오 최적화 방법별 목표, 분석방법 및 기술, 역할, 장단점, 도시부동산 활용예시

투자 유망지역 및 자산유형 분석을 통한 포트폴리오 최적화는 거시적 시장 선점(Where), 미시적 자산 선정(What), 그리고 과학적 자산 배분(How)이라는 3단계의 체계적인 과정을 통해 이루어진다. 각 단계는 뚜렷한 목표와 분석 기술을 통해 전체 포트폴리오의 위험 대비 수익률을 극대화하는 데 기여한다.

구분	거시적 시장 분석	미시적 자산 분석	포트폴리오 최적화
목표	과거의 가격 동향이 아닌, 인구, 일자리, 자본, 인프라 등 미래 성장을 견인할 선행지표 빅데이터를 분석하여, 잠재력이 가장 높은 광역적 유망지역(Region)을 선점하는 것을 목표로 한다.	거시적으로 선택된 유망지역의 고유한 인구통계학적, 산업적 특성에 부합하는 최적의 부동산 자산유형(Asset Type)을 선정하여, 해당 지역의 성과를 가장 효과적으로 흡수하는 것을 목표로 한다.	분석된 유망지역과 자산유형들을 조합하여, 주어진 위험 수준 하에서 기대수익률을 극대화하거나, 주어진 기대수익률 하에서 위험을 최소화하는 최적의 자산 배분(Asset Allocation) 방안을 도출하는 것을 목표로 한다.
분석방법 및 기술	시계열 분석, 클러스터링(Clustering) 기법을 활용한다. 통신사 인구이동 데이터, 채용 플랫폼의 일자리 데이터, 벤처 캐피탈 투자 데이터, 정부의 GTX 등 교통망 계획 데이터를 종합 분석하여 '미래 성장 잠재력 지수'를 산출한다.	수요예측 모델링, 회귀분석, 시장 세분화(Market Segmentation) 기법을 사용한다. 신용카드 매출 데이터로 소비 패턴을, 유동인구 데이터로 상권 활성도를, 이커머스 침투율 데이터로 물류 수요를 분석하여 자산유형별 잠재력을 평가한다.	현대 포트폴리오 이론(MPT)에 기반한 평균-분산 최적화(Mean-Variance Optimization) 알고리즘을 핵심 기술로 사용한다. 몬테카를로 시뮬레이션을 통해 다양한 경제 시나리오에 대한 포트폴리오의 스트레스 테스트를 수행한다.

역할	투자의 방향을 결정하는 '전략적 나침반(Strategic Compass)' 역할을 수행한다. 경쟁이 심화되기 전에 미래의 핵심 성장 축이 될 지역을 미리 식별한다.	선정된 지역에서 최대의 성과를 낼 무기를 선택하는 '전술적 타겟팅 시스템(Tactical Targeting System)'의 역할을 담당한다. 거시적 기회를 미시적 수익으로 연결한다.	포트폴리오의 안정성과 수익성의 균형을 맞추는 '리스크 관리자(Risk Manager)' 역할을 수행한다. 과학적 분산투자를 통해 시장 변동에 대한 방어력을 구축한다.
장점	- 시장을 선도하는 선제적 투자가 가능하다. - 장기적 관점에서 높은 자본 차익을 기대할 수 있다.	- 지역 특성에 맞는 정교한 투자로 공실 위험을 줄이고 운영 수익을 극대화할 수 있다.	- 투자 의사결정을 계량화하고 과학적 근거를 기반으로 자산을 배분할 수 있다. - 감정적 판단을 배제하고 원칙에 따른 투자가 가능하다.
단점	- 단기적 시장 예측에는 부적합하며, 예측이 실현되기까지 오랜 시간이 걸릴 수 있다.	- 지나치게 미시적 분석에만 치중할 경우, 거시 경제의 시스템 리스크를 간과할 수 있다.	- 과거 데이터의 변동성과 상관관계에 의존하므로, 과거 패턴이 반복되지 않을 경우 예측이 빗나갈 수 있다.
도시부동산 활용예시	AI가 인구·산업·교통 데이터를 분석하여, 향후 10년간 대한민국의 핵심 성장 축이 판교에서 '용인-동탄 반도체 벨트'로 이동할 것을 예측하고, 해당 권역을 최우선 투자 유망지역으로 선정한다.	'용인-동탄 벨트'의 핵심 인구가 고소득·고학력의 젊은 엔지니어라는 점에 착안하여, 일반 아파트보다 R&D 기능이 결합된 '라이브-워크 오피스텔'과 자녀 교육을 위한 '에듀-테크 상가'의 잠재력이 가장 높다고 판단한다.	용인 R&D 센터(기대수익률 20%, 위험 30%), 동탄 에듀-테크 상가(기대수익률 12%, 위험 15%), 강남 오피스(기대수익률 6%, 위험 8%) 자산을 대상으로 최적화 모델을 실행하여, 포트폴리오의 위험을 20% 이하로 유지하면서 최고 수익을 내는 4:4:2의 최적 투자 비중을 도출한다.

2.2. 가상사례: AI 전략가 '노바(NOVA)', 판교를 넘어선 새로운 기회의 땅을 발견하다

제2의 판교…'테크노밸리' 품은 직주근접 아파트 인기 [https://www.lawissue.co.kr]

1) **현안 과제**: 2026년, 당신은 국민연금의 부동산 투자를 총괄하는 책임자이다. 지난 10년간 최고의 수익을 안겨준 '판교 테크노밸리'는 이제 성숙기에 접어들어 가격이 너무 높아졌다. 당신의 임무는 대한민국에서 '제2의 판교'가 될 잠재력을 가진 지역을 발굴하고, 향후 10년을 책임질 최적의 부동산 포트폴리오를 선제적으로 구축하는 것이다. 당신은 기관의 AI 기반 시장 분석 및 포트폴리오 최적화 시스템인 '노바(NOVA)'를 가동한다.

2) **분석 과정**:

■ **1단계: 유망지역 발굴**(Macro Analysis)

'노바'는 수도권 전체를 대상으로 인구, 자본, 인프라 관련 선행지표 빅데이터를 분석하기 시작한다. 며칠 후, '노바'는 의외의 지역을 최우선 유망지역으로 지목한다. 바로 '용인 반도체 클러스터 - 동탄 신도시'를 잇는 거대 기술 벨트이다.

- [인구·일자리 데이터] 최근 2년간 해당 지역으로 순유입된 인구의 45%가 반도체 및 ICT 분야 석·박사급 엔지니어로 분석된다. 이들

의 평균 소득은 경기도 평균 대비 1.8배 높은 것으로 나타난다.

- [혁신·자본 데이터] 정부의 반도체 클러스터 육성 정책 발표 이후, 해당 지역 내 시스템 반도체 관련 스타트업에 유입된 벤처캐피탈 투자액이 5년간 700% 급증했다.
- [인프라 데이터] GTX-A 노선 개통 시, 동탄에서 강남(삼성역)까지의 이동 시간이 20분대로 단축된다. '노바'는 이것이 단순한 교통 개선을 넘어, 강남의 고급 인력과 자본이 이 기술 벨트로 유입되는 '결정적 트리거(Trigger)'가 될 것이라고 예측한다.

■ 2단계: 최적 자산유형 분석(Micro Analysis)

'노바'는 이 새로운 'K-실리콘밸리'를 채울 사람들의 수요를 분석하여 최적의 자산유형을 추천한다. 이 지역의 핵심 인력은 높은 소득 수준과 함께, 일과 삶의 균형(워라밸)을 중시하는 젊은 세대라는 특징을 보인다.

- [주거] 단순 아파트보다, 재택근무와 R&D가 가능한 '라이브-워크(Live-Work)' 개념의 고급 오피스텔에 대한 수요가 폭발할 것이다.
- [상업] 전통적인 상가보다는, 젊은 엔지니어와 그 가족들을 위한 '에듀-테크(Edu-Tech) 복합 상가'(코딩 학원, 영재 교육기관, 키즈 카페 등)의 잠재력이 가장 높다.
- [특수 자산] 반도체 설계 및 테스트를 위한 고전력·항온항습 시설을 갖춘 'R&D 데이터센터'는 현재 공급이 절대적으로 부족하여, 향후 10년간 가장 높은 임대수익률을 기록할 자산 유형이 될 것이다.

■ 3단계: 최적 포트폴리오 구성

'노바'는 분석 결과를 바탕으로, 향후 10년간 15%의 목표수익률을 달성하기 위한 최적의 포트폴리오 자산 배분안을 다음과 같이 제시한다.

3) '노바'의 'K-실리콘밸리' 최적 포트폴리오 제안

자산 유형	포트폴리오 배분 비중	향후 10년 연평균 기대수익률(IRR)	AI의 전략적 판단 근거
용인 R&D 데이터센터	40%	22%	클러스터 성장의 핵심 동력. 대체 불가능한 희소성으로 가장 높은 수익률 기대
동탄 라이브-워크 오피스텔	30%	15%	핵심 인재들의 주거 수요를 직접적으로 흡수하는 안정적 성장 자산
용인 에듀-테크 복합 상가	20%	12%	고급 인력의 정주 여건을 완성하는 필수 기반 시설. 안정적 현금흐름 창출
판교 프라임 오피스(기존 자산)	10%	6%	이미 검증된 안정적 자산으로, 신규 포트폴리오의 리스크를 헤지(Hedge)하는 앵커 역할
〈최종 최적 포트폴리오〉	100%	연평균 15.5%	성장-안정-수익의 균형을 맞춘 최적의 조합

4) **결론 및 시사점:** 당신은 '노바'의 데이터 기반 통찰력을 신뢰하여 이 포트폴리오안을 최종 승인한다. 수년 후, 대한민국 경제의 중심축이 판교를 넘어 '용인-동탄'으로 이동하면서, 당신의 포트폴리오는 시장의 예상을 뛰어넘는 경이로운 수익률을 기록한다. 이는 미래를 예측하는 수정 구슬이 아닌, 빅데이터라는 정교한 지도를 통해 새로운 기회의 대륙을 발견한 과학적 투자의 승리인 것이다.

3. 위험관리(Risk Management) 시스템 개발을 통한 포트폴리오 최적화 방법과 가상사례

3.1. 과거의 직감과 경험에 의존하던 리스크 관리를, 모든 가능성을 데이터로 시뮬레이션하고 최적의 대응 전략을 제시하는 과학의 영역으로 끌어올린다.

부동산 투자에서 '위험(Risk)'은 단순히 피해야 할 대상이 아니라, 정밀하게 '측정'하고 체계적으로 '관리'해야 할 핵심 변수이다. 성공적인 투자는 높은 수익률을 추구하는 것만큼이나 예측 불가능한 미래의 손실 가능성을 통제하는 능력에 의해 결정된다. 빅데이터와 AI에 기반한 위험관리 시스템은 과거의 직감과 경험에 의존하던 리스크 관리를, 모든 가능성을 데이터로 시뮬레이션하고 최적의 대응 전략을 제시하는 과학의 영역으로 끌어올린다.

3.1.1. 빅데이터와 AI에 기반한 위험관리 시스템의 구성

이 시스템은 포트폴리오의 건강 상태를 진단하고 미래의 위협에 대한 면역력을 키우는 과정이며, 크게 세 단계로 구성된다.

1) **위험 식별**(Risk Identification): 잠재된 모든 위협을 정의한다. 부동산 포트폴리오에 영향을 미칠 수 있는 모든 위험 요인을 빅데이터를 통해 식별하고 분류하는 단계이다.

(1) **시장 리스크**(Market Risk): 금리 변동, GDP 성장률, 인플레이션, 환율 등 거시경제의 변화가 자산가치 전반에 미치는 위험이다.

(2) **신용 리스크**(Credit Risk): 임차인이 임대료를 연체하거나 계약을 불이행할 위험이다. AI는 임차 기업의 재무 건전성 데이터, 상권의 매출 데이터 등을 분석하여 임차인의 부도 확률을 계량적으로 예측한다.

(3) **유동성 리스크(Liquidity Risk)**: 부동산을 원하는 시점에 적정 가격으로 매각하지 못할 위험이다. 특정 자산 유형 및 지역의 평균 매각 기간(Days on Market), 거래량, 호가와 실 거래가의 차이(Bid-Ask Spread) 등을 분석하여 측정한다.

(4) **운영 및 기타 리스크(Operational & Etc. Risk)**: 기후 변화로 인한 물리적 자산의 손상 위험(홍수, 해수면 상승 등), 지역 사회의 개발 반대 여론(NIMBY)과 같은 사회적 위험까지 위성 데이터, 소셜미디어 데이터 등을 통해 식별한다.

구분	시장 리스크	신용 리스크	유동성 리스크	운영 및 기타 리스크
목표	금리, 인플레이션 등 거시경제 지표의 변동이 포트폴리오 내 자산 가치 전반에 미치는 체계적 위험(Systematic Risk)을 측정하고, 이에 대한 민감도를 파악하는 것을 목표로 한다.	개별 임차인의 계약 불이행 또는 부도 가능성을 계량적으로 예측하여, 포트폴리오의 현금흐름 안정성을 저해하는 잠재적 부실 요인을 사전에 식별하는 것을 목표로 한다.	특정 부동산 자산을 원하는 시점에 적정 가격으로 현금화하지 못할 위험을 측정하여, 자산의 환금성(Marketability) 수준을 객관적으로 평가하는 것을 목표로 한다.	전통적인 재무 리스크 외에, 기후 변화나 사회적 여론 등 비재무적 요인이 자산에 미칠 수 있는 잠재적 손실 가능성을 식별하고 이를 관리 범위에 포함시키는 것을 목표로 한다.
분석방법 및 기술	거시경제 변수와 자산 가치 간의 과거 데이터를 활용한 시계열 분석, 벡터자기회귀(VAR) 모델 등을 통해 변수 간의 동적 관계를 분석한다. 이를 통해 특정 변수 충격에 따른 자산가치 변동을 예측한다.	임차 기업의 재무 데이터, 상권 매출 데이터, 관련 뉴스 등을 AI 기반 "대안 신용평가모델(Alternative Credit Scoring)"로 분석하여, 개별 임차인의 부도 확률(Probability of Default)을 산출한다.	특정 자산 유형 및 지역의 평균 매각 소요 기간(Days on Market), 거래량 추이, 호가-실거래가 스프레드 등 시장 데이터를 통계적으로 분석하여 '유동성 지수'를 산출한다.	위성 데이터를 활용한 GIS 중첩 분석으로 침수 예상 지역을 식별하고, 소셜 미디어 데이터를 텍스트 마이닝하여 특정 개발 사업에 대한 지역 사회의 부정적 여론을 분석한다.

역할	포트폴리오 전체가 직면한 외부 환경의 거시적 위협 수준을 진단하고, 이에 대비한 자산 군 비중 조절 등 전략적 자산배분(Strategic Asset Allocation)의 근거를 제공하는 역할을 한다.	포트폴리오의 안정적인 현금흐름을 위협하는 개별 임차인의 부실 위험을 선별하는 필터 역할을 한다. 우량 임차인(Credit Tenant) 유치 및 관리에 대한 의사결정을 지원한다.	투자 자금의 회수(Exit) 전략 수립에 있어 핵심적인 정보를 제공하는 역할을 한다. 시장 침체기에 어떤 자산을 먼저 매각해야 할지 우선순위를 결정하는 기준이 된다.	장기적인 관점에서 자산의 물리적, 사회적 지속가능성을 평가하는 역할을 한다. ESG 경영이 중시됨에 따라, 포트폴리오의 비재무적 건전성을 진단하는 기능이 점차 중요해 진다.
장점	체계적 위험 관리: 개별 자산의 특성을 넘어 시장 전체의 흐름을 읽고 대응할 수 있게 한다. 포트폴리오 분산 효과: 다양한 거시경제 시나리오를 통해 최적의 자산 분산 전략을 수립할 수 있다.	선제적 대응: 임차인의 재무 상태 악화 신호를 조기에 감지하여 보증금 증액, 임대차 계약 조정 등 선제적 조치를 취할 수 있다. 객관적 평가: 정량적 부도 확률을 통해 임차인 선정 과정의 주관성을 배제할 수 있다.	합리적 가격 책정: 자산의 유동성 수준을 매각 가격에 반영하여 합리적인 목표 가격을 설정할 수 있다. 위기 대응 능력: 위기 시 현금화가 용이한 자산을 식별하여 포트폴리오의 비상 대응 능력을 높인다.	리스크 범위 확장: 과거에는 측정 불가능했던 새로운 유형의 위험을 관리 영역으로 편입시킬 수 있다. 장기적 자산가치 보전: 기후 변화 등 장기적 위협에 미리 대비하여 자산의 물리적, 경제적 수명을 연장할 수 있다.
단점	예측의 불확실성: 거시경제는 수많은 변수가 복합적으로 작용하여, 과거 패턴이 미래에도 반복된다는 보장이 없다. 지역별 편차: 거시경제 지표는 국가 단위의 평균으로, 특정 지역 시장의 고유한 특성을 반영하지 못할 수 있다.	정보 비대칭성: 비상장 임차 기업의 경우, 신뢰할 수 있는 재무 데이터를 확보하는 데 한계가 있다. 모델의 한계: 예측 모델은 과거 데이터를 기반으로 하므로, 급작스러운 산업 환경 변화를 즉각 반영하기 어렵다.	시장 상황 의존성: 유동성은 시장의 투자 심리에 크게 좌우되므로, 시장이 급격히 경색될 경우 과거 데이터 기반의 예측이 무의미해질 수 있다. 측정의 어려움: 유동성은 직접 관찰되는 지표가 아니므로, 어떤 대리 변수를 사용하는가에 따라 측정값이 달라질 수 있다.	인과관계의 불분명성: 부정적 여론이 실제 사업에 얼마나 금전적 손실을 끼치는지 정확한 인과관계를 규명하기 어렵다. 데이터의 신뢰성: 위성, SNS 데이터는 분석 목적에 맞게 가공하고 해석하는 과정에서 오류가 발생할 수 있다.

도시부동산 활용예시	물류센터 포트폴리오: 금리 인상 시기, 이커머스 성장률 둔화가 물류센터 자산가치에 미치는 영향을 시뮬레이션하고, 위험이 크다고 판단되면 서울 도심의 프라임 오피스 비중을 늘리는 전략을 수립한다.	리테일 상가 자산관리: 특정 상가에 입주한 F&B 브랜드의 주변 상권 매출이 급감하고, 온라인에서 부정적 평판이 증가하는 것을 AI가 감지하면, 해당 임차인의 신용등급을 하향 조정하고 월세 연체 가능성을 경고한다.	지방 지식산업센터: 해당 지역의 월평균 거래량이 최근 1년간 지속적으로 감소하고, 평균 매각 소요 기간이 2배 이상 길어진 것을 분석한다. 유동성 리스크가 높다고 판단하여, 예상보다 낮은 가격이라도 매각을 추진한다.	해안가 리조트 개발: 위성 데이터를 통해 향후 30년 내 해수면 상승으로 인한 상습 침수 위험이 90% 이상으로 예측되면, 해당 부지의 개발 계획을 철회하거나, 방재 시설물 설치 비용을 PF 예산에 추가로 반영한다.

2) 위험 측정(Risk Measurement): 보이지 않는 위험을 숫자로 측정한다. 식별된 위험이 포트폴리오에 미칠 수 있는 잠재적 손실 규모를 통계적, 계량적으로 측정하는 단계이다. 식별된 위험이 부동산 포트폴리오에 미칠 잠재적 손실 규모를 계량적으로 측정하는 것은 데이터 기반 위험관리의 핵심 과정이다. 이를 위해 정상적인 시장 상황과 극단적인 위기 상황을 모두 분석할 수 있는 통계적 방법론이 활용된다.

(1) VaR(Value at Risk) **분석**: '향후 한 달 동안, 99%의 신뢰수준 하에서 우리 포트폴리오가 입을 수 있는 최대 손실액은 얼마인가?'를 계산하는 대표적인 위험 측정 지표이다. "몬테카를로 시뮬레이션(Monte Carlo Simulation)"을 통해 수만 가지의 가상 미래 시나리오(금리 급등, 성장률 저하 등)를 실행하고, 이를 통해 발생 가능한 손실의 확률 분포를 도출하여 VaR를 측정한다.

(2) **스트레스 테스트**(Stress Testing): VaR가 다루지 않는, 발생 확률은 낮지만 한번 발생하면 치명적인 극단적 위기 상황을 가정하여 포트폴리오의 안정성을 시험한다. 예를 들어, '제2의 글로벌

금융위기가 발생하여 서울 오피스 공실률이 30%까지 치솟는다면 우리 포트폴리오의 가치는 얼마나 하락하는가?'를 시뮬레이션 하는 것이다.

구분	VaR(Value at Risk) 분석	스트레스 테스트(Stress Testing)
목표	주어진 신뢰수준 하에서, 정상적인 시장 상황에서 발생할 수 있는 포트폴리오의 '예상 가능한 최대 손실 규모'를 단일한 금액으로 산출하는 것을 목표로 한다.	발생 확률은 낮으나 한번 발생하면 포트폴리오에 치명적 손실을 입히는 극단적인 위기 상황(Extreme Event)에서 포트폴리오가 얼마나 안정적으로 충격을 흡수할 수 있는지를 시험하는 것을 목표로 한다.
분석방법 및 기술	금리, 환율 등 위험 요인들의 과거 데이터 분포를 바탕으로, 난수(Random Number)를 이용하여 수만 가지의 가상 미래 시나리오를 생성하는 '몬테카를로 시뮬레이션(Monte Carlo Simulation)' 기술을 핵심적으로 활용한다. 이를 통해 포트폴리오의 손실 확률 분포를 도출하고 특정 신뢰수준에 해당하는 VaR 값을 측정한다.	과거 실제 위기(예: 글로벌 금융위기, 팬데믹) 데이터나 가상의 최악의 시나리오(예: 서울 오피스 공실률 30% 급등)를 설정한다. 해당 시나리오가 포트폴리오 내 개별 자산의 가치, 임대 수익, 대출 조건 등에 미치는 연쇄적인 충격 효과를 시뮬레이션 하여 총손실 규모를 측정한다.
역할	일상적인 위험관리의 핵심 지표(Key Metric) 역할을 한다. 포트폴리오의 전반적인 위험 수준을 하나의 숫자로 요약하여 경영진의 의사결정을 돕고, 위험자본(Risk Capital)을 얼마나 배분해야 하는지에 대한 기준을 제공한다.	VaR가 포착하지 못하는 '꼬리 위험(Tail Risk)'을 측정하고 관리하는 역할을 한다. 포트폴리오의 숨겨진 취약점을 발견하고, 최악의 상황에 대비한 비상 계획(Contingency Plan)을 수립하도록 하는 압력 테스트 기능을 수행한다.
장점	계량화 및 비교 가능성: 위험을 단일 금액으로 명확하게 표현하므로, 서로 다른 포트폴리오나 자산의 위험 수준을 쉽게 비교하고 관리할 수 있다. 통계적 신뢰성: 확률 분포에 기반하므로 통계적으로 신뢰할 수 있는 위험 측정치를 제공한다.	미래지향적 분석: 과거 데이터에만 의존하지 않고, 발생 가능한 미래의 극단적 위기를 분석에 반영하여 선제적 대응을 가능하게 한다. 취약점 식별: 포트폴리오 내에서 어떤 자산군이나 특정 자산이 위기 상황에 가장 취약한지를 명확하게 식별할 수 있다.

단점	꼬리 위험 측정 불가: 설정된 신뢰수준(예: 99%)을 벗어나는, 발생 확률이 매우 낮은 극단적인 손실은 측정하지 못하는 근본적인 한계가 있다. 정상 시장 가정: 과거 데이터가 안정적인 정상 분포를 따른다고 가정하므로, 시장이 급변하는 위기 상황에서는 예측력이 크게 저하된다.	시나리오의 주관성: 테스트 결과가 분석가가 설정하는 시나리오에 따라 크게 달라지므로, 시나리오 설정 과정에 주관이 개입될 여지가 크다. 발생 확률 미 고려: 시나리오가 얼마나 현실적으로 발생 가능한지에 대한 확률 정보는 제공하지 않으며, 단지 충격의 크기만을 보여준다.
도시부동산 활용예시	부동산 펀드 운용: 특정 부동산 펀드의 운용사는 "향후 1개월간 99% 신뢰수준에서 우리 펀드의 최대 손실액은 50억 원이다"라는 VaR 값을 산출하고, 이 한도 내에서 투자 전략을 구사하도록 위험관리 지침을 설정한다.	물류센터 포트폴리오: "글로벌 공급망 마비로 주요 화주(임차인) 기업이 파산하여 전체 물류센터의 공실률이 40%까지 상승하는 상황"을 가정하여 스트레스 테스트를 수행한다. 그 결과 특정 자산의 가치가 50% 이상 폭락할 것으로 예측되면, 해당 자산의 매각을 검토한다.

3) **위험 완화 및 최적화(Risk Mitigation & Optimization)**: 측정된 위험에 맞춰 포트폴리오를 재구성한다. 측정된 위험을 바탕으로 포트폴리오의 안정성을 높이는 구체적인 실행 계획을 도출한다. 상관관계가 높은 자산(예: 경기에 민감한 오피스와 리테일)의 비중을 줄이고, 경기에 둔감한 방어적 자산(예: 물류센터, 헬스케어 시설)의 비중을 높여 다각화(Diversification) 효과를 극대화한다. 또한, 파생상품 등을 활용한 헤징(Hedging) 전략을 구사하거나, 위험 신호에 따라 선제적으로 자산 비중을 조절하는 '동적 자산 배분(Dynamic Asset Allocation)'을 통해 포트폴리오의 위험 대비 수익률을 최적화한다.

3.1.2. 부동산 포트폴리오 최적화를 위한 위험관리(Risk Management) 시스템 별 목표, 분석방법 및 기술, 역할, 장단점, 도시부동산 활용예시

부동산 포트폴리오 최적화를 위한 위험관리(Risk Management) 시스템은 위협 요인의 식별, 정량적 측정, 그리고 전략적 대응이라는 체계적인 3단계 프로세스로 구성된다. 각 단계는 고유한 기술과 분석 방법을 통해 포트폴리오의 안정성을 높이고, 위험을 고려한 최적의 수익률을 달성하는 데 기여한다.

구분	위험 식별	위험 측정	위험 완화 및 최적화
목표	포트폴리오 가치에 부정적 영향을 미칠 수 있는 모든 잠재적 위험 요인(시장, 신용, 유동성, 운영 등)을 사전에 빠짐없이 인지하고 범주화하는 것을 목표로 한다.	식별된 추상적인 위험 요인들이 포트폴리오에 미칠 재무적 손실 규모와 발생 확률을 객관적인 숫자로 계량화하여, 위험의 심각성을 정확히 측정하는 것을 목표로 한다.	측정된 위험 수준을 바탕으로 포트폴리오의 위험 대비 수익률(Risk-Adjusted Return)을 극대화하기 위한 최적의 자산 재배분 및 위험 회피 전략을 도출하고 실행하는 것을 목표로 한다.
분석방법 및 기술	웹 크롤러로 뉴스, 소셜 미디어 데이터를 수집하고 자연어 처리(NLP) 기술로 텍스트의 감성분석을 수행하여 평판 리스크를 감지한다. GIS로 자연재해(홍수, 지진 등) 위험 지역을 분석하고, 대시보드를 통해 위험 요인을 시각화한다.	VaR(Value at Risk), CVaR(Conditional VaR) 등 계량금융 모델을 활용한다. 과거 빅데이터의 변동성과 상관관계를 기반으로 수만 가지 가상 시나리오를 생성하는 '몬테카를로 시뮬레이션(Monte Carlo Simulation)'과 극단적 위기 상황을 가정한 '스트레스 테스트(Stress Testing)'가 핵심 기술이다.	현대 포트폴리오 이론(MPT)에 기반한 평균-분산 최적화(Mean-Variance Optimization) 알고리즘을 사용한다. 다양한 자산 조합에 대한 시나리오 분석을 통해 최적의 샤프 비율(Sharpe Ratio)을 가지는 포트폴리오 배분안을 도출한다.
역할	포트폴리오의 '조기 경보 시스템(Early Warning System)' 역할을 수행한다. 위협이 표면화되기 전에 잠재적 위험 신호를 먼저 포착하여 경고한다.	잠재적 위협의 심각성을 진단하고 우선순위를 정하는 '계량 분석가(Quantitative Analyst)' 역할을 담당한다. '얼마나 위험한가?'라는 질문에 숫자로 답한다.	측정된 위험에 맞춰 포트폴리오를 재설계하고 지휘하는 '포트폴리오 설계자(Portfolio Architect)' 역할을 수행한다. 위험을 최소화하고 수익을 극대화하는 최종 전략을 결정한다.
장점	- 알려지지 않았거나 간과되었던 새로운 위험 요인을 발굴할 수 있다. - 선제적 대응의 기반을 마련한다.	- 위험을 객관적 지표로 관리하여 합리적 의사 결정을 지원한다. - 위험의 우선순위를 명확히 할 수 있다.	- 감정적인 '패닉 셀링'을 방지하고, 데이터에 기반한 원칙적인 리밸런싱이 가능하다. - 포트폴리오의 안정성을 과학적으로 향상시킨다.

단점	- 유의미한 신호와 단순한 노이즈(Noise)를 구분하기 어려울 수 있다.	- 과거 데이터에 기반하므로 전례 없는 '블랙스완' 형태의 위기는 예측하기 어렵다.	- 최적화 모델의 결과가 입력 변수(기대수익률, 상관관계 등)의 정확성에 매우 민감하다.
도시부동산 활용예시	AI 시스템이 특정 지역의 온라인 맘카페 게시글을 분석하여, 신설 초등학교의 '과밀 학급' 문제에 대한 불만이 급증하고 있음을 감지하고, 해당 지역 아파트 단지에 대한 '교육환경 악화 리스크'를 조기 경보로 발령한다.	몬테카를로 시뮬레이션을 통해, 보유 중인 강남 오피스 포트폴리오가 향후 1년간 금리가 2% 급등하고 IT 경기가 10% 하락하는 시나리오에서 95%의 확률로 최대 1.2조 원의 손실을 볼 수 있다(VaR=1.2조 원)는 결과를 도출한다.	VaR 분석 결과를 바탕으로, 최적화 알고리즘이 경기 변동에 민감한 오피스 자산 비중을 50%에서 30%로 줄이고, 경기 방어적인 수도권 물류센터 및 헬스케어 자산 비중을 20% 늘려 포트폴리오의 VaR를 0.7조 원으로 낮추는 리밸런싱 안을 제안한다.

3.2. 가상사례: AI 리스크 관리 시스템 '카산드라(Cassandra)', 보이지 않는 폭풍을 예측하다

1) 미래 과제: 2027년 여름, 대한민국 부동산 시장은 AI 산업의 폭발적인 성장에 힘입어 유례없는 호황을 누리고 있다. 당신이 운용하는 '아폴로 부동산 펀드'는 강남 테헤란 밸리의 프라임 오피스와 주변 고급 주거시설에 집중 투자하여 시장 평균을 두 배 이상 상회하는 경이로운 수익률을 기록 중이다. 모든 시장 참여자들이 축배를 들고 있을 때, 펀드의 AI 리스크 관리 시스템 '카산드라(Cassandra)'의 대시보드에 조용한 경고등이 켜진다.

2) 분석 과정:

- 1단계: 보이지 않는 위험 신호의 포착

  '카산드라'는 인간의 탐욕과 낙관론 너머에서 조용히 수렴하고 있는 여러 위험 신호를 포착했다.

- [신용 리스크 분석] 펀드 오피스 자산의 임차인 중 72%가 'AI 서비스' 관련 스타트 업임을 확인한다. 동시에, 글로벌 벤처 캐피탈 데이터 분석 결과, AI 분야의 초기 단계 투자가 2분기 연속 35% 감소했음을 발견한다. 이는 향후 1~2년 내 AI 스타트 업의 현금 흐름 악화 및 부도율 급증을 예고하는 강력한 선행지표이다.
- [시장 리스크 분석] 나스닥 기술주 지수와 테헤란밸리 오피스 임대료의 상관관계가 사상 최고치인 0.95에 도달했음을 확인한다. 이는 두 시장이 사실상 하나의 시장처럼 움직이고 있음을 의미하며, 미국 기술주의 조정이 곧바로 강남 오피스 시장의 위기로 전이될 수 있음을 경고한다.

■ **2단계: 최악의 시나리오 시뮬레이션**

'카산드라'는 이 위험 신호들을 조합하여 극단적 상황에 대한 스트레스 테스트를 실행한다.

(1) **시나리오 설정:** '글로벌 AI 버블 붕괴로 나스닥 기술주 40% 폭락 및 국내 AI 스타트업 30% 파산'

(2) **시뮬레이션 결과:**

- 펀드의 오피스 자산 공실률이 현재의 1%에서 28%로 급등한다.
- 고소득 AI 종사자들의 이탈로 주변 고급 주거시설의 임대료가 20% 하락한다.
- 결론: 18개월 내 펀드의 총자산가치 42% 하락, 최대 손실 예상액(99% VaR) 2조 원.

■ **3단계: 위험 회피를 위한 포트폴리오 재조정**

'카산드라'는 즉시 포트폴리오의 생존을 위한 최적의 리밸런싱 전략을 다음과 같이 제시한다.

3) '카산드라'의 포트폴리오 리밸런싱 제안

자산 유형	조정 전 비중 (현재)	조정 후 비중 (제안)	AI의 전략적 판단 근거
강남 AI 테마 오피스	60%	20%(-40%)	단일 산업 및 지역에 대한 과도한 집중(Concentration Risk)을 해소
강남 고급 주거시설	20%	10%(-10%)	오피스와 상관관계가 높은 자산 비중 축소
신촌/안암 대학가 상권 리테일	10%	30%(+20%)	경기 변동에 둔감한 학생 인구 기반의 안정적 현금흐름 자산 편입
수도권 실버타운/헬스케어	0%	30%(+30%)	AI 산업 사이클과 무관한, 인구구조 변화에 기반한 역성장(Counter-cyclical) 자산 편입
국채 및 현금성 자산	10%	10%	유동성 확보 및 위기 시 저가 매수 기회 포착
〈포트폴리오 1개월 VaR〉	2조 원	0.5조 원 (-75%)	포트폴리오 위험 75% 감소

4) **결론 및 시사점:** 펀드 매니저들은 이 제안에 따라 시장의 환호 속에서 조용히 자산을 재배치한다. 1년 후, 예견된 AI 버블 붕괴가 현실이 되고 테헤란 밸리의 오피스 가격은 폭락한다. 경쟁 펀드들이 막대한 손실로 쓰러질 때, '아폴로 펀드'는 안정적인 대학 상권과 실버타운 자산 덕분에 위기를 성공적으로 방어하고, 확보된 현금으로 헐값에 나온 우량 자산을 매입하며 시장의 승자로 우뚝 선다. 이는 보이지 않는 폭풍을 예측하고 그에 맞춰 항로를 변경한, 데이터 기반 위험관리 시스템의 완벽한 승리인 것이다.

4. 포트폴리오 성과 측정 및 동적 리밸런싱(Dynamic Rebalancing) 기법과 가상사례

4.1. 빅데이터와 AI는 부동산 포트폴리오 관리 과정을 정적인(Static) 사후 분석에서 동적인(Dynamic) 실시간 관리의 영역으로 끌어올렸다.

부동산 포트폴리오 관리의 핵심은 단순히 높은 수익률을 기록하는 것이 아니라, '감수한 위험 대비 얼마나 높은 수익을 얻었는가'를 과학적으로 측정하고, 그 결과에 따라 포트폴리오를 끊임없이 최적의 상태로 조정하는 것이다. 빅데이터와 AI는 이 과정을 정적인(Static) 사후 분석에서 동적인(Dynamic) 실시간 관리의 영역으로 끌어올린 혁신적인 항해술이다.

4.1.1. 포트폴리오 성과 측정지표과 동적 리밸런싱(Dynamic Rebalancing)의 원리 및 실행

1) 포트폴리오 성과 측정: 위험을 고려한 '진짜 수익률'을 본다.

진정한 포트폴리오의 성과는 위험이라는 변수를 고려한 '위험조정수익률'로 평가되어야 한다. 수많은 지표 중에서도 현대 투자금융에서 가장 널리 사용되는 두 가지 핵심 지표는 다음과 같다.

(1) **샤프 지수(Sharpe Ratio)**: 이는 포트폴리오가 감수한 총 위험(수익률의 변동성) 한 단위당, 국채와 같은 무위험 자산의 수익률을 초과하는 얼마의 수익을 얻었는지를 나타내는 '효율성' 지표이다. 샤프 지수가 높을수록, 동일한 위험 수준에서 더 높은 초과수익률을 달성했음을 의미한다. 빅데이터 기반의 AVM은 포트폴리오 내 모든 자산의 가치를 매일 재평가하여, 과거에는 분기별로만 가능했던 수익률 변동성을 실시간으로 계산하고 샤프 지수를 동적으로 추적할 수 있게 한다.

(2) **트레이너 지수(Treynor Ratio)**: 이는 분산투자를 통해 제거할 수 없는 체계적 시장 위험(베타, β) 한 단위당, 얼마의 초과수익률을 얻었는지를 측정하는 지표이다. 부동산 시장 전체의 움직임에 비해 포트폴리오가 얼마나 효율적으로 운용되었는지를 평가하는 데 사용된다.

2) **동적 리밸런싱(Dynamic Rebalancing)**: 살아 움직이는 '자기치유적 포트폴리오'를 만든다.

동적 리밸런싱은 미리 정해진 규칙(Rule)에 따라 포트폴리오의 자산 비중을 능동적으로 조정하는 기법이다. 이는 마치 최첨단 자율주행 자동차가 차선과 장애물을 실시간으로 인식하며 스스로 핸들을 미세 조정하는 것과 같다.

(1) **핵심 원리**: 포트폴리오를 구성할 때 설정한 '전략적 자산 배분(Strategic Asset Allocation)' 비중(예: 오피스 50%, 리테일 30%, 물류 20%)을 기준으로 삼는다. 특정 자산의 가격이 급등하여 비중이 목표치를 초과하면(Overweight), 초과분을 매도하여 수익을 실현한다. 반대로 비중이 목표치에 미달하는(Underweight) 자산은 추가 매수하여 비중을 맞춘다. 이는 자연스럽게 '비쌀 때 팔고 쌀 때 사는(Sell High, Buy Low)' 원칙을 기계적으로 실행하게 만든다.

(2) **동적 실행**: 과거의 정적 리밸런싱이 '매년 말'과 같이 정해진 시점에만 비중을 조절했다면, AI 기반의 동적 리밸런싱은 실시간 데이터에 기반한 '트리거(Trigger)' 방식이다. 예를 들어, '특정 자산군의 비중이 목표치를 ±5% 이상 벗어날 경우', 혹은 '포트폴리오 전체의 샤프 지수가 30일 연속 기준치 이하로 하락할 경

우'와 같이 구체적인 조건이 충족되면, 시스템은 자동으로 경고를 보내고 최적의 리밸런싱 방안을 시뮬레이션 하여 제시한다. 이는 시장의 변화에 감정적인 판단이 아닌, 데이터 기반의 원칙으로 대응하게 만드는 가장 진보된 포트폴리오 관리 기법이다.

4.1.2. 포트폴리오 성과 측정 및 동적 리밸런싱 기법 별 목표, 분석방법 및 기술, 역할, 장단점, 도시부동산 활용예시

포트폴리오 성과 측정 및 동적 리밸런싱은 투자의 전 과정에 걸친 지속적인 '진단-처방-실행'의 순환 시스템이다. 각 기법은 포트폴리오의 현재 상태를 과학적으로 평가하고, 시장 변화에 능동적으로 대응하여 장기적 성과를 극대화하는 데 필수적인 역할을 수행한다.

구분	포트폴리오 성과 측정	리밸런싱 의사결정	동적 리밸런싱 실행
목표	포트폴리오가 창출한 수익이 감수한 위험에 비해 얼마나 효율적인지를 객관적인 지표로 측정하고, 성과의 성공 요인과 부진 요인을 정량적으로 진단하는 것을 목표로 한다.	감정적이고 자의적인 판단을 배제하고, 사전에 정의된 데이터 기반의 명확한 규칙(Rule)에 따라 포트폴리오의 재조정(리밸런싱)이 필요한 시점을 포착하는 것을 목표로 한다.	의사결정이 내려진 리밸런싱 전략을 실행함에 있어, 거래 비용, 세금, 시장 충격 등을 최소화하여 가장 효율적인 방식으로 포트폴리오를 목표 상태로 복귀시키는 것을 목표로 한다.
분석방법 및 기술	샤프 지수(Sharpe Ratio), 트레이너 지수(Treynor Ratio) 등 위험조정수익률 지표를 핵심적으로 활용한다. 실시간 AVM으로 자산 가치를 매일 평가하여 "수익률의 변동성(sigma)과 시장 민감도(beta)"를 동적으로 계산한다.	자산 배분 밴드(Allocation Bands) 설정이 대표적 기술이다.(예: 목표 비중 ±5% 이탈 시 리밸런싱). 또한, 성과 지표 임계값(Performance Thresholds)(예: 샤프 지수 0.5 하회 시)을 설정하는 등 "규칙 기반 시스템(Rule-based System)"을 구축한다.	'최적화 알고리즘(Optimization Algorithm)'을 사용하여 최적의 거래 경로를 탐색한다. 알고리즘은 거래 비용 모델, 세금 최적화 모델, 시장 유동성 데이터 등을 입력 받아 리밸런싱으로 인한 가치 손실을 최소화하는 실행 계획을 수립한다.

역할	포트폴리오의 건강 상태를 진단하는 '종합 검진표(Medical Chart)' 역할을 수행한다. 수익률의 질(Quality)을 평가하고 전략 수정의 근거를 제공한다.	포트폴리오가 최적 상태에서 벗어났음을 알리는 '자동 경보 시스템(Alarm System)' 역할을 담당한다. '언제' 행동해야 하는지에 대한 명확한 신호를 제공한다.	리밸런싱 과정을 지휘하는 '실행 전략가(Execution Strategist)' 역할을 수행한다. '어떻게' 목표를 달성할지에 대한 가장 효율적인 방법을 제시한다.
장점	- 수익률을 다각적으로 분석하여 포트폴리오의 진짜 실력을 평가할 수 있다. - 운용 성과를 객관적으로 벤치마킹할 수 있다.	- '탐욕'과 '공포'에 휘둘리지 않는 원칙 기반의 투자 규율을 확립할 수 있다.	- 거래 과정에서 발생하는 마찰 비용을 최소화하여 실질 수익률을 제고할 수 있다.
단점	- 과거 성과에 대한 분석으로, 미래 성과를 보장하지는 않는다.	- 지나치게 경직된 규칙은 급변하는 시장 상황에 유연하게 대처하기 어려울 수 있다.	- 최적의 실행 계획 역시 예측에 기반하므로, 실제 거래 시점의 시장 상황에 따라 오차가 발생할 수 있다.
도시부동산 활용예시	AI 시스템이 펀드의 부동산 포트폴리오 샤프 지수가 0.7임을 계산하고, 이는 경쟁 펀드 평균(0.9) 및 목표치(1.0)에 미달함을 보고한다. 원인 분석 결과, 리테일 자산군의 높은 변동성이 전체 성과를 저해하고 있음을 지적한다.	펀드의 전략적 자산 배분 원칙에 따라 '리테일 자산 비중 20% ±5%'라는 밴드를 설정한다. 리테일 자산의 가치가 하락하여 포트폴리오 내 비중이 14%가 되는 순간, 시스템은 자동으로 '리밸런싱 필요' 경보를 발령한다.	리밸런싱 경보에 따라, 시스템은 비중이 미달된 리테일 자산을 매수하는 대신, 현재 시장에서 더 높은 위험조정수익률이 기대되는 '데이터센터' 자산을 신규 편입하여 전체 포트폴리오의 샤프 지수를 0.9로 끌어올리는 최적의 리밸런싱 안을 제안한다.

4.2. 가상사례: AI 포트폴리오 매니저 '야누스(Janus)', 과거와 미래를 보며 포트폴리오를 항해하다

1) 미래 과제: 2028년, 당신은 '헤르메스 자산운용'의 부동산 펀드매니저이다. 당신의 펀드는 AI 포트폴리오 성과관리 및 동적 리밸런싱 시스템인 '야누스(Janus)'를 통해 운용된다. 로마 신화 속에서 과거와 미래를 동시에 보는 신의 이름을 딴 '야누스'는, 포트폴리오의 과거 성과를 실시

간으로 분석하여 미래의 최적 경로를 제시하는 역할을 수행한다.

2) **펀드의 전략적 자산 배분 목표:** 펀드의 전략적 자산 배분 목표는 '강남 프라임 오피스 40%', '판교 R&D 센터 30%', '명동 상업시설 30%'이다. 지난 2년간 이 포트폴리오는 시장 호황에 힘입어 높은 수익률을 기록해왔다. 그러나 오늘 아침, '야누스'의 대시보드에 강력한 '리밸런싱 권고' 알림이 발생했다.

3) **분석 과정:**

- **1단계: 과거 성과의 실시간 측정**

'야누스'가 제시한 실시간 성과측정표는 다음과 같다.

'야누스'의 실시간 포트폴리오 성과 분석

자산 유형	목표 비중	현재 비중	연환산 수익률	변동성	샤프 지수	AI 상태 진단
강남 프라임 오피스	40%	41%	7%	9%	0.56	안정적
판교 R&D 센터	30%	39%	21%	22%	0.86	과비중 경고
명동 상업시설	30%	20%	-8%	18%	-0.56	성과 부진 위험
〈펀드 전체〉	100%	100%	7.7%	14.5%	0.40	최적화 필요

- **2단계: 동적 리밸런싱 트리거 발동**

'야누스'는 두 가지 핵심 트리거가 발동했다고 보고한다.

(1) **자산 비중 트리거:** 판교 R&D 센터의 가격이 급등하여, 포트폴리오 내 비중이 목표치(30%)를 9%나 초과했다. 이는 수익 실현의 시점이 왔음을 의미한다.

(2) **성과 부진 트리거:** 명동 상업시설의 샤프 지수가 3개월 연속 마이너스를 기록하며, 위험을 감수하면서 오히려 손실을 내는 '가치

파괴' 자산으로 전락했다. 펀드 전체의 샤프 지수 역시 목표치인 0.5 이하로 하락했다.

■ 3단계: 미래를 향한 최적의 리밸런싱 제안

'야누스'는 이 분석을 바탕으로, 단순히 비중을 맞추는 것을 넘어 미래 성장성까지 고려한 최적의 리밸런싱 방안을 다음과 같이 제시한다.

(1) 매도(SELL):

- 초과 이익이 발생한 판교 R&D 센터 비중 9%를 매도하여 수익을 확정한다.
- 성과가 부진하고 미래 전망(온라인 소비 전환 가속화)이 어두운 명동 상업시설 비중 20%를 전량 매각한다.

(2) 매입(BUY):

- 매각 대금으로, 현재 시장에서 저평가되어 있지만 AI가 미래 성장성이 가장 높다고 예측한 새로운 자산군, 즉 '구로디지털단지 데이터센터'를 20% 신규 편입한다.(AI 분석: 클라우드 시장 성장으로 향후 5년간 연 15% 임대료 상승 예상)
- 나머지 9%는 가장 안성적인 핵심 자산인 강남 프라임 오피스에 추가 투자하여 포트폴리오의 안정성을 강화한다.

4) 야누스가 제안한 미래 포트폴리오

자산 유형	조정 후 목표 비중	AI 예측 샤프 지수	전략적 판단 근거
강남 프라임 오피스	50%	0.60	포트폴리오의 안정적 핵심(Core) 자산 비중 강화
판교 R&D 센터	30%	0.80	초과 이익 실현 후 전략적 목표 비중으로 복귀

구로 데이터센터 (신규)	20%	1.10	부진 자산을 미래 성장 자산으로 교체하여 포트폴리오 성장성 극대화
〈최종 최적 포트폴리오〉	100%	예측 샤프 지수 0.75	위험 대비 수익률 87.5% 개선

5) 결론 및 시사점: 당신은 '야누스'의 데이터 기반 제안을 신뢰하고 리밸런싱을 실행한다. 몇 달 후, 명동 상권의 침체는 더욱 깊어지는 반면, 데이터센터 자산은 새로운 산업의 중심으로 떠오르며 가치가 급등한다. 당신의 펀드는 시장의 변화에 흔들리지 않고 오히려 더 건강하고 강력한 포트폴리오로 재탄생했다. 이는 과거의 성과를 냉철하게 측정하고 미래의 변화에 맞춰 끊임없이 자신을 최적화하는 동적 리밸런싱 시스템의 위대한 승리인 것이다.

5. 핀테크 데이터를 통한 부동산 투자 포트폴리오 최적화 방안과 가상사례

5.1. 핀테크(Fintech) 데이터는 돈의 흐름, 즉 '돈맥'을 직접적으로 보여주는 가장 생생하고 강력한 정보다.

전통적인 부동산 투자가 등기부등본, 건축물대장과 같은 정적인(Static) 공공 데이터에 의존했다면, 현대의 부동산 투자금융은 도시인의 삶과 소비의 흔적이 실시간으로 기록되는 '핀테크(Fintech) 데이터'를 활용하여 시장의 맥박을 감지하고 미래를 예측하는 단계로 진화하고 있다. 핀테크 데이터는 도시의 혈관을 흐르는 돈의 흐름, 즉 '돈맥'을 직접적으로 보여주는 가장 생생하고 강력한 정보다.

5.1.1. 핀테크 데이터를 활용한 포트폴리오 최적화의 핵심 데이터

핀테크 데이터를 활용한 포트폴리오 최적화는 도시의 미시적 활력을 포착하여 투자 전략에 반영하는 과정이며, 핵심 데이터는 다음과 같다.

1) 결제 데이터(Payment Data): 신용카드사 및 PG(Payment Gateway)사를 통해 확보되는 익명화된 결제 데이터는 가장 강력한 실시간 상권 분석 도구이다. 특정 지역, 특정 상가에서 '누가(성별, 연령대), 언제, 얼마를, 어떤 업종에' 소비하는지를 일별, 시간대별로 분석할 수 있다. 이를 통해 특정 상권의 실질적인 활력과 성장성을 가장 먼저 파악하고, 임대료 상승 잠재력을 예측하여 상업용 부동산 포트폴리오의 위험과 기회를 식별한다.

2) 소액 부동산 투자 데이터(Fractional Investing Data): '카사(KASA)'와 같은 부동산 조각투자 플랫폼에서 생성되는 데이터는 시장의 집단지성을 보여주는 중요한 선행지표가 된다. 소액 투자자들이 어떤 지역의 어떤 빌딩에 열광적으로 투자하는지를 분석하면, 대중이 인지하기 시작한 새로운 '핫플레이스'나 저평가된 자산을 발견할 수 있다. 이는 기관 투자자들이 간과할 수 있는, 시장의 가장 민감한 수요 변화를 포착하는 역할을 한다.

3) P2P 및 온라인 대출 데이터(Lending Data): P2P(Peer-to-Peer) 부동산 담보 대출이나 온라인 주택담보대출 플랫폼의 데이터는 특정 지역의 부동산에 대한 '자금 조달 수요'를 보여준다. 특정 지역의 주택이나 상가에 대한 대출 신청 건수, 규모, 그리고 대출 심사 통과율 등을 분석하면, 해당 지역 부동산 시장의 잠재적 매수 수요와 신용 건전성을 가늠할 수 있다.

이러한 핀테크 데이터들은 기존의 거시적 시장 분석과 결합하여 포트폴리오를 최적화하는 데 결정적인 역할을 한다. 예를 들어, 특정 지역의 상권이 쇠퇴하고 있다는 결제 데이터의 신호가 포착되면 해당 지역의 상업용 부동산 비중을 선제적으로 줄인다. 반면, 소액 투자 데이터에서 새로운 유망 지역이 부상하는 것이 감지되면, 해당 지역의 자산을 포트폴리오에 조기 편입하여 미래의 가치 상승을 선점하는 것이다.

5.1.2. 핀테크 데이터를 통한 부동산 투자 포트폴리오 최적화 방안별 목표, 분석방법 및 기술, 역할, 장단점, 도시부동산 활용예시

핀테크 데이터를 활용한 부동산 포트폴리오 최적화는 도시의 경제 활동과 투자 심리를 가장 미시적이고 신속하게 포착하여, 전통적 데이터가 제공하지 못하는 선행적 통찰력을 얻는 데 목적이 있다. 각 핀테크 데이터는 고유한 특성을 바탕으로 포트폴리오의 위험과 기회를 식별하는 데 차별화된 역할을 수행한다.

구분	결제 데이터	소액 부동산 투자 데이터	온라인 대출 데이터
목표	특정 상권(Commercial District)의 실시간 경제 활력과 소비 행태를 정확히 포착하여, 상업용 부동산 포트폴리오의 현재 및 미래 현금흐름(Cash Flow) 창출 능력을 정밀하게 평가하는 것을 목표로 한다.	기술에 민감한 소액 투자자들의 집단지성(Wisdom of Crowds)을 분석하여, 시장의 주류가 인지하기 전에 미래 유망 지역이나 저평가된 틈새 자산을 선제적으로 발굴하는 것을 목표로 한다.	특정 부동산 시장 및 자산 유형에 대한 실질적인 자금 조달 수요(Financing Demand)와 매수자의 신용 건전성을 측정하여, 거래 시장의 잠재적 활력과 리스크를 가늠하는 것을 목표로 한다.

분석방법 및 기술	시계열 분석, 이상치 탐지(Anomaly Detection) 기법을 활용한다. 익명화된 대규모 신용카드 및 간편결제 거래 데이터가 핵심 기술이다. 거래 건수, 객단가(Average Transaction Value), 업종별 매출 추이 등을 분석한다.	트렌드 분석, 감성 분석(Sentiment Analysis)을 활용한다. 부동산 조각투자 플랫폼의 투자 데이터를 분석한다. 핵심 지표는 개별 자산에 대한 투자자 수, 공모 완판 속도, 투자자 커뮤니티의 여론 등이다.	수요예측 모델링, 신용평가모델(Credit Scoring)을 활용한다. P2P 부동산 담보대출 및 온라인 주택담보대출 플랫폼의 데이터를 분석한다. 특정 지역·자산 유형에 대한 대출 신청 건수, LTV 비율, 승인율 등을 분석한다.
역할	분기별로 발표되는 공공 통계보다 훨씬 빠르게 상권의 건강 상태를 진단하는 '실시간 경제 바로미터(Real-time Economic Barometer)' 역할을 수행한다.	기관 투자자들의 레이더에 포착되기 전, 시장의 얼리어답터들이 주목하는 투자처를 알려주는 '시장 심리 선행지표(Leading Indicator of Sentiment)' 역할을 담당한다.	거래 시장의 이면에 있는 매수 희망자들의 실제 구매 여력을 측정하는 '실수요 건전성 측정기(Gauge of Real Demand Health)' 역할을 수행한다.
장점	- 데이터의 속도와 세분성(Granularity)이 매우 뛰어나다. - 객관적인 소비 행동에 기반하여 분석의 신뢰도가 높다.	- 새로운 트렌드와 잠재력 높은 틈새시장을 발견하는 데 매우 효과적이다.	- 부동산 매매를 위한 자금 수요를 직접적으로 파악할 수 있다.
단점	- 데이터 구매 비용이 높고, 개인정보보호를 위한 정교한 익명화 기술이 필수적이다.	- 개인 투자 심리는 변동성이 크고 유행에 민감하여, 반드시 자산의 근본 가치(Fundamental Value)를 반영하지는 않을 수 있다.	- 이미 구매 의사가 형성된 후의 데이터이므로, 미래 예측보다는 현재 상황 진단에 가까운 후행적 지표의 성격이 있다.
도시부동산 활용예시	포트폴리오에 편입된 강남역 상가의 임대료 갱신 시점, 결제 데이터를 분석한다. 유동인구는 많으나 객단가가 지속적으로 하락하는 것을 확인하고, 고가 브랜드보다는 저가형 F&B 테넌트로 교체하여 공실 위험을 줄이는 전략을 수립한다.	투자펀드가 성수동의 낡은 공장들의 잠재력을 분석할 때, 조각투자 플랫폼에서 유사한 형태의 공장을 개조한 빌딩이 5분 만에 공모 완판된 것을 확인하고, 이를 '시장 수요 검증'의 근거로 삼아 해당 지역 자산 매입을 최종 결정한다.	특정 건설사가 신규 분양하는 오피스텔 자산을 포트폴리오에 편입하기 전, 해당 지역·평형 오피스텔에 대한 온라인 주택담보대출 신청 건수와 승인율이 타 지역 대비 월등히 높은 것을 확인하고, 이를 강력한 배후 수요의 증거로 활용한다.

5.2. 가상사례: 핀테크 플랫폼 '펄스(Pulse)', 도시의 돈맥을 읽어 미래를 선점하다

패션비즈 | 영등포 '타임스퀘어' 화제 [https://fashionbiz.co.kr]

1) 현안 과제: 2026년, 당신은 국내 굴지의 '메가에셋 부동산자산운용'의 펀드매니저이다. 당신의 펀드는 서울의 핵심 자산 중 하나인 '영등포 타임스퀘어 인근의 대형 복합쇼핑몰' 지분 30%를 보유하고 있다. 전통적인 재무제표상 임대수익률은 여전히 안정적이지만, 당신은 회사의 핀테크 데이터 통합 분석 플랫폼 '펄스(Pulse)'를 통해 이 자산의 미래가치를 심층적으로 재평가하기로 결정한다.

2) 분석 과정

■ 1단계: 결제 데이터로 상권의 실체를 파악하다

'펄스'가 해당 쇼핑몰과 반경 1km 지역의 3년간 결제 데이터를 분석하자, 기존에는 보이지 않던 충격적인 사실이 드러난다.

- [위험 신호] 쇼핑몰 내의 총 결제 건수는 유지되고 있으나, '1인당 평균 결제 금액(객단가)'이 3년 전 대비 25% 하락했다. 이는 쇼핑몰이 더 이상 '목적성 소비' 공간이 아닌, 약속을 위한 '경유지'로 전락하고 있음을 의미한다.

• [기회 신호] 반면, 쇼핑몰 바깥의 문래동 창작촌과 연결되는 이면 도로의 소규모 독립 서점, 디자이너 편집샵, 수제 맥주집 등에서의 결제액이 같은 기간 300% 폭증했다. 도시의 진짜 '소비 에너지'가 거대한 쇼핑몰에서 개성 있는 골목 상권으로 이동하고 있는 것이다.

■ 2단계: 소액 투자 데이터로 미래의 승자를 발견하다

당신은 '펄스'를 통해 시장의 '스마트 머니'가 어디로 흐르는지 추적한다.

• [미래 예측] 국내 1위 부동산 조각투자 플랫폼의 투자 데이터를 분석한 결과, 최근 6개월간 가장 많은 수의 개인 투자자가 몰린 자산은 강남의 빌딩이 아닌, '문래동의 낡은 공장을 리모델링한 복합문화공간 빌딩'으로 나타났다. 해당 건물의 공모는 단 10분 만에 완판되었다.

• [트렌드 확증] 부동산 개발 크라우드펀딩 플랫폼에서는 '문래동 예술가와 개발자를 위한 코워킹 & 코리빙 스페이스' 프로젝트가 목표 금액의 5배를 초과 달성했다.

■ 3단계: 핀테크 데이터 기반의 포트폴리오 최적화

'펄스'의 분석은 명확한 결론을 내린다. 지금 당장 영등포 쇼핑몰의 안정적인 현금흐름에 안주할 것이 아니라, 도시의 돈맥이 향하고 있는 문래동의 미래 가치에 과감하게 투자해야 한다는 것이다. '펄스'는 다음과 같은 포트폴리오 재조정(리밸런싱) 방안을 제시한다.

3)'펄스'의 핀테크 데이터 기반 포트폴리오 리밸런싱 제안

자산 유형	조정 전 비중 (현재)	조정 후 비중 (제안)	핀테크 데이터 기반 AI의 판단 근거
영등포 복합 쇼핑몰	30%	0%(-30%)	[결제 데이터] 소비 에너지가 외부 골목 상권으로 유출되고 있으며, 객단가 하락은 임대료 하락의 선행지표이다. 쇠퇴가 명확해지기 전에 매각하여 투자금을 회수해야 한다.
강남 프라임 오피스	40%	40%(보유)	데이터상 안정적인 임차 수요가 유지되고 있다.
성수동 지식 산업센터	30%	30%(보유)	데이터상 견고한 성장세를 보이고 있다.
문래동 복합 문화공간 (신규 매입)	0%	30%(+30%)	[소액 투자 & 크라우드펀딩 데이터] 시장의 얼리어답터 자금이 집중되고 있으며, 이는 향후 2~3년 내 폭발적인 가치 상승의 전조이다.
〈포트폴리오 잠재력 점수〉	10점 만점에 6.0점(정체)	10점 만점에 9.5점(고성장)	과거의 영광에서 미래의 잠재력으로 포트폴리오의 무게중심을 이동시킨다.

4) 결론 및 시사점: 당신은 이 데이터 기반의 명확한 증거를 바탕으로 투자위원회를 설득, 영등포 쇼핑몰 지분을 성공적으로 매각하고 그 자금으로 문래동의 잠재력 있는 자산을 매입한다. 2년 후, 대형 쇼핑몰의 위기가 언론에 보도될 무렵, 당신이 투자한 문래동 자산은 '서울의 브루클린'으로 불리며 자산 가치가 2배 이상 급등한다. 이는 핀테크 데이터라는 현미경으로 도시의 살아있는 돈 맥을 읽어낸 자만이 누릴 수 있는, 예견된 성공인 것이다.

주제8
벽돌에서 토큰으로: 블록체인과 부동산 증권화

1. 빅데이터를 기반한 블록체인(Blockchain)의 기본 원리(분산 원장, 스마트 계약) 및 모델과 가상사례

1.1. '블록체인'은 특정 기관의 보증에 의존하지 않고, 기술 그 자체로 완벽하게 구현해 내는 '디지털 신뢰 기계'이다

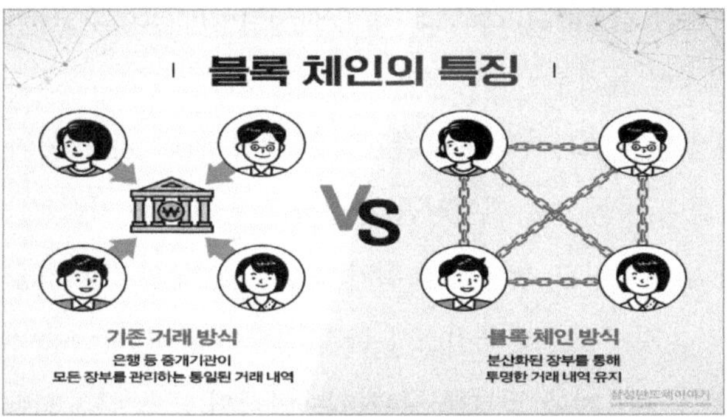

[시사 IT용어] 가상화폐의 주역, 블록체인 기술이란? – 삼성전자 반도체 뉴스룸
[https://news.samsungsemiconductor.com]

부동산 시장은 본질적으로 '신뢰'를 기반으로 움직인다. 등기부등본상의 소유권이 진짜인지, 거래대금은 안전하게 전달될지 등 모든 거래 과정은 신뢰를 확인하는 절차의 연속이다. '블록체인(Blockchain)'은 이러한 신뢰를 더 이상 특정 기관(정부, 은행 등)의 보증에 의존하지 않고, 기

술 그 자체로 완벽하게 구현해 내는 혁명적인 '디지털 신뢰 기계(Trust Machine)'이다. 빅데이터와 결합된 블록체인은 부동산 투자금융의 패러다임을 바꿀 잠재력을 가진다.

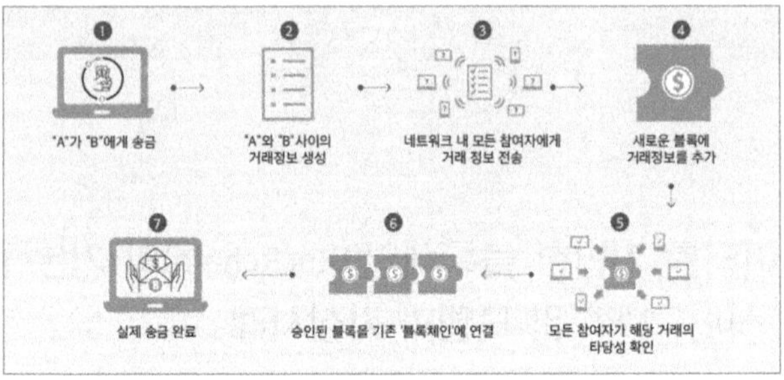

블록체인과 스마트시티 [https://brunch.co.kr]

1.1.1. '블록체인(Blockchain)'의 특성

1) 분산원장 기술(DLT: Distributed Ledger Technology): 위·변조가 불가능한 디지털 등기부

분산원장기술(DLT), 특히 블록체인은 중앙 관리 기관 없이 네트워크 참여자들이 공동으로 데이터를 검증하고 관리하는 기술로, 부동산 빅데이터의 신뢰성과 투명성을 획기적으로 높이는 기반 기술로 주목받는다. 전통적인 데이터베이스가 특정 기관이 관리하는 '중앙 서버'라는 하나의 거대한 성에 정보를 보관하는 방식이라면, 분산원장은 거래에 참여하는 모든 구성원들이 동일한 거래 장부(Ledger)를 나누어 복사하고 관리하는 방식이다. 이는 마치 마을의 모든 사람들에게 동일한 내용의 역사책을 한 권씩 나누어 준 것과 같다. 만약 누군가가 자신의 역사책을 몰래 수정하려 해도, 다른 모든 마을 사람들의 책과 내용이 다르기 때문에 즉시 거짓임이 발각된다.

블록체인에서는 부동산 거래 기록, 소유권 이전 내역, 가격 등 모든 빅데이터가 '블럭(Block)'이라는 단위로 기록된다. 이 블럭들은 암호화 기술을 통해 이전 블럭의 내용과 연결되는 '체인(Chain)' 구조를 이루며 시간 순서대로 영원히 저장된다. 어떤 거래 기록을 위·변조하려면, 그 이후에 연결된 모든 블럭의 암호를 풀어야 하고, 동시에 네트워크에 참여하는 과반수 이상의 컴퓨터를 해킹하여 장부를 동시에 수정해야 하는데, 이는 현실적으로 불가능에 가깝다. 이로 인해 블록체인은 해킹이나 데이터 손실 없이 부동산 관련 빅데이터를 영구적으로 보관할 수 있는 가장 안전한 기술이 된다.

구분	분산원장기술(DLT: Distributed Ledger Technology)
목표	특정 중앙 기관의 서버에 의존하지 않고, 거래에 참여하는 모든 구성원이 데이터를 공동으로 소유하고 검증함으로써 데이터의 위·변조를 원천적으로 불가능하게 만든다. 이를 통해 해킹이나 데이터 손실 없이 부동산 관련 빅데이터를 영구적이고 안전하게 보관하는 것을 최종 목표로 한다.
분석방법 및 기술	거래 데이터를 '블록(Block)' 이라는 단위로 기록하고, 이 블록을 '해시(Hash)' 라는 암호화 함수를 통해 이전 블록과 연결하여 '체인(Chain)' 형태로 만든다. 이 원장(Ledger)을 네트워크 참여자들에게 분산(Distribute) 하여 동일하게 복제 및 저장한다. 새로운 거래는 참여자 과반수의 합의(Consensus Algorithm)를 통해서만 연결될 수 있어 데이터의 무결성을 확보한다.
역할	부동산 소유권, 거래 이력, 가격 등 핵심 빅데이터를 저장하는 위·변조가 불가능한 '디지털 등기부' 역할을 수행한다. 중개 기관 없이 개인 간의 신뢰를 담보하는 '탈중앙화된 신뢰 시스템(Trustless System)'의 기반이 되어, 거래 비용과 시간을 절감하는 역할을 한다.
장점	보안성 및 무결성: 데이터가 분산된 네트워크 전체에 의해 검증되므로, 사실상 해킹이나 데이터 위·변조가 불가능하여 데이터의 영구적인 보존이 가능하다. 투명성 및 신뢰성: 모든 참여자가 동일한 거래 기록을 공유하므로, 거래 과정이 투명하게 공개되어 정보 비대칭 문제를 해결하고 신뢰를 높인다. 효율성 및 비용 절감: 등기소, 은행 등 중앙 중개 기관의 역할을 자동화된 코드로 대체(스마트 계약)하여 거래 과정에 소요되는 시간과 수수료를 절감할 수 있다.

단점	처리 속도의 한계: 모든 참여자의 합의 과정을 거쳐야 하므로, 중앙 화된 시스템에 비해 거래 처리 속도(TPS: Transaction Per Second)가 느릴 수 있다. 데이터 수정의 어려움: 한번 기록된 데이터는 수정이 거의 불가능하므로, 오류가 발생했을 경우 이를 정정하는 절차가 매우 복잡하고 어렵다. 데이터 저장 용량 문제: 시간이 지남에 따라 블록체인의 전체 데이터 용량이 계속 증가하여, 모든 참여자가 전체 원장을 저장하고 유지하는 데 부담이 발생할 수 있다.
도시부동산 활용예시	부동산 등기 시스템: 국가의 중앙 등기소 서버 대신, 블록체인 기반의 '디지털 부동산 등기 시스템'을 구축하여 소유권 이전 과정을 투명하게 기록하고 관리한다. 부동산 수익증권(DABS) 거래: 고가의 상업용 빌딩 소유권을 블록체인 기반의 디지털 증권(토큰)으로 분할 발행하여, P2P(개인 간) 플랫폼에서 24시간 안전하고 투명하게 거래할 수 있도록 한다. PF(프로젝트 파이낸싱) 자금 관리: PF 사업의 자금 집행 과정을 스마트 계약(Smart Contract)으로 구현하여, 공정률 등 사전에 약속된 조건이 충족될 때만 공사비가 자동으로 시공사에 지급되도록 하여 자금 횡령 및 유용의 위험을 원천적으로 차단한다.

2) 스마트 계약(Smart Contracts): 인간의 개입이 없는 자동화 계약

스마트 계약은 분산원장기술(DLT) 위에서 작동하는 '자동화된 디지털 계약서'로, 사전에 정의된 조건이 충족될 경우 인간의 개입 없이 계약 조항을 자동으로 이행한다. 이 기술은 부동산 거래 및 관리 과정의 비효율과 불투명성을 해결하는 핵심적인 도구로 평가된다.

스마트 계약은 특정 조건이 충족되었을 때, 사전에 프로그래밍된 계약 내용이 인간의 개입 없이 자동으로 실행되도록 하는 '디지털 계약서'이다. 이는 마치 음료수 자판기와 같다. 자판기는 '(만약) 소비자가 1,000원을 투입하고, 콜라 버튼을 누르면,(그러면) 자동으로 콜라를 내어준다'는 단순한 계약을 수행한다. 이 과정에 판매원의 확인이나 허락은 필요하지 않다.

이를 부동산 거래에 적용하면 다음과 같은 스마트 계약을 만들 수 있다. '(만약) 매수인이 계약금액 10억 원을 스마트 계약 계좌에 입금하고,(그리고) 블록체인 등기소에서 소유권이 깨끗함이 확인되면,(그러면) 스마트 계약은 자동으로 매도인에게 10억 원을 송금하고, 동시에 디지털 소유권 증서(Token)를 매수인에게 이전한다.' 이 과정에서 은행, 법무사, 공인중개사 등 기존의 중개 기관들이 수행하던 신뢰 보증의 역할이 코드(Code)로 대체된다. 이는 거래 비용과 시간을 획기적으로 절감하고, 인간의 실수나 비리 개입 가능성을 원천적으로 차단한다.

구분	스마트 계약(Smart Contracts)
목표	부동산 거래 및 계약 이행 과정에서 발생하는 인간의 개입을 최소화하고, 사전에 합의된 규칙(Code)에 따라 모든 절차를 자동화하는 것을 목표로 한다. 이를 통해 중개 비용과 시간을 절감하고, 계약 불이행 및 비리 개입의 가능성을 원천적으로 차단한다.
분석방법 및 기술	'IF-THEN(만약 ~하면, ~한다)' 조건문을 기반으로 하는 컴퓨터 프로그래밍 코드를 활용한다. 이 계약 코드는 이더리움(Ethereum)과 같은 블록체인 플랫폼 위에 기록된다. 블록체인에 연결된 외부 데이터(오라클, Oracle)를 통해 계약 이행 조건(예: 대금 입금, 등기 이전 확인)의 충족 여부를 자동으로 검증하고, 조건이 충족되면 사전에 프로그래밍 된 결과(예: 소유권 이전, 대금 송금)를 즉시 실행한다.
역할	은행, 법무사, 공인중개사 등 기존의 중앙 화된 중개 기관(Intermediary)이 수행하던 '신뢰 보증' 및 '계약 집행'의 역할을 자동화된 코드로 대체하는 역할을 한다. 복잡한 계약 조건을 투명하게 실행하는 '디지털 공증인'으로서, 거래의 모든 과정을 분산원장에 기록하여 분쟁의 소지를 없앤다.
장점	효율성 및 비용 절감: 등기 이전, 대금 정산 등 복잡한 절차를 자동화하여 거래에 소요되는 시간을 획기적으로 단축하고, 중개 수수료 등 제반 비용을 절감한다. 투명성 및 신뢰성: 모든 계약 조건과 실행 과정이 블록체인에 투명하게 공개되고, 한번 기록되면 수정이 불가능하여 거래 당사자 간의 높은 신뢰를 확보할 수 있다. 보안성 및 정확성: 인간의 실수나 의도적인 비리 개입 가능성을 원천적으로 차단하며, 코드에 따라 계약이 정확하게 이행됨을 보장한다.
단점	낮은 유연성: 계약 내용이 코드로 고정되므로, 예상치 못한 상황 발생 시 인간의 개입을 통해 유연하게 대처하기가 어렵다. 코드의 취약성: 스마트 계약 코드 자체에 버그나 보안 취약점이 존재할 경우, 해킹의 대상이 되어 막대한 금전적 손실로 이어질 수 있으며 수정이 거의 불가능하다. 법적 효력의 불확실성: 스마트 계약의 법적 지위와 분쟁 발생 시 해결 절차에 대한 법률 및 제도가 아직 완비되지 않은 상태이다.

도시부동산 활용예시	부동산 P2P 대출 자동 상환: P2P 플랫폼을 통해 조달한 PF 대출금에 대해, "만약 분양대금이 스마트 계약 계좌에 입금되면, 그러면 자동으로 투자자들에게 원리금을 배분한다"는 스마트 계약을 설정하여 상환 절차를 자동화하고 투명성을 높인다. 에스크로(Escrow) 자동화: 부동산 매매 시, "만약 매수인이 잔금을 입금하고, 블록체인 등기부상 소유권 이전이 확인되면, 그러면 매도인에게 잔금을 자동으로 송금한다"는 계약을 통해 은행의 에스크로 서비스를 대체한다. 임대차 계약 관리 자동화: "만약 임차인이 월세(예: 암호화폐)를 정해진 날짜에 입금하면, 그러면 해당 건물의 디지털 도어록 비밀번호 접근 권한을 자동으로 부여하고, 연체 시에는 권한을 자동으로 회수한다"는 스마트 계약을 통해 임대 관리를 효율 화한다.

3) 빅데이터와 블록체인 융합 모델

빅데이터와 블록체인 융합 모델은 빅데이터의 예측 분석 능력과 블록체인의 신뢰성을 결합하여, 데이터 기반 의사결정의 투명성과 자동화 수준을 극대화하는 차세대 기술이다. 빅데이터와 블록체인 원리가 결합되면, 부동산에 관한 모든 빅데이터가 하나의 블록체인 원장에 기록되고, 이를 기반으로 스마트 계약이 작동하는 '부동산 거래 및 자산관리 플랫폼' 모델이 탄생한다.

이 플랫폼에서 부동산은 고유한 디지털 자산(NFT 등)으로 존재하며, 소유권 기록, 건축물대장, 토지이용계획, 과거 거래 이력, 심지어 IoT 센서를 통해 수집되는 실시간 에너지 사용량 데이터까지 모든 정보가 위·변조 불가능한 블록체인에 기록된다. 투자자는 이 데이터를 기반으로 자산의 가치를 평가하고, 스마트 계약을 통해 국경과 시간의 제약 없이 투명하고 안전하게 부동산을 거래할 수 있게 되는 것이다.

구분	빅데이터와 블록체인 융합 모델
목표	빅데이터 분석을 통해 도출된 예측과 분석 결과의 신뢰성을 블록체인 기술로 보증하고, 스마트 계약을 통해 분석 결과에 기반한 의사결정 및 거래를 자동으로 실행하는 것을 목표로 한다. 즉, '분석의 지능화'와 '실행의 신뢰화'를 동시에 달성한다.

분석방법 및 기술	오프체인(Off-chain) 영역에서 AI와 머신 러닝 알고리즘이 대규모의 부동산 빅데이터를 분석하여 자동 가치평가(AVM), 리스크 측정 등 예측 결과를 도출한다. 이 결과를 데이터 무결성을 보증하는 '오라클(Oracle)'을 통해 온체인(On-chain) 영역의 스마트 계약으로 전달한다. 스마트 계약은 전달받은 데이터가 사전에 설정된 조건을 충족하면, 블록체인 상에서 자산 이전, 대금 지급 등 계약 내용을 자동으로 이행한다.
역할	인간의 주관적 판단이나 중앙 기관의 개입 없이, 데이터 분석부터 가치 평가, 계약 체결, 등기 이전, 대금 정산에 이르는 부동산 거래의 전 과정을 자동화하고 신뢰를 부여하는 '탈중앙화된 자동 의사결정 시스템(Decentralized Autonomous System)' 역할을 한다.
장점	최고 수준의 신뢰성 및 투명성: 분석 결과와 거래의 모든 과정이 위·변조가 불가능한 블록체인에 기록되므로, 모든 참여자가 과정과 결과를 신뢰할 수 있다. 완전한 자동화 및 효율성: 사람의 개입 없이 '분석-계약-실행'이 자동으로 이어져 거래 비용과 시간을 획기적으로 절감한다. 새로운 금융 모델 창출: 신뢰를 기반으로 고가의 부동산을 디지털 증권 화하여 P2P(개인 간) 시장에서 자유롭게 거래하는 등 혁신적인 비즈니스 모델 구현이 가능하다.
단점	기술적 복잡성: 빅데이터, AI, 블록체인, 스마트 계약 등 다양한 첨단 기술의 결합이 필요하여 시스템 개발 및 유지보수의 난이도가 매우 높다. 오라클 문제: 오프체인의 현실 세계 데이터를 온체인으로 정확하고 신뢰성 있게 전달하는 오라클의 보안과 중립성 확보가 전체 시스템의 신뢰를 좌우하는 핵심 과제이다. 법적·제도적 불확실성: 탈중앙화된 자동 거래 시스템의 법적 지위, 분쟁 해결 절차, 규제 준수 등에 대한 사회적 합의와 제도적 기반이 아직 부족하다.
도시부동산 활용예시	자동화된 부동산 매매 및 담보대출 실행: 1. (데이터 분석) 매수 희망자가 특정 아파트(예: 반포자이 84㎡)를 선택하면, 빅데이터 AVM이 해당 매물의 적정 가치(예: 30억 원)와 리스크 등급(예: A등급)을 실시간으로 분석한다. 2. (스마트 계약 전달) 분석 결과는 오라클을 통해 블록체인 스마트 계약으로 전달된다. 3. (자동 계약 실행) 스마트 계약은 '만약 매수인이 30억 원을 입금하고, 해당 매물의 리스크 등급이 A등급 이상이면, 그러면 디지털 등기(토큰)를 매수인에게 이전하고 매도인에게 대금을 송금한다'는 계약을 자동으로 실행한다. 동시에 은행의 스마트 계약과 연동하여 해당 자산을 담보로 하는 대출을 자동으로 실행할 수도 있다.

1.1.2. 빅데이터를 기반의 블록체인의 기본 원리(분산원장, 스마트 계약)및 모델 별 목표, 분석방법 및 기술, 역할, 장단점, 도시부동산 활용예시

빅데이터 기반 블록체인 기술은 부동산 투자금융의 핵심인 '데이터의 신뢰성'과 '거래의 투명성'을 기술적으로 구현하는 데 목적이 있다. 블록체인의 기본 원리인 분산원장과 스마트 계약, 그리고 이를 통합한 플랫폼 모델은 각각 고유한 역할을 수행하며 부동산 시장의 효율성과 안정성을 제고한다.

구분	분산원장 기술	스마트 계약	블록체인 기반 부동산 플랫폼
목표	부동산의 소유권, 거래 이력, 건축 정보 등 모든 빅데이터를 특정 중앙 기관의 통제 없이, 네트워크 참여자 모두가 공동으로 소유하고 검증하는 위·변조 불가능한 단일 원장(Single Source of Truth)을 구축하는 것을 목표로 한다.	계약 조건이 충족되었을 때, 은행, 법무사 등 제3의 중개인 없이 사전에 약속된 계약 내용이 코드에 의해 자동으로 실행되도록 하여, 거래의 비용과 시간을 절감하고 인간의 개입에 따른 오류 및 비리를 원천 차단하는 것을 목표로 한다.	분산원장의 '신뢰성'과 스마트 계약의 '효율성'을 결합하여, 부동산의 소유권을 디지털 토큰(Token)화하고, 이를 기반으로 자산의 거래, 자금 조달(STO), 및 운영 관리가 투명하고 효율적으로 이루어지는 통합 생태계를 구축하는 것을 목표로 한다.
분석방법 및 기술	거래 데이터를 블록(Block) 단위로 생성하고, 이를 해시(Hash) 함수로 암호화하여 이전 블록에 연결하는 체인(Chain) 구조를 가진다. P2P(Peer-to-Peer) 네트워크를 통해 모든 참여자가 원장을 복제·저장하고, 합의 알고리즘(Consensus Algorithm)을 통해 데이터의 무결성을 검증한다.	솔리디티(Solidity) 등 프로그래밍 언어를 사용하여 '만약 A이면, B를 실행한다(If-Then)'는 조건부 로직을 코드로 작성한다. 이 코드는 블록체인 위에 배포되어 불변성을 가지며, 외부 데이터 연동을 위해 오라클(Oracle) 기술을 활용한다.	부동산 자산을 'NFT(대체불가토큰)'나 '증권형 토큰(STO)'으로 디지털 자산화한다. 분산원장을 등기소로, 스마트 계약을 거래 및 배당 시스템으로 활용하며, 빅데이터 AVM과 연동하여 실시간 가치평가 정보를 제공하는 통합 플랫폼을 구축한다.

역할	부동산 데이터의 영구적이고 신뢰할 수 있는 보관소, 즉 '불변의 디지털 등기소(Immutable Digital Registry)' 역할을 수행한다. 데이터의 진위 여부를 기술적으로 보증한다.	거래 과정의 신뢰를 보증하고 계약을 이행하는 '자동화된 공증인(Automated Notary)' 또는 '디지털 법무사' 역할을 담당한다. 계약의 실행을 자동화하고 강제한다.	부동산의 소유, 거래, 금융, 관리를 아우르는 '차세대 부동산 거래소 및 자산관리 시스템(Next-Gen Real Estate Exchange & Management System)' 역할을 수행한다.
장점	- 데이터의 투명성과 보안성이 극도로 높다. - 중앙 시스템의 장애나 해킹으로부터 자유롭다.	- 거래 비용과 시간을 획기적으로 절감할 수 있다. - 계약 당사자 간 신뢰가 필요 없는 거래(Trustless Transaction)가 가능하다.	- 부동산 자산의 유동성을 극대화할 수 있다. - 국경 없는 24시간 부동산 거래 시장을 열 수 있다.
단점	- 거래 처리 속도가 중앙화 시스템보다 느리다. - 한번 기록된 데이터는 수정이 거의 불가능하다.	- 계약 코드에 오류(Bug)가 있을 경우 되돌리기 어렵고, 큰 손실로 이어질 수 있다.	- 기존 법률 및 규제 체계와의 충돌 문제가 발생할 수 있다. - 기술의 대중화 및 표준화가 필요하다.
도시부동산 활용예시	특정 토지의 소유권 이전 이력, 용도지역 변경 이력, 건축 인허가 및 철거 이력 등 모든 공적 장부 데이터를 분산원장에 기록하여, 누구나 투명하게 열람하고 위·변조가 불가능한 '디지털 토지대장'을 구축한다.	부동산 임대차 계약을 스마트 계약으로 체결한다. '임차인이 매월 1일, 월세 100만 원을 암호화폐로 스마트 계약에 입금하면, 현관 디지털 도어락의 접근 권한이 자동으로 한 달 연장된다'는 계약을 자동 실행한다.	강남의 1조 원짜리 빌딩을 100만 개의 소유권 토큰으로 분할하여 플랫폼에 상장한다. 전 세계 투자자들이 주식처럼 토큰을 24시간 거래하며, 스마트 계약은 매월 발생하는 임대료 수익을 토큰 보유량에 따라 자동으로

1.2. 가상사례: 블록체인 등기소 '크로노스(Chronos)', 24시간 만에 국경을 넘나드는 빌딩을 거래하다

1) 미래 과제: 2030년, 서울에 본사를 둔 글로벌 부동산 투자 플랫폼 '크로노스(Chronos)'가 전 세계 부동산 시장의 표준으로 자리 잡았다. '크로노스'는 빅데이터와 블록체인 기술을 기반으로, 전 세계의 주요

크로노스(Cronos)란? 트럼프 미디어 그룹 CRO 코인 매입 소식에 급등! - BTCC [https://www.btcc.com]

부동산을 고유한 디지털 자산(Token)으로 변환하여 등기하고, 모든 거래를 스마트 계약으로 처리하는 시스템이다.

어느 날, 아부다비 국부펀드가 뉴욕의 한 사모펀드가 소유한 서울 강남 테헤란밸리의 '파이낸스 타워' 빌딩(가치: 5,000억 원)을 매입하기로 결정한다. 과거 이와 같은 국경 간 대규모 부동산 거래는 수십 명의 변호사와 회계사가 동원되어 수개월간의 실사(Due Diligence)와 복잡한 서류 작업을 거쳐야만 했다. 그러나 '크로노스' 플랫폼에서는 이 모든 과정이 단 24시간 만에 완료된다.

2) 분석 과정

■ 1단계: 블록체인을 통한 초고속 자산 실사(3시간 소요)

아부다비 펀드 매니저는 '크로노스'에 접속하여 '파이낸스 타워'의 디지털 ID를 조회한다. 블록체인 원장에는 빌딩의 모든 빅데이터가 위·변조 불가능한 형태로 기록되어 있다.

- 소유권 이력: 최초 준공부터 현재 소유주까지 모든 소유권 이전 기록이 블록 단위로 투명하게 공개된다.
- 자산 정보: 건축물대장, 토지이용계획, 담보 및 근저당 설정 현황, 그리고 지난 10년간의 임대차 계약 및 공실률 데이터가 모두 블록체인에 기록되어 있다.

- 실시간 데이터: 빌딩에 설치된 IoT 센서를 통해 시간대별 에너지 사용량, 엘리베이터 운행 횟수 등 운영 데이터가 실시간으로 스트리밍 된다. 연동된 AVM은 이 모든 데이터를 종합하여 빌딩의 실시간 추정 가치를 보여준다.

과거 3개월이 걸리던 실사 과정이 단 3시간 만에 완벽하게 끝난다.

■ 2단계: 스마트 계약을 통한 자동화된 거래 실행(21시간 소요)

양측은 매매가격 5,000억 원에 합의하고, '크로노스' 플랫폼에서 스마트 계약을 설정한다. 계약의 핵심 로직은 다음과 같다.

3) '파이낸스 타워' 스마트 계약 실행 로직

조건(IF)	실행(THEN)	현재 상태
1. 아부다비 국부펀드가 5,000억 원에 해당하는 스테이블코인(USDC)을 스마트 계약 에스크로 주소로 입금한다.	-	대기
2. 뉴욕 사모펀드가 '파이낸스 타워'의 소유권 토큰(NFT)을 스마트 계약 에스크로 주소로 입금한다.	-	대기
3. 외부 데이터 검증 서비스(Oracle)가 해당 토큰의 법적 하자가 없음을 최종 확인하여 스마트 계약에 전송한다.	-	대기
위 3가지 조건이 모두 충족되면	1. 스마트 계약이 자동으로, 그리고 동시에 5,000억 원의 스테이블코인을 뉴욕 펀드의 지갑으로 전송한다. 2. 스마트 계약이 자동으로, 그리고 동시에 '파이낸스 타워' 소유권 토큰을 아부다비 펀드의 지갑으로 전송한다. 3. 이 거래 내역은 새로운 블록으로 생성되어 '크로노스' 블록체인에 영원히 기록된다.	실행 완료

4) 결과 및 시사점: 이 스마트 계약은 양측의 자금 및 소유권 토큰 입금이 확인된 후, 몇 분 만에 자동으로 실행되었다. 아부다비의 투자자는 서울의 빌딩을 소유하게 되었고, 뉴욕의 판매자는 즉시 대금을 회수했다. 수개월이 걸리고 수십억 원의 중개 수수료가 발생하던 과거와 달리, 이 거대한 국경 간 거래는 단 하루 만에, 거의 제로에 가까운 비용으로 완벽하게 종결되었다. 이는 신뢰를 코드로 구현한 블록체인과 도시의 모든 정보를 담은 빅데이터가 만나 탄생시킨, 부동산 투자금융의 환상적인 미래인 것이다.

2. 도시부동산 증권형 토큰(STO: Security Token Offering)의 개념 및 기술과 가상사례

2.1. 증권형 토큰(STO)이란, 부동산이나 미술품 같은 실물자산에 대한 소유권을 블록체인 기술을 활용하여 잘게 쪼개어 디지털 증표(토큰)로 만든 것이다.

우리가 매일 스쳐 지나가는 도시의 거대한 건축물들, 예컨대 서울 강남의 상징적인 오피스 빌딩이나 성수동의 트렌디한 복합문화공간은 과연 누구의 소유일까? 과거 이러한 거대 부동산에 대한 투자는 천문학적인 자금을 동원할 수 있는 소수의 기관 투자자나 자산가들의 전유물이었다. 그러나 블록체인 기술과 금융이 만나 탄생한 '증권형 토큰(Security Token)'은 이 견고한 성벽에 균열을 내고, 도시부동산 투자의 패러다임을 근본적으로 바꾸는 혁명적인 열쇠가 될 것이다.

증권형 토큰(STO, Security Token Offering)이란, 부동산이나 미술품 같은 실물자산에 대한 소유권을 블록체인 기술을 활용하여 잘게 쪼개어 디지털 증표(토큰)로 만든 것을 의미한다. 이는 주식회사가 자본을 조달하기 위해 주식을 발행하는 것과 본질적으로 동일하다. 단지 그 주식이 서류나 중앙화 된 전산 시스템이 아닌, 위·변조가 불가능한 분산원장 기술인 블록체인에 기록된다는 점에서 결정적인 차이를 보인다.

그림 23. Security Token(증권형 토큰) 개념

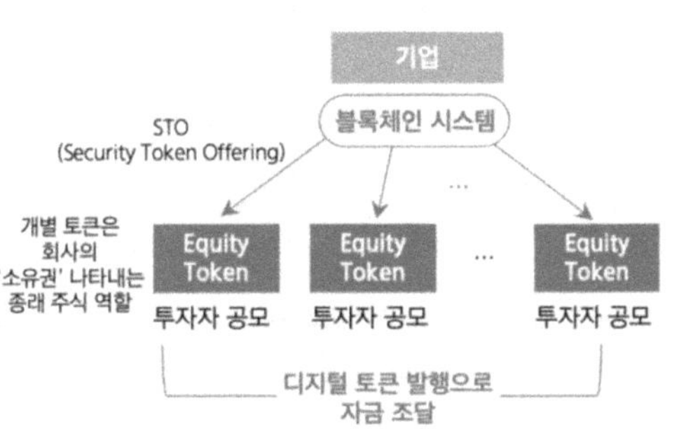

토큰증권 시대를 준비하는 인프라 회사들 디지털애셋(Digital Asset)
[https://www.digitalasset.works]

각각의 토큰은 해당 부동산에 대한 '지분'을 의미하며, 투자자는 이 토큰을 소유함으로써 건물의 임대수익이나 향후 매각 시 발생하는 시세차익을 지분만큼 배당 받을 권리를 갖게 된다. 이 모든 과정은 '스마트 계약(Smart Contract)'이라는 미리 프로그래밍 된 계약 조건에 의해 인간의 개입 없이 자동으로 실행된다. 예를 들어, 매월 임대료가 들어오면 스마트 계약은 각 토큰 소유자의 지갑으로 지분율에 맞춰 수익을 즉시 분배한다. 이는 기존의 복잡한 청산 및 배당 절차를 획기적으로 단축시키는 기술적 혁신이다.

결론적으로 STO는 거대 도시부동산을 주식처럼 '소액화(Fractionalization)'하고, 24시간 거래 가능한 디지털 자산으로 만들어 '유동성(Liquidity)'을 극대화하며, 블록체인을 통해 모든 거래 기록을 투명하게 공개하여 '신뢰성(Trust)'을 담보하는 차세대 도시부동산 투자금융 기법인 것이다.

구분	도시부동산 증권형 토큰(STO)
목표	1. 부동산 투자의 민주화: 고가의 도시부동산 자산을 소액의 디지털 증권(토큰)으로 분할하여 일반 대중의 투자 접근성을 획기적으로 향상시킨다. 2. 자산 유동성 증대: 전통적으로 비 유동자산인 부동산을 24시간 거래 가능한 디지털 자산으로 전환하여 현금화가 용이한 시장을 창출한다. 3. 자금 조달 방식의 혁신: 개발 프로젝트나 자산 매입 시 기존 금융기관 대출 외에 전 세계 투자자로부터 직접 자금을 효율적으로 조달하는 수단을 제공한다.
분석방법 및 기술	1. 빅데이터 및 AI 기반 가치평가: 상권 데이터, 유동인구, 공시지가, 실거래가 등 방대한 도시 데이터를 분석하여 부동산의 현재 가치와 미래 수익성을 객관적으로 예측한다. 2. 블록체인(분산원장기술): 모든 토큰의 소유권 및 거래 기록을 위·변조가 불가능한 분산원장에 기록하여 거래의 투명성과 보안성을 담보한다. 3. 스마트 계약(Smart Contract): 임대수익 배당, 소유권 이전, 의결권 행사 등 계약 조건을 코드로 작성하여 조건 충족 시 자동으로 이행되도록 만들어 중개 비용과 운영의 비효율을 제거한다. 4. 오라클(Oracle): 외부의 실제 데이터(부동산 시세, 임대료 입금 내역 등)를 블록체인상의 스마트 계약과 연결하여 계약 실행의 신뢰도를 높인다.
역할	1. 발행인(자산 소유자/운용사): STO의 주체로서 기초자산인 부동산을 제공하고, 자산 실사 및 가치평가를 거쳐 토큰 발행을 총괄한다. 2. STO 플랫폼(거래소): 토큰의 발행, 청약, 유통(2차 거래)을 위한 기술 및 법률 인프라를 제공하며, 투자자와 발행인을 연결하는 시장의 역할을 수행한다. 3. 신탁사/수탁은행: 투자자 보호를 위해 기초자산인 부동산의 소유권을 안전하게 보관하고 관리하는 법적 역할을 담당한다. 4. 투자자: 토큰을 매입하여 부동산의 지분 소유권을 취득하고, 그에 따른 경제적 이익(임대수익, 매각차익)과 권리(의결권 등)를 갖게 된다.
장점	1. 높은 유동성 및 환금성: 주식처럼 쉽게 24시간 거래가 가능하여 필요할 때 현금화하기 용이하다. 2. 소액 투자 가능: 수십억 원의 빌딩이라도 수천 원 단위로 지분을 쪼개어 투자할 수 있어 자본 규모에 구애 받지 않는다. 3. 거래 비용 절감 및 효율성: 스마트 계약을 통해 중개인(은행, 증권사, 부동산 중개인)의 역할을 자동화하여 거래 수수료를 낮추고 프로세스를 단순화한다. 4. 높은 투명성과 보안: 블록체인에 모든 기록이 남으므로 소유권 분쟁의 여지가 적고 거래 과정을 투명하게 확인할 수 있다.

단점	1. 규제 불확실성: STO에 대한 법률 및 규제 체계가 아직 완전히 정립되지 않은 국가가 많아 법적 리스크가 존재한다. 2. 기술적 리스크: 스마트 계약의 코드 오류(버그)나 거래 플랫폼에 대한 해킹 공격 등 기술적 위험에 노출될 수 있다. 3. 시장 성숙도 및 유동성 부족: 초기 시장 단계로서 거래량이 충분하지 않을 경우 원하는 시점과 가격에 매매가 어려울 수 있다. 4. 가치평가의 어려움: 기초자산인 부동산 가치와 토큰의 시장 가격 간의 괴리가 발생할 수 있으며, 가격 변동성이 클 수 있다.
도시부동산 활용 예시	1. 프라임급 오피스 빌딩: 강남 테헤란로나 서울 도심권(CBD)의 대형 오피스 빌딩 소유권을 토큰으로 발행하여, 매월 발생하는 임대료 수입을 투자자에게 배당한다. 2. 복합 쇼핑몰 및 리테일 자산: 스타필드, 백화점 등 대형 상업시설을 토큰화하여 발생 매출액의 일부를 투자자에게 연동하여 지급하는 구조로 설계된다. 3. 도시재생 및 개발 프로젝트: 낙후된 도심 지역의 재개발 프로젝트 자금을 STO를 통해 조달하고, 개발 완료 후의 수익을 토큰 보유자에게 분배한다. 4. 사회적/문화적 공간: 역사적 가치가 있는 건축물이나 공유 오피스, 복합문화 공간 등을 토큰 화하여 시민들이 주주가 되어 보존 및 운영에 참여하고 수익을 공유하는 모델로 활용된다.

2.2. 가상사례: 강남 '더 스퀘어 42' 빌딩의 증권형 토큰 발행

테헤란로 프라임오피스 대형사무실 임대 추천 [https://orangerealty.kr]

1) 현안 과제: 서울의 심장부, 강남 테헤란로에 위치한 프라임급 오피스 빌딩 '더 스퀘어 42(The Square 42)'는 빅데이터 분석 결과 향후 5년간 안정적인 임대수익률과 높은 자산가치 상승이 기대되는 우량 자산이다. 자산운용사 '알파에셋'은 이 빌딩의 소유권을 기초자산으로 하여 일반인들도 손쉽게 투자할 수 있도록 증권형 토큰(STO) 발행을 결정한다.

- 기초자산: 강남 '더 스퀘어 42' 빌딩
- 자산 가치 평가액: 5,000억 원
- STO 발행 규모: 총 1,000억 원(자산 지분 20%)
- 토큰 명칭: TS42
- 토큰 발행 총량: 2,000만 TS42
- 1 토큰 당 발행가: 5,000 원

2) 투자자 참여 및 수익 구조

대학생 김민준 씨는 평소 모아둔 용돈 10만 원으로 STO 플랫폼 앱을 통해 'TS42' 토큰 20개를 구매한다. 이로써 김민준 씨는 5,000억 원짜리 빌딩의 0.0001%에 해당하는 지분을 소유하게 된다. 홍콩의 한 기관 투자자는 포트폴리오 다각화를 위해 100억 원을 투자하여 200만 개의 TS42 토큰을 매입한다.

이후 '더 스퀘어 42' 빌딩에서 발생하는 모든 임대수익은 블록체인상의 스마트 계약을 통해 분기별로 토큰 소유자들에게 자동으로 분배된다. 3년 후, 강남 지역의 오피스 수요가 급증하고 빅데이터 기반의 효율적 자산 관리가 성공함에 따라 빌딩의 가치가 6,000억 원으로 상승한다. '알파에셋'은 빌딩을 매각하기로 결정하고, 매각 차익 1,000억 원이 발생한다.

매각이 완료되는 즉시, 스마트 계약은 지분율에 따라 매각 대금을 토큰 소유자들에게 분배한다.

- 김민준 씨의 수익:
  - 초기 투자금: 100,000 원(20 TS42)
  - 3년간 누적 임대수익 배당금: 12,000 원(연 4% 가정)

◦매각 차익 배당금:(매각 차익 1,000억 원) × (지분 20%) × (김민준 씨 지분 0.0001%) = 20,000 원

◦원금 회수: 100,000 원

◦총 회수금액: 132,000 원(세전 수익률 32%)

3) 전통적 부동산 간접투자와의 비교

STO를 통한 부동산 투자는 기존의 리츠(REITs)나 부동산 펀드와 비교하여 다음과 같은 혁신적인 차이를 만들어낸다.

구분	전통적 부동산 간접투자 (리츠/펀드)	도시부동산 증권형 토큰 (STO)
투자 단위	상대적으로 높은 최소 투자금액 (수백만 원 이상)	소액 투자가 가능(수천 원 단위)
유동성	증권거래소 상장 시에만 거래 가능, 제한적 환매	24시간 디지털 자산 거래소를 통해 높은 유동성 확보
거래 속도 및 비용	청산 및 결제에 수일 소요, 다수의 중개기관으로 인한 높은 수수료	블록체인 위에서 즉각적인 거래 및 결제, 중개 비용 최소화
투명성	운용사의 보고서에 의존, 제한된 정보 접근	블록체인에 모든 거래 및 소유권 내역이 투명하게 기록 및 공개
수익 배분	분기/반기별 정산 후 수동으로 배분, 시간 소요	스마트 계약을 통해 임대수익 발생 시 자동적이고 즉각적인 배분
소유권 증명	예탁결제원의 중앙 화된 장부에 기록	분산원장에 기록되어 위·변조가 불가능한 디지털 소유권 증명

4) 시사점: 이처럼 도시부동산 STO는 빅데이터 기반의 정밀한 자산 분석과 블록체인 기술의 신뢰성이 결합하여, 도시 공간의 가치를 누구나 향유할 수 있도록 만드는 강력한 금융 혁신 도구인 것이다. 이는 도시부동산 투자 시장의 민주화를 이끌고, 도시의 성장을 시민과 함께 공유하는 새로운 자본의 흐름을 창조하게 될 것이다.

3. NFT(Non-Fungible Token) 기반 도시부동산 투자방법과 가상사례

3.1. '대체 불가능 토큰(NFT)'은 부동산 투자의 패러다임을 '고유한 소유'의 차원으로 이끈다.

증권, 가산자산 및 NFT의 관계		
증권	가상자산	그 외 전자적 증표
• 채무증권 • 지분증권 • 수익증권 • 파생결합증권 • 증권예탁증권 • 투자계약증권	① 대량 • 대규모 시리즈 발행 ② 분할가능 ③ 지급수단 사용 ④ 다른 가상자산으로 상호교환	게임산업법상 게임머니 • 게임아이템, 전금법상 선불전자지급수단 • 전자화폐 • 전자채권, 전자어음법상 전자어음, 상법상 전자선하증권, 한국은행 CBDC • 예금토큰, 모바일상품권 등
증권에 해당하는 NFT	가상자산에 해당하는 NFT	개별 법률의 규제를 적용
<NFT> 증권, 가상자산 등에 관한 규제가 적용되지 않는 NFT		

NFT(Non-Fungible Token)의 가상자산 해당 여부에 대한 판단 가이드라인 마련 및 그 주요내용 [https://www.lawtimes.co.kr]

앞서 우리는 증권형 토큰(STO)을 통해 거대한 빌딩의 지분을 주식처럼 사고파는 시대를 논하였다. STO가 부동산이라는 거대한 파이를 수많은 투자자가 나누어 갖는 '공동 소유'의 개념이라면, 지금부터 이야기할 '대체 불가능 토큰(NFT, Non-Fungible Token)'은 부동산 투자의 패러다임을 '고유한 소유'의 차원으로 이끄는 열쇠이다.

NFT는 각 토큰이 고유한 인식 값을 가지고 있어 다른 토큰으로 대체하는 것이 불가능한, 세상에 단 하나뿐인 디지털 자산이다. 이는 마치 모든 사람의 지문이 다른 것과 같은 원리이다. 이러한 '대체 불가능성'이라는 특징이 도시부동산과 만났을 때, 우리는 단순히 지분을 넘어 공간의 "특정한 '권리'나 '자격'"을 소유하는 새로운 투자 모델을 상상할 수 있다.

즉, NFT 기반의 부동산 투자는 '강남 빌딩 지분 0.01%'를 소유하는 것을 넘어, '성수동 아트센터 3층 스튜디오 A의 10년 독점 사용권', '해운대 레지던스 펜트하우스의 1년 중 7월 한 달 간의 숙박권', 혹은 '해당 건물의 디지털 트윈(Digital Twin)에 대한 소유권'처럼 구체적이고 독점적인 권리를 디지털 증서의 형태로 거래하는 방식이다.

이는 모든 권리 관계가 블록체인상의 스마트 계약에 투명하게 기록되고, 위·변조가 불가능하며, 개인 간에 자유롭게 거래될 수 있음을 의미한다. 결과적으로 NFT는 부동산을 금융상품의 관점에서만 바라보던 시각을 넘어, 공간의 경험과 고유한 가치를 직접 소유하고 거래하는 새로운 차원의 시장을 여는 혁신적인 도구인 것이다.

[그림 4] 토큰화와 NFT의 속성

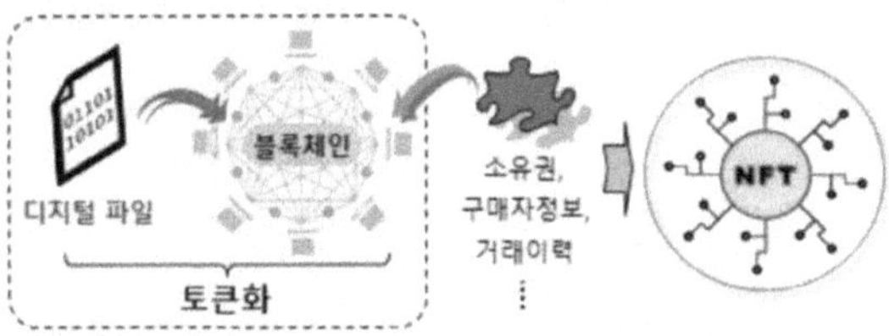

자료: 저자 작성

[IT강의실] NFT 입문 1부, 거센 NFT 열풍 '뛰어들기 전에 철저한 준비 필요' | 동아일보 [https://www.donga.com]

■ NFT 기반 도시부동산 투자방법 별 목표, 분석방법 및 기술, 역할, 장단점, 도시부동산 활용예시

구분	유형 1: 완전 소유권 NFT	유형 2: 특정 권리 NFT	유형 3: 멤버십/사용권 NFT
목표	특정 부동산(건물, 토지, 개별 호실)의 완전한 소유권을 디지털 화하여 '디지털 등기권리증'처럼 기능하게 하고, 소유권 이전의 절차를 간소화 및 투명 화하는 것을 목표로 한다.	부동산 자산에서 파생되는 특정 기간의 수익권이나 사용권 등 구체적인 권리만을 분리하여 토큰 화한다. 이를 통해 자산 매각 없이 유동성을 확보하는 새로운 금융 모델을 제시한다.	특정 공간이나 커뮤니티에 대한 접근 및 이용 자격을 NFT 형태로 부여한다. 이는 부동산의 물리적 가치를 넘어 경험적, 사회적 가치를 창출하고 이를 수익 화하는 것을 목적으로 한다.

분석방법 및 기술	법률 및 등기 연계 기술이 핵심이다. NFT 소유권을 실제 부동산 등기부와 법적으로 동기화하는 기술적, 제도적 장치가 필수적이다. 스마트 계약은 소유권 이전 조건을 자동화하는 데 사용된다.	정밀한 금융 모델링이 요구된다. 특정 기간의 예상 임대수익이나 자산 가치 상승분을 현재 가치로 할인하여 NFT의 가치를 산정한다. 수익 분배를 자동화하는 스마트 계약이 핵심 기술이다.	커뮤니티 가치 및 경험 설계에 대한 분석이 중요하다. NFT를 디지털 키(Key)로 인식하는 접근 제어 시스템, 예약 시스템과의 연동 기술, 그리고 커뮤니티 활동을 기록하는 블록체인 기술이 활용된다.
역할	1. 발행인(매도자): 소유 부동산을 NFT로 발행한다. 2. 구매자: NFT를 매입하여 완전한 소유권을 취득한다. 3. 법률/행정 시스템: NFT의 법적 효력을 보증하고 등기 시스템과 연동하는 역할을 수행한다.	1. 자산 소유자: 소유 부동산의 특정 권리만 분리하여 NFT를 발행하고 유동성을 확보한다. 2. 투자자: 특정 권리 NFT를 매입하여 제한된 기간 동안의 수익 또는 사용 권한을 얻는다. 3. 스마트 계약: 권리의 내용(수익 분배 등)을 자동으로 이행하는 대리인의 역할을 한다.	1. 공간 운영자: 시설 및 커뮤니티에 대한 멤버십을 NFT로 발행하여 판매한다. 2. 사용자(회원): NFT를 구매하여 특정 공간과 서비스를 이용할 자격을 얻는다. 3. 기술 플랫폼: NFT 소유 여부를 인증하여 출입 및 이용을 관리하는 시스템 역할을 담당한다.
장점	• 소유권 이전 절차가 매우 빠르고 간편해진다. • 블록체인에 기록되어 위조가 불가능하고 소유권이 명확하다.	• 자산을 팔지 않고도 필요한 자금을 유치할 수 있다. • 기존에 없던 다양한 형태의 부동산 금융상품 설계가 가능하다.	• 부동산을 통해 새로운 수익 모델을 창출할 수 있다. • 강력한 커뮤니티를 형성하고 브랜드 충성도를 높일 수 있다.
단점	• 법률 및 제도의 뒷받침이 필수적이며, 규제 장벽이 높다. • 자산의 가격이 높아 소액 투자가 어렵다.	• 권리의 내용이 복잡할 경우 가치 산정이 어렵고 분쟁의 소지가 있다. • 기초자산의 가치 변동에 따라 수익이 불안정할 수 있다.	• 공간의 인기나 커뮤니티의 활성화 정도에 따라 NFT 가치가 크게 변동된다. • 직접적인 소유권이 없어 자산 가치 상승의 혜택은 제한된다.

도시부동산 활용 예시	• 서울 용산구에 위치한 '한남더힐 아파트 101동 505호'의 소유권을 나타내는 단일 NFT 발행 및 거래. • 제주도의 '단독주택 부지 1필지(500㎡)'에 대한 소유권을 NFT로 발행하여 P2P로 거래한다.	• 강남 파이낸스센터 1층에 입점한 카페의 향후 5년간 발생할 임대수익을 받을 권리를 NFT로 판매. • 부산 해운대 특급호텔 스위트룸의 매년 8월 첫째 주 1주일간의 독점 이용 권리를 NFT로 발행한다.	• 성수동 코워킹 스페이스 '패스트파이브'의 VIP 라운지 평생 이용권을 NFT로 발행. • 특정 고급 주상복합 아파트 입주민에게만 발행되는 커뮤니티 시설(피트니스, 수영장) 이용 자격 증명 NFT.

3.2. 가상사례: 성수동 '크리에이터스 팩토리'의 NFT 분양

패션비즈 | 성수동 최대 복합문화유통공간 '에스팩토리' 연다 [https://fashionbiz.co.kr]

1) **현안 과제**: 서울의 창조적 중심지 성수동에 위치한 복합문화공간 '크리에이터스 팩토리'는 갤러리, 공유 오피스, 루프탑 라운지, 그리고 10개의 소규모 스튜디오로 구성된 건물이다. 시행사 '어반스페이스'는 빅데이터 분석을 통해 Z세대와 밀레니얼 세대의 '경험 소비'와 '소유 증명' 트렌드를 파악하고, 전통적인 분양 방식이 아닌 NFT를 활용한 새로운 투자 모델을 기획한다.

(1) **기초자산**: 성수동 '크리에이터스 팩토리' 내 특정 공간의 소유권 및 사용권

(2) 발행 NFT 종류:

- NFT-M(Membership): 멤버십 NFT(총 100개 발행)
- NFT-S(Studio): 개별 스튜디오의 완전 소유권 NFT(총 10개 발행, 각 스튜디오별 1개)

2) 투자자 참여 및 권리 구조

■ 멤버십 NFT(NFT-M) 투자

(1) 개요: 프리랜서 디자이너 박수진 씨는 '크리에이터스 팩토리'의 커뮤니티에 매력을 느껴 NFT-M을 1개당 500만 원에 구매한다.

(2) 부여되는 권리(스마트 계약에 명시):

- 루프탑 라운지 및 공유 오피스 내 지정 공간 평생 이용 권한
- 건물 내 갤러리에서 열리는 모든 전시 및 이벤트의 VIP 초청 자격
- 매년 발생하는 건물 전체 운영 수익의 0.05%를 배당받을 권리

(3) 결과: 박수진 씨는 500만 원으로 단순한 공간 사용권을 넘어, 지속적인 수익과 커뮤니티 멤버십이라는 무형의 가치까지 확보하게 된다. 이 NFT-M은 향후 NFT 마켓플레이스에서 다른 사람에게 자유롭게 판매할 수 있다.

■ 스튜디오 소유권 NFT(NFT-S) 투자

(1) 개요: 미디어 아티스트 이현우 씨는 안정적인 작업 공간을 확보하기 위해 '스튜디오 #7'의 소유권 증서인 NFT-S7을 3억 원에 구매한다.

(2) 부여되는 권리(스마트 계약에 명시):

- '스튜디오 #7' 공간에 대한 완전한 소유권(물리적 공간의 등기부 등본과 연동)

- 해당 스튜디오를 직접 사용하거나, 타인에게 임대하여 월세를 받을 수 있는 권리
- 임대 시, 임차인이 지불하는 월세는 스마트 계약을 통해 매월 자동으로 이현우 씨의 디지털 지갑으로 입금된다.

(3) **결과:** 이현우 씨는 복잡한 부동산 계약 절차 없이 NFT 구매만으로 특정 공간의 완전한 건물주가 된다. 모든 임대차 관리와 수익 정산은 블록체인 위에서 자동화되어 처리된다.

3) 부동산 투자 방식 비교: STO vs. NFT

구분	증권형 토큰(STO)	대체 불가능 토큰(NFT)
자산의 본질	대체 가능(Fungible) 모든 토큰의 가치와 권리가 동일하다.	대체 불가능(Non-Fungible) 각 토큰이 고유하며, 가치와 권리가 제각기 다르다.
소유권 형태	지분 소유(Fractional Ownership) 하나의 자산을 여러 명이 지분으로 나누어 소유한다.	고유 권리 소유(Unique Ownership) 특정 자산이나 권리 자체를 단독으로 소유한다.
주요 투자 목적	재무적 수익 추구 주로 임대수익(배당)과 시세차익이 목적이다.	재무적 수익 + 고유한 사용권 및 경험 수익과 더불어 특정 공간의 이용, 독점적 경험을 추구한다.
토큰의 가치 기반	전체 기초자산의 총가치 건물 전체의 가치에 비례하여 결정된다.	개별 자산 및 권리의 고유성 특정 호실의 위치, 크기, 부가된 권리에 따라 개별적으로 결정된다.
도시부동산 활용 예시	대형 오피스 빌딩의 지분 0.1%를 소유	특정 펜트하우스의 디지털 소유권 증서(등기권리증), 혹은 특정 공유 공간의 영구 VIP 멤버십을 소유

참고문헌

주제 1: 빅데이터가 바꾸는 부동산 투자의 패러다임

1. Akinyode, B. F., & Al-Amri, A. A. (2022). Big Data Analytics in Real Estate: A Review of Applications and Future Research Directions. Big Data and Cognitive Computing.
2. Brounen, D., & Kok, N. (2011). On the development of real estate investment analysis. Journal of Real Estate Literature.
3. Butt, A., & Ashfaq, M. (2021). Real Estate Price Prediction using Big Data Analytics: A Survey. IEEE Access.
4. Chen, Y., & Liu, Y. (2020). A review of real estate price prediction with big data. Journal of Housing and the Built Environment.
5. Deb, A., & Verter, V. (2021). Real-time analytics for real estate investment decisions. Journal of Property Investment & Finance.
6. Edelstein, R. H., & Lum, S. K. (2018). The application of big data to real estate analysis and investment. Journal of Portfolio Management.
7. Fan, G. Z., Ong, S. E., & Koh, H. C. (2018). Big Data and Real Estate: A Review of the Literature and Future Research Directions. Journal of Real Estate Literature.
8. Glaeser, E., & Kominers, S. D. (2019). Big Data and Big Cities: The Promises and Limitations of Algorithmic Governance. Journal of Economic Perspectives.
9. Hu, M., & He, J. (2021). Real estate risk assessment using big data: A systematic review. Journal of Risk and Financial Management.
10. Sagi, J., & Doytch, N. (2020). The Impact of Big Data on Real Estate Investment: A Survey of the Literature. Journal of Real Estate Practice and Education.

주제 2: 빅데이터와 도시부동산 투자금융의 만남

11. An, X., & Pivo, G. (2020). Green space and walking accessibility: A study of commercial property values. Environment and Planning B: Urban Analytics and City Science.
12. Chakravarty, S., & Yilmazer, D. (2019). The impact of information technology on real estate finance. Journal of Real Estate Finance and Economics.
13. Chinco, A., & Mayer, C. (2016). The value of information in the commercial real estate market. Journal of Urban Economics.
14. Coulson, N. E., & Zabel, J. (2018). Big Data in Real Estate Finance. In The Oxford Handbook of Real Estate and Urban Economics. Oxford University Press.
15. Fout, H., & Tirelli, T. (2019). Data-Driven Underwriting in Commercial Real Estate. The Journal of Private Equity.
16. Frame, W. S., & Woosley, L. (2017). The Evolution of FinTech and Its Implications for the Future of Financial Services. Journal of Financial Transformation.
17. Plazzi, A., Torous, W., & Valkanov, R. (2010). The pricing of commercial real estate risk: Evidence from the stock market. The Review of Financial Studies.
18. Quercia, D., & Saiz, A. (2021). Urban Informatics and Real Estate. In Handbook of Urban Informatics. Springer.
19. Stephens, M., & Zabel, J. E. (2020). The impact of big data on information asymmetry in the real estate market. Real Estate Economics.

주제 3: 도시부동산 프로젝트 파이낸싱(PF)과 빅데이터

20. Carbonara, N., & Pellegrino, R. (2019). Project finance in the real estate sector: a literature review. Journal of Property Investment & Finance.
21. Erol, I., & Arayici, Y. (2018). A review of Building Information Modeling in project finance. Built Environment Project and Asset Management.

22. Geltner, D., & de Neufville, R. (2018). Real Options in Real Estate Development. Real Estate Economics.

23. Gładysz, B., & Gomułka, K. (2020). Big Data in Project Management: A Literature Review. Sustainability.

24. Kim, H., & Chi, H. (2020). A Data-Driven Approach for Predicting Construction Cost Overruns in Real Estate Development Projects. Journal of Management in Engineering.

25. Li, H., & Love, P. E. D. (2019). A review of data-driven decision making in construction. Automation in Construction.

26. Mladenovic, G., & Picken, D. (2019). A systematic review of project finance for infrastructure and real estate. Journal of Financial Management of Property and Construction.

27. Söderberg, B. (2018). Data-Driven Decision-Making in Real Estate Project Finance. Journal of Real Estate Portfolio Management.

28. Yescombe, E. R. (2014). Principles of Project Finance. Academic Press.

주제 4: 금융 빅데이터와 도시부동산 투자 리스크 관리

29. Allen, L., & Carletti, E. (2010). An overview of the crisis: Causes, consequences, and solutions. International Review of Finance.

30. Case, B., & Wachter, S. M. (2020). The Impact of Monetary Policy on the Real Estate Market. The Journal of Real Estate Finance and Economics.

31. Cerutti, E., Dagher, J., & Dell'Ariccia, G. (2017). Housing finance and real-estate booms: A cross-country perspective. Journal of Housing Economics.

32. Claessens, S., Kose, M. A., & Terrones, M. E. (2009). What happens during recessions, crunches and busts? Economic Policy.

33. Focardi, S. M., & Fabozzi, F. J. (2018). Big Data and the Modeling of Financial Risk. The Journal of Portfolio Management.

34. Härdle, W. K., & Simar, L. (2019). Applied Multivariate Statistical Analysis. Springer.

35. Igan, D., & Loungani, P. (2012). Global housing cycles. IMF Economic Review.

36. Jagtiani, J., & Lemieux, C. (2018). The Roles of Alternative Data and Machine Learning in Fintech Lending. FDIC Quarterly.

37. Khandani, A. E., Kim, A. J., & Lo, A. W. (2010). Consumer credit-risk models via machine-learning algorithms. Journal of Banking & Finance.

주제 5: 도시부동산 가치평가와 빅데이터 모델

38. Antipov, E. A., & Pokryshevskaya, E. B. (2012). Mass appraisal of real estate: A review of the literature. Journal of Property Tax Assessment & Administration.

39. Bin, O., & Crawford, T. W. (2020). Big data and GIS in real estate valuation. Journal of Property Investment & Finance.

40. Florax, R. J., & de Graaff, T. (2004). The performance of hedonic price models. Journal of Economic Surveys.

41. Gu, Y., & Liu, H. (2019). A review of mass appraisal models for real estate. Journal of Housing Research.

42. Liu, X., & Wang, L. (2021). A Systematic Review of Machine Learning Applications in Real Estate Valuation. Remote Sensing.

43. McCluskey, W. J., & Anand, S. (2017). A review of automated valuation models. Journal of Property Investment & Finance.

44. Pintea, M. C., & Patrut, B. (2018). Big Data in Real Estate Appraisal: A Systematic Literature Review. Informatics in Economic Fields.

45. Wang, D., & Li, V. J. (2019). A review on automated valuation models (AVMs) for real estate valuation. Journal of Property Research.

주제 6: 가격 흥정의 종말: 빅데이터 자동 가치평가 모델(AVM)

46. Ahlfeldt, G. M., & Maennig, W. (2010). Amenity values of stadiums: A hedonic pricing approach. Journal of Urban Economics.

47. d'Amato, M., & Kauko, T. (2017). The potential of automated valuation models (AVMs): A review of the literature. Journal of European Real Estate Research.

48. Ho, D., & Wong, S. K. (2018). The role of big data in automated valuation models. Journal of Property Investment & Finance.

49. Kok, N., Monkkonen, P., & Quigley, J. M. (2014). The price of beauty: Hedonic estimation with satellite data. Journal of Housing Economics.

50. Law, S., & Geltner, D. (2019). The next generation of AVMs: Towards more accurate and transparent property valuations. Journal of Property Investment & Finance.

51. Pace, R. K., & Gilley, O. W. (1997). Using the spatial configuration of the data to improve estimation. Journal of Real Estate Finance and Economics.

52. Yoo, S., & Lee, J. (2022). A Study on the Explainable Automated Valuation Model Using Generative AI. Journal of the Korea Real Estate Analysts Association.

주제 7: 빅데이터 기반 도시부동산 포트폴리오 최적화 방안

53. Brown, G. R., & Matysiak, G. A. (2000). Real estate investment: A capital market approach. Financial Times/Prentice Hall.

54. Chun, S. A., & Lee, K. C. (2019). A big data-driven approach to real estate portfolio optimization. Expert Systems with Applications.

55. Hoesli, M., & Oikarinen, E. (2012). The long-run dynamics of house prices: An international perspective. Journal of Real Estate Finance and Economics.

56. Hudson-Wilson, S., & Fabozzi, F. J. (2018). Modern Real Estate Portfolio Management. John Wiley & Sons.

57. Li, Q., & Li, Z. (2020). A big data-driven approach to dynamic portfolio rebalancing in the real estate market. Annals of Operations Research.

58. Markowitz, H. (1952). Portfolio Selection. The Journal of Finance.

59. Titman, S., & Warga, A. (1989). Stock returns as predictors of interest rates and inflation. The Journal of Finance.

60. Ziobrowski, A. J., & Ziobrowski, B. J. (2018). The Application of Big Data and Artificial Intelligence in Real Estate Portfolio Management. Journal of Real Estate Portfolio Management.

주제 8: 벽돌에서 토큰으로: 블록체인과 부동산 증권화

61. Ante, L. (2021). The non-fungible token (NFT) market and its relationship with Bitcoin and Ethereum. FinTech.

62. Baum, A. (2020). Real estate in the digital age: a review of the literature. Journal of Property Investment & Finance.

63. Cong, L. W., & He, Z. (2019). Blockchain disruption and smart contracts. The Review of Financial Studies.

64. Finck, M. (2019). Blockchain regulation and governance in Europe. Cambridge University Press.

65. Konashevych, O. (2020). The regulation of security token offerings (STOs): a comparative analysis of Switzerland, the EU, the USA and Singapore. Law and Financial Markets Review.

66. Nakamoto, S. (2008). Bitcoin: A peer-to-peer electronic cash system. Decentralized Business Review.

67. Swan, M. (2015). Blockchain: Blueprint for a new economy. O'Reilly Media, Inc.

68. Vo, H. T., & Le, T. T. (2021). Real Estate Tokenization: A Review and Future Directions. Journal of Risk and Financial Management.

69. Yermack, D. (2017). Corporate governance and blockchains. The Review of Financial Studies.

【저자 약력】

원제무

저자는 한양대 공대, 서울대 환경대학원, 미국 UCLA도시건축대학원을 졸업하고, MIT도시대학원에서 도시계획 및 교통계획 박사학위를 받았다.
저자는 귀국 후 KAIST 도시교통연구본부장, 서울연구원 선임연구위원, 서울시립대 도시공학과 교수 등을 거쳐 국토도시계획학회장과 한양대 도시대학원장을 역임했다.
현재는 한양대 도시대학원 명예교수로 재직하면서 연구와 강의를 해오고 있다.

빅데이터가 밝혀내는 도시부동산 투자금융의 새로운 길

초판 인쇄 2025년 10월 25일
초판 발행 2025년 10월 30일

지은이 원제무
펴낸이 박노일

총괄기획 최준규
편 집 이상민

펴낸곳 pnc publishing and culture 피앤씨미디어
경기도 고양시 일산동구 강송로 153, 310-1501
등록 제396-2012-000203호
전 화 070)7550-3758 팩 스 02)6280-3758
홈페이지 www.pncmedia.co.kr 이메일 pnc@pncmedia.co.kr
ISBN 979-11-7401-050-6 93500

정 가 17,000원